CONCEPTUALIZING METAPHORS: On Charles Peirce's Marginalia

パースから読むメタファーと記憶

I.ムラデノフ〔著〕　有馬道子〔訳〕

勁草書房

パースから読むメタファーと記憶

かつて存在したことのないような哲学者の一人であると多くのひとが考えるチャールズ・S・パース（Charles S. Peirce (1839-1914)）。その謎に包まれた思想には、現代の記号論・物理学・認知科学・数学の実質的にすべての分野と根源のみならず、論理学にかかわる研究が含まれている。論理学は、彼が実在の謎の解明に役立つ唯一のアプローチであると考えていたものである。

本書は、パース哲学の中でも最も未開拓の分野である宇宙進化論および宇宙は「退行した精神」でできているという彼の考えに基礎をおく分析的方法の概要を示すことを試みたものである。主な論点は、人間のディスコースを外部の実在についての巨大なメタファーとみなすことである。メタファーは我々が行動したり話したり考えたりするとき閃光のような図式として想像されるものである。このことを例証するために、各章においてよく知られたメタファーがとりあげられ、それがこの新しい方法によってどのように展開され概念化されて意味を表すことになるか、その説明がなされている。

この独創的な研究は、記号論・言語学・哲学を始めとする多くの領域の学生ならびに研究者の関心をひくことになるだろう。

イヴァン・ムラデノフ氏は、ブルガリアの首都ソフィアのブルガリア科学アカデミーの教授（学術博士・科学博士）。

CONCEPTUALIZING METAPHORS:
On Charles Peirce's Marginalia by Ivan Mladenov

Authorised translation from English language edition published by Routledge, a member of the Taylor & Francis Group.

Japanese translation published by arrangement with Taylor & Francis Group through The English Agency (Japan) Ltd.

パースから読むメタファーと記憶　目次

目 次

はしがき

いかなる理論も、その究極の目的とするところは対象を合理的に説明することにある。理論は、ただ知ることのみをまっすぐ目指している。

パース

本書の執筆において、私は素晴らしいパース研究者すべてから大きな学恩を感じてきた。それは、「チャールズ・サンダーズ・パースは、一八三九年九月十日マサチュセッツのケンブリッジにおいて、ベンジャミン&セアラ・ハント・ミルズ・パース夫妻の次男として生まれた」という言葉とともに呪文にかけられたように研究を始めた人々、パースは八歳で化学の研究を始め、十一歳で化学史を書き、十二歳になって「ようやく」論理学の研究を始め、一八五九年ハーヴァードを九十一名のクラスで七九番目の成績で卒業したという事実を明らかにした人々、またハリエット・メルジーナ・フェイとジュリエット・フロワシー（・プールタレ）との二度の結婚を読者に知らせた人々、合衆国沿岸測量部の副手としての歳月を明るみに出し、その人生に深い思いと共感を寄せた人々である。

私はまた、パースのきわめて複雑な記号体系を非常に正確に説明し、論理概念としての「存在グラフ」を表し、プラグマティシズムを分析修正し、その客観的観念論を発展させた人々に深い恩恵を蒙っている。また現代物理学の現象を明らかにするのに彼の宇宙論を用いた人々の業績を評価したい。生物学者・歴史学者・科学者の別を問わず、彼らは大きな仕事を成し遂げ、パースの考えに基づく新しい研究の道を歩みやすくした人々である。

本書はこのような人々のはかり知れない努力に基づいたものであり、積み上げられた煉瓦の一つ一つが重要な意味をもつ未完の思想の建物からインスピレーションを得たものである。パースが構築したものは、遥か地平線を越えて目にすることができるものである。彼自身の望んでいたことは、「……この上なく精密にというよりは、しっかりと深く土台を据え、幾歳月の風雪にも耐えうるような哲学体系を打ち立てること」(CP 1.1 = 著作集第一巻、第一パラグラフを指す。以下同様に表記)であった。確かスペインの哲学者オルテガが書いていたことであったと思うが、いくつもの窓のある円い部屋の真ん中から外を見るよりも、その部屋の窓の一つに近寄って外を見た方がよく見えるというメタファーがある。そのメタファーに本書の目標は最もよく表現されている。本書において、私は真ん中から見るだけではなくて、チャールズ・S・パースという名前が窓敷居の真鍮プレートに刻まれた大きな窓にゆっくり近づいていこうと思っている。

しかし、私はそこに立ち止まることなく、自分の見方や、この窓から見たものを再検討したいと思っている。それから、その眺めが見る人ごとになぜ違った意味になるのか、見る人の位置によってなぜ違った眺めになるのかということを理解するために、外の眺めを分析したいと思っている。外の「パノラマのメタファー」を読むことによって、私はパースの窓を拠り所とすることになるが、すべてのことをその概念の角度に合わせようとは思っていない。

本書はパースについて論じたものではないが、深くその考えに基づいたものである。それは彼が余白に書き残した考えによるものであり、そこから私自身の考えのすべてを集約したものに発展しており、それはかたく固まった未発達のメタファーとメトニミーのかたちをなしている意味を検索するという修正案を決定することになるだろう。本書ではパースの哲学用語全体が再現されているのではないが、新しくその大要が示されることになる理論に役立つ限りにおいてその用語が明らかにされている。

それは生やさしい仕事ではない。第一の問題は、これがパースについての本であるのか、パースの視点から語られた本であるのか、という問いから出てくるものである。その両方であると言えば、疑いの目で見られることになるのは知れたことであり、読者の懐疑の目を避けることはできない。そのような読者の目を気にしなかったということだけは確かである。ここに概説されたパースの仮説のいくつかを読んだパースが嘆いているのがまるで聞こえてくるような気もするが、あるいは彼はそのようなことはまったく気にしていないかもしれない。しかし、たとえ彼の思想を誤解していたとしても、組織立ったやり方でそれが概念化されているとすれば、そこからまた別の思想が生ずるわけであるから、それはやはり意味があるということになるだろう。パースの考えでは、いかなる観念も本当に死んでしまうというよりはむしろ再び満ちるのを待ち、そこから我々の周りのどこかで音もなく渦巻くものである。パースその人は静かに眠っているにしても、最近建てかえられた思想の館の彼のブロックは金色に輝き、もうとっくの昔から議論の余地のないものとなっている。

本書は、いまや翼をつけ、新しくも古くもそのいずれでもない真実を求めて新たに飛び立つことのできる置き去りにされた考えについて述べるものである。しかし読者は、本書の中でゆっくりと展開する企みが、自分に向けられているのをやがて見出すことになるかもしれない。その主題は哲学的メタファーの背後に置き去りにされた考えであるように見えながら、論は反対方向から発展し、古い概念についてのメタファーによる語りをつくり出してくる。このようにこれまでに知られていない展開がなされる理由は、著者の三つの信念によるものである。第一の信念は、メタファーによるディスコースのみが意味を表し生み出し倍加する方法であるという理解に基づいている（問題を概説しその意味を扱おうとした途端に、手に負えないいろいろな意味の流れが溢れ出してくる）。第二は、あらゆる学が溶け合い相互作用するこのグローバル化の時代にあって、これら諸学はこれまでになくよく知られるべきであるという確信によるものである。この必要性から出てくる第三の信念は、最初の二つの課題を成し遂げる唯一の効果的な方法は、単に専門家として語るのみならず、できる限り画像やメタファーによって語り始めなければならないということである。読者に興味をもってもらわねばならないのである。結局のところ、学問は今も昔も変わらず超概念化された巨大メタファーに他ならない（このはしがきのエピグラフも、そのことを言わんとしているのではないか）。

まず何よりも第一に、私は十年ばかり前、たまたまパースの著作を読むことができたことに感謝している。私は夢中になり、その第一印象は今日に至るまでずっと変わっていない。これと同じようなことが打ち明けられるのを多くの熱心なパース研究者から耳にしてきた。それはこのとびきり素晴らしい哲学について私が教えを受けてきた人々からである。第一の教えは、忍耐をもつことであった。誰であれパースを研究しようとする者には、それが必要とされるからである。パースの著作を読んだ最初のまる一年の間に、私は厳密な記号を非常にしっかりと理解した。それから気がついてみると、インディアナ大学パース・エディション・プロジェクトのネイサン・ハウザーによるパースについてのたった一度しかなかったポスト・ドクトリアル・コース（学位取得後の研究者コース）にたまたま身を置くことになっていた。いろいろとよくわからなかったことが次第にわかるようになり始めてはいたが、まだまだよくわからないという霞か靄の真っ只中にでもいるような状態のままではあった。しかし、それでもより快適に感じ始めるようになったのは、さらに年月を経て、もっともっと研究を積んでからのことであった。この点において、マックス・フィッシュ（Max Fisch）の仕事とともに古典となっているマリー・マーフィーの見事な著書『パース哲学の発展』に最大の感謝をささげたい。パース・エディション・プロジェクトの年代順配列版は、完成すれば、かけがえのないものになるだろう。しかし現状でも、このプロジェクトの二巻本の『エッセンシャル・パース』は、どのような学術的目的にも用いることのできるものである。

パース研究は、雪だるま式にますます大きく強い影響力をもつようになっている。おそらく「パース学」という新しい学問分野を創設するときがきているのではないだろうか。その高い塔を雲の中にそびえ立たせた素晴らしい思想の城の構築に貢献してきたパース研究者、その中でも顕著な人々だけに限ってみても、とてもその名前は枚挙にいとまがない。しかし、到達された一つ一つの新しい「はっきりした思想の段階」が示されるならば、そのときには、これら空中にそびえ立つ塔はもっとはっきりとその姿を現すことになるだろう。それはなされるに値する仕事である。

謝辞

トマス・シービオクから、ブルーミントンのインディアナ大学の言語・記号研究センターにおいて彼や諸外国から集まった研究仲間と一緒に二年間ばかり仕事をしてみないかという招待を受けたとき、それが、すべての始まりであった。深甚の感謝の意を表する次第である。その他のことはすべて、チャールズ・サンダーズ・パースの仕事についてずっと消えることのなかった関心に伴って付いてきたことであった。この関心によって、小さいながらもかたく結ばれたパース研究仲間を知ることができ、彼らの中のある人々からは、パース研究に必要な忍耐と生きた「アガペー」主義について貴重なことを教わった。また、本書の原稿を読んで誤りを訂正してくださったダニエル・アンダーソンとエリザベス・ラーセンの忍耐と細心の注意深さについても、感謝の意を表したい。専門上のご助力について、ウラディミル・ディミトロフとマルク・ポッシュにお礼を申し上げる。ロンドン・メトロポリタン大学のポール・コブリーには、私の仕事について示された関心と激励に対して感謝申し上げる。本書執筆中、心身ともに絶えざる支えであった家族には、最大の恩恵を蒙っている。

日本語版に寄せて

あなたが本書を手にされること、それはまったく「偶然」のことでしょう。書物を手にとって頁をくってみるのに時間はかからないし、それはこの本ではなくて、別の本であってもおかしくはなかったことでしょう。多くの書物がそうであるように、本書もまた長年にわたる年月をかけてようやくでき上がったものであり、それは長きにわたる「愛」と情熱の中から生まれた私のこどもです。「底知れぬ湖」の底から浮かび上がってくるさまざまな考えがどのようなものであるか、それをしっかり見定めるためには、時間をかけ、力を尽くさねばなりません。キラキラと輝いて他の考えと溶け合うものもあれば、また底に沈んでしまって、再び日の目を見るまで忘れ去られてしまうものもあります。しかしいったん産み出されたからには、人々の意識の輝きの中で、それは決して消え去ることはなく、生き続けることになるでしょう。我々の成長し続ける知識の中の「論理」の表現として、当然、本書もさまざまに議論され解釈されることになるでしょう。これら三つのことは、パースの三項的哲学にそのまま対応するものです。

一九二三年、モリス・R・コーエンはパースの見事な論文選集に『偶然・愛・論理』というタイトルをつけましたが、それはパースの思想を忘却から救うための最初の救命ボートとなったものでした。今日ではその思想は世界中に行き渡り、その光は、宇宙の深みから地球をはっきり見せる彗星のように高く立ち上っています。そして、このメタファーはかりそめのものではありません。

パースは、全宇宙は「退行した精神」から成っていて、物質と精神の間には何のギャップもなく、ただ相違する成熟度にある精神があるばかりであると考えていました。しかし、その学説が科学の世界と折り合いをつけ始めるには、時間と活力が必要でした。パースの思想は彼の死後半世紀以上にわたって忘却の淵に沈んでいましたが、哲学が彼の思想に目を覚まし、その思想が急速に広まっていった様子はまことに驚異的なものでした。

このたび、本書の日本語版が世に出るに至ったことは非常に大きな誉れであり、これもまたもう一つの「論理的な」事実であります。本書はパースの学説によって、意味をどのように引き出すかというその方法について述べたメタファーについての書物であります。このような書物が刊行されるのに、日本ほどふさわしいところが他にあるでしょうか。日本という国は、その国の名前そのものがメタファーであり、過去と芸術がホログラムのように層をなして日常生活と共存しているところです。それは生活が常に概念化を必要とする巨大なメタファーの中を流れているところです。小著においても、哲学とメタファー的ディスコースは別々のものではなく、哲学の「古い樽の中で醸成されてきた」意味という忘れられたメタファーの中に隠れた概念を見出すことが求められる日がくることが証明されようとしているのです。

ことばの象徴とメタファーのジャングルをくぐりぬけてこの学説を日本の読者の皆さまに届けるための労をとってくださった私のヴァージルは、本書の翻訳者、有馬道子教授です。献身的にこの仕事をすすめてくださったことに対して深甚なる感謝の意を表する次第であります。

二〇〇八年　秋

ソフィアにて
イヴァン・ムラデノフ

序論

チャールズ・パースの哲学について最もよく耳にする批評の一つは、それが一貫性に欠けた未完成なものであるということである。パースについては、カント、ヘーゲル、ロックと同じようにただ引用するというわけにはいかない。パースはその引用個所の前や後の論の発展段階で別のことを述べていたり、正反対のことを述べていたりする可能性すらあるため、それがわかっていないと非難されるおそれがある。さらにつけ加えておかねばならないことは、パースのメタファー思想に見られる息をのむような深さであり、それは非常に多くの場合、底知れぬ深淵すれすれのものである。パースがメタファー的ディスコースを好んだということは知られておらず、むしろその逆の方があたっているように思われるが、練り上げられたその思考方法は豊かなメタファーを特に好むものでないにせよ、たとえば「底知れぬ湖（bottomless lake）」というようなメタファーが表れるとき（二四七頁を参照）、それはほとんど方法論上の手段のようなものとなっている。それを用いて展開するとき、「このメタファーの適切さは実に大きい」（CP 7.554）という結論を彼は下している。

パース哲学――思想のロマン性

きわめて難解な哲学上の問題を単なる修辞としてみなければならないと論ずる人々が増えてきて、多くの理論が風景、映画、ヴィデオの場面、コンピュータ・ソフト、劇場などになぞらえられている。ここではその例としてバーナード・J・バールスの『意識の劇場において』という学術書のタイトルや、「自己は比喩として扱われるべきである」と主張する著作（Alexander 1997：49）を挙げるにとどめておこう。パースの著作の未だ語られていないこのような特徴については、もっと真剣に取り組んで、そのおざなりの働きを超えたものを探究する価値があるだろう。同じ流派の哲学――心理学者たちは付随性（supervenience）という用語をつくり出したが、この用語は本書でも特別の方法で用いられることになる。『外在主義と自己認識』というタイトルの論文集に収録されている同名のタイトルの最近の論考において、タイラー・バージは「伝統的な哲学による心の説明は、論証と自力の直観が旗印となるような学説を生み出し確信を伴うメタファーを提供してきた」（1998：77）と論じている。古い哲学のメタファーと見捨てられた概念のいくつかに光を当てることによって、予想された解決の道が開け、相違する展望が開ける助けとなる可能性がある。ただ、つけ加えておきたいことは、メタファーの見方が昔とそれほど変化したわけではないということで、それは二つのかけ離れた要素を比較するということである。

「概念化すること」は、古い哲学的メタファーや日常生活の象徴（＝シンボル）化において未だ明らかにされていない意味を表す方法として開発されることになるだろう。その根拠となる考えは、これらのメタファーの核心には、自らを新しく表すことのできるような、あるいはさらに新しい理論を生み出すような蓄積された意味としての概念があるということである。「概念化すること」は三つの大きな要素からなる仕組みとして働いていることを示したい。「技法」としての**概念化すること**は、隠された意味を表示し、指し示し、あるいは暗示する。それは、この「眠れる意味」を指し示しそれに働きかける**検索する自己**の助けによってなされる。最後に、**退行した精神**(effete mind)という考えをもっと広く拡大解釈し、たとえば意味が掘り起こされる地層のようなものとして用いたい。この分析全体は、次の二つのやり方で、パースの余白の書き込みについてよく考えてみようとするものである。すなわち、見捨てられたパースの考えのいくつかに光を当て、さらにはそれ以上重要なこととして、そのような捨ておかれた考えと学説に「論拠を置く」ということである。

一九〇三年五月十四日、パースは第七回ハーヴァード講演において、アブダクションとプラグマティズムの関係について次のように詳述している。

いかなる概念の要素も、知覚の門を入り口として論理的思考に入り、目的のある行為を門として出て行くものである。そしてこれら二つの門で通行証を示すことのできないものは、理性によって認められないものとして逮捕されることになる(CP 5.212)。

この有名な言葉は、それまでの六回の講演において要約されたプラグマティズムのカギとなる三つの要点を大きく拡充したものである。その三つの要点とは、次の点である。①最初に感覚に存在しないものは何も知性に存在しない。②知覚的判断には、一般的要素が含まれている。③アブダクションによる推論は知覚的判断に次第に移行するのであって、その間にははっきりした境界線があるのではない。彼はそれから、ことごとくの概念を「考えることのできる実際的な結果」についての概念と同等であるとすることによって、「プラグマティズムの格率」は実際的な結果を遥かに超えるものであることを説明している。このようにして、いかなる「想像力の飛翔も、それが究極的には実際的な結果になる可能性がある限りにおいて」、許容されることになる。この後者の説明は、一方においてパース哲学に基づき、他方においてそれとは相違する私の「概念化」の堅固な土台を表すものである。その相違は、「概念化すること（conceptualizing）」として、通常用いられない接尾辞によって標しづけられているが、これは意味を引き出すための手段だけをつくろうとしているのではないことを標しづけているものである。飛翔する想像力に基づいて「つくり出される」意味について略述したいと思っている。昔はしっかりした理論的基盤は示されていなかったが、パースのいくつかの考えに基づいて、未だ明らかにされていない哲学的メタファーと日常的な象徴記号（symbol）から意味を明らかにするための柔軟な手段をつくり出してみたいと思っている。

そのような理論が必要であるのは、いつでもどこでも日常生活が象徴記号化されているからである。我々はますます複雑化していく記号に合う手段を直接身のまわりから必要とし、象徴記号をつくり出した人々がコード化した思考を積極的に検索するための助けを必要としている。他方、何百年も前にマスターされたメタファーや漠然とした仮説を注意深く眺めてみると、今日の習慣化したものの見方をしている者は驚くことがある。そのようなイメージと手段を身につけた人々は、そのことによって同時代の地平を飛び越えたいと思うことができなかったのである。そこから意味を引き出すことは、ダイアモンドを求めて炭素板をこすったり金を求めて砂をふるいにかけること同様、困難なことである。

たとえば「退行した精神」という概念は、まだメタファーにもなっていなかった。当時の知識全体のコンテクストが十分なものでなかったために、まだ翼も生えていない退化した考えとして、発達のごく初期段階にとどまっていたのであった。そのような場合を予想して、パースは次のように述べている。「詩人や小説家の仕事と科学者の仕事は、それほどまったく相違しているというわけではない」（CP 1.383）。どちらも虚構を導入するが、その虚構は何でもよいというわけではない。芸術家の作品は、鑑賞する人々にそれを「美しい」とはっきり思わせる承認の感情を呼び起こし、そこには一種の一般性をもつ質がある。幾何学者の描く図形は虚構ではなく、その図形を見る者に、それまで何ら必然的な結びつきが認められなかった要素間に目に見えない関係があるのを跡づけさせる。パースはその仕事全体を通じてこのような比較を繰り返しおこない、それを深めている。

本書を通じて退行した精神についての説明の不十分さということが読者につきまとうことになるだろう。それは我々が、あるいはパース自身が故意にしたことではない。それは結果的に集合的な心に影響を及ぼすものであるが、その源はわからず、そのため詳しい説明ができないからである。それは視点の相違するいろいろな例によって示されたり観察されたりするばかりである。ここでおそらくパースの「底知れぬ湖」のメタファーについて触れておくのがよいだろう。パースはこのメタファーにおいて、考えを上層の目に見えるところにもたらそうとして、いかにある考えが別の考えを上方に持ち上げるかということを説明している。あるいは、退行した精神のもう一つの見方を示しているヒトの遺伝的記憶（パースは別の言葉を用いているが）について彼が述べている一節を引く方がよいかもしれない。

> 人は霊的意識をもつ能力を秘めている。これによって人は永遠に真に実在するものの一部となっているのであり、それは全体としての宇宙において具現されている。原型的な観念としてのこの霊的意識は、決してなくなるということはなく、来る世において一定の霊的具現をなすべく運命づけられている（CP 7.576）。

正確に言うとすれば、メタファーを概念化することと言うよりも「観念を概念化すること」という方がよいだろう。本書の目的は捨ておかれた哲学的考えの適用性を向上させ新しい生命に目覚めさせるために、その妥当性を強めることである。観念を概念化することと言う方が、厳密に言えば、より正確なタイトル〔本書のタイトルの原文は *Conceptualizing Metaphors*（メタファーを概念化すること）―訳者〕ということになるだろう。そうしないでメタファーの方を選んだのは、ただ一つ、「観念」と「概念」がいささか重複するところがあるためであり、メタファーを選んだのは、望ましくないトートロジーを避けるためである。しかし本書では「観念」と「メタファー」は同義語であることを強調しておかねばならない。「概念化すること」についてのアプローチがうまく示されるならば、それは哲学的メタファーと捨ておかれた観念の両方に妥当するものであるに違いない。メタファーを概念化する方法と通常の分析との相違は、哲学的メタファーの奥底には未発達な概念があるという想定にある。この未発達な概念を探すことは、文学理論を用いるよりはむしろ哲学的仕組みを発展させることである。しかしながら、この探求はメタファーを問題にするものであるため、文学の力もまた必要とされることになる。かなり広義の記号論の下に文学の方法と哲学の方法を組み合わせることが、ここで言う「メタファーを概念化すること」である。

パースの時代には、古典哲学を乗り越えて、当時急速に発展しつつあった諸科学の方法と手段によって人間の諸問題をどこまでも扱っていこうとする強いロマンティックな流れが顕著であった。彼の「記号論とプラグマティシズム」はこのような目的に役立つようにつくられたものである。方法も手段も急速に変化している今日、日々その技術を更新しているコンピュータ専門家は哲学については何も知らないが、最新のプログラムの中に昔のメタファーや思想でコード化されているものがあることがわかる。この道はどこに通じているのだろうか。このような昔の呟きをなぜ掘り起こしているのか。パース思想の研究は、海辺に宝石を打ち上げていった一連の高波になぞらえることができる。これもまたもう一つのメタファーにすぎないので、そのような研究の妥当性について例を挙げて示してみよう。既に引用した『外在主義と自己認識』において、ドナルド・デイヴィドソンは、タイラー・バージ、ヒラリー・パトナム、ダニエル・デネット、ジェリー・フォーダー、スティーヴン・スティックのような多数の著者とともに、次のように主張している。

基本的な問題は単純である。ある考えをもつことが「心の中に」対象を思い浮かべることであり、その対象が何であるかということがその考えが何であるかを決するとすれば、その場合には、人が何を考えているかということについて間違う可能性が常にあるということになるに違いない。なぜならば、その対象についての「ことごとくのこと」を知らない限り、それがどのような対象であるか知らないということが常に正当化されるからである……それができないのは、命題だけではない。いかなる対象も同様である（1978:108）。

彼は次のように結論を述べている。

その理由は明らかである。話者が自分の意味することを知っているという信念があるのでなければ、すなわち自分自身の言葉を適切に用いているという信念があるのでなければ、解釈者が解釈することは何もないということになるだろう。別の言い方をすれば、ある人が自分の言葉を常に不適切に用いているとすれば、すべてが無意味になるということである。思考は心的対象を必要とするという主観性神話をいったん放棄すれば、一人称的権威、言語の社会性、思考と意味を決める外部というものが当然一つになる（1998:109）。

パースはとっくの昔にそのようなアプローチを用いていたことがわかる。本書の第六章では「主観性の不在」がテーマとなっているが、そこではこの考えの「放棄」の利点が論じられている。「心の中の対象という間違ったメタファー」(Davidson)とその解釈可能性について、パースは最もよく引用される記号の定義の中で、「心の中の」対象は代表項(representation)というかたちで現れ、記号はそれを全面的にではなくある点、あるいはある関係において表すのであるから、決して全面的に表され尽くすということはありえないと述べて、きれいな解釈を見出している。それから音楽のフレーズ(「音の高さ」)や直接(「直観」)的な知識への反論というような比較・メタファーという一連の想いもつかない例によって、見事な定義が示されている。

今日の心の哲学における自己認識論の枠組みは、研究者グループからの要求が度々なされているにもかかわらず、主観—客観という見えない二分法に押し込まれている。これについてのパース思想の特徴は、進化論とシネキズム(synechism)であって、これによって上記の定義に欠けている力動性がつけ加えられている。「主観性神話」なしの「一人称的権威、言語の社会性、思考と意味を決める外部」——このすべては、無限の意味作用という条件の下にあるパースの記号の「三分法」に容易に帰すことのできるものである。

三項概念は、必要な第三の意味の見当たらない「解釈するものとされるもの」という問題を解決するための進化発展という展望をさらに開くことができる。パースの三項は彼のカテゴリー論と密接に結びついているが、その大要は現象学についての論述で示されている。対象の捉え方は、彼が後年になって現象学(phenomenology)と改称した「ファネロスコピー(phaneroscopy)」の核心をなしている。一九〇三年、ハーヴァードでの七回の連続講演の第二回において、パースは新しい三つのカテゴリーを切り離してプラグマティズムの学説に明確なかたちを与えた。この三つのカテゴリーは普遍的な経験概念になると想定されており、それは単なる感情の質（「第一次性」）、経験または意識において引き起こされる闘い、反応、野蛮な事実（brute facts）という要素（「第二次性」）、代表性または学習意識という知的要素（「第三次性」）である。パース自身の言葉では、「現象の要素は質、事実、思考という三つのカテゴリーからなることは既にはっきりと見てきた」（CP 1.423）ということになる。それからしばらくして、パースはカテゴリーに基づいて、主要な類別がこれと同じ特徴をもつ記号分類の大要を述べることになった。

パース哲学は「シネキズム（存在するものはすべて連続しているという学説）」、「退行した精神」、「基底（ground）」、「他者」、「客観的観念論」という考えによって、心の研究に貢献し役立つことができるだろう。哲学の最近の流れであると思われる「外在主義」の反個人主義的パトスの中にパースの論理を位置づける価値については、真にその議論はまだなされていない。そこで、本書のほとんどすべての章の主要論点となっている自己、自己意識（self-consciousness）、自己認識（self-knowledge）という概念もまた十分に明らかにされることになるだろう。このようなことについて、各章のそれぞれ相違する視点から見てみようと思う。

メタファー――思考の引き金

「退行した精神」や「基底」というような右に述べた見解の大部分は、彼が見捨ててしまったか、結局は新しい独創的な考えに至る稔り豊かな発達を明るく照らし出す可能性をはらむメタファーに隠れてしまったかのいずれかである。退行した精神という彼の考えはごく少数の文にしか見当たらず、その例としては、「知的に理解できる一つの宇宙論は、客観的観念論によるもので、物質は退行した精神であり、それは根深い習慣が物理的法則になるということである」（CP 6.25）というものである。それは、その正反対、あるいはそれとはまったく相違するものであると彼が理解した「生きている精神」とでも呼べるものと比較することができる。パースはこの考えに戻ることはなかったので、ここでは間接的に調べることしかできず、その原稿の余白についての研究が必要である。彼はこの考えを独創的な宇宙論の要素として用いたのであるが、それはパースの哲学の主題にはならなかった時間・音楽・文学・芸術についての彼の考えをよりよく理解するのに役立つものである。

宇宙が退行した精神だけでなっていて、「結晶した精神」に向かって発達していると考えられていたとすれば、パースは単なる「消耗した精神」とは相違する何か、遂には成長し成熟し結晶するようなものをこの用語の意味として与えていたことになる。それが精神であるとすれば、何がどのように選ばれて蓄積され蓄えられるのかということが問われることになるだろう。この「凍結した精神」を活性化させることができるのは何か。そして何のためにそれは目覚めさせられるのか。この考えを文学、芸術、音楽に適用してみると、クリシェ（cliche）とメタファーの関係や、実践と観念の関係というような多くの問題について今日の見方を広げることができ、心身二元論という問題が回避される助けとなるだろう。

そのためにパースは二元論を「進化論」に対立するものとして位置づけ、進化論によってことごとくのものを「連続するもの」とみなす傾向を理解した。このことは彼のごく初期の学説に見られるものである。一八九三年、彼はシネキズムの学説を不滅の問題に適用しようと試み（『シネキズムからみた不滅』）、我々は肉体の生命をもつのみであることを見出している。しかし死が訪れるとき、肉体の意識の影響がそれで終わるのではない。シネキズムによれば、肉体の意識は人間の小さな一部分にすぎない。

社会的な意識を考慮に入れなければならない。「社会的意識によってある人の霊は他の人の中に具現し、それは生き続け」（CP 7.575）、それは我々が思うよりずっと長い間続くことになる。このように、パースは個人のアイデンティティの問題について触れ、そこにまさに現代的な解決を与えている。シネキズムの主張によれば、純粋無限の自己というようなものは存在しない。「精神と精神を結ぶあらゆるコミュニケーションは、存在の連続性を通してなされる」（CP 7.572）。彼特有のやり方で、パースは人には創造のドラマにおける役割が課されていることを説明している。シネキズムはプラグマティズムの本質的に重要な部分であり、それは「進化宇宙論」による宇宙の創造において働いている三つの力の一つである。他の二つは偶然主義（tychism）とアガペー主義（agapism）である。これらについての最も簡潔な特徴を次の引用文に見ることができる。

このようにして三つの進化様式を見ることができる。それは、偶然の変化による進化、機械的必然による進化、創造的愛による進化である。これらを偶然的進化または偶然主義、アナンカスティック進化または必然主義、アガペーによる進化またはアガペー主義と呼ぶことができる。それぞれを最重要とする学説をタイカスティシズム（tychasticism）、アナンカスティシズム（anancasticism）、アガパスティシズム（agapasticism）と名づけよう。他方、絶対的偶然、機械的必然、愛の法則がそれぞれ宇宙に働いていることを単に述べたものをタイキズム（tychism）、アナンキズム（anancism）、アガピズム（agapism）と呼ぶことにしよう（CP 6.302）。

後年、アナンキズムはシネキズムに置き換えられた。我々の方法にとってパース進化論の最重要な教えは、「シネキズムを認める者は、物理的現象と精神的現象をまったく別のものとは認めない」（CP 7.570）ということである。後でこれを用いて、生物界と無生物界を媒介する段階として退行した精神という新しく定式化された現象を定義することにしよう。いずれにせよ、シネキズムは知識全体は成長し変化するということをつきとめている。すなわち、あらゆる現象間には多様な変化があるとともに類似しているところもあり、絶大な相違はないということである。

パース哲学と他の偉大な思想家の理論との一連の比較研究は今後の課題として残されているが、最も顕著な類似性が見出せるのは、もう一人の「開拓者」（パースは自分のことを「開拓者」と称した）であるロシアの文学者・哲学者バフチンの著述である。バフチンはロシアの深い奥地に追放されていたが、パースがそうであったような意味において見捨てられた人であったのではなかった。ロシアの田舎町サランスクのようなところでさえ、彼は友人や弟子たちに囲まれて当時の文学や哲学について論じ合うことができた。実際バフチンには彼を取り巻く崇拝者が存在したのであるが、生涯を通じて必要としながらもつことのできなかったものは、パース同様、当然受けてしかるべき知名度と自分の門下の研究者への影響力であった。自分自身の流派をつくったり門下生をもつことは、許されなかった。

パースの理論は、その記号の類像性によって、ボードリヤール、リオタール、デリダというような今日のポスト・モダンの哲学者に近いものとなっている（意外なことに、ローティは関連する思想家に入らない）。現代の文芸テクストは増大する類像性のために物語の重要性が小さくなっているが、類像性というこの要素によって、そのような現代の文芸テクストの性質は理解しやすいものとなる。今日我々はテクストの至福を味わうために本を読むということをしていないということだけを述べておこう。まるでお芝居の場面を見るように、さらに言えば覗き魔のように、ページをパラパラっと繰って覗き見る。著者は小説や物語を書くのではなく、映画のシナリオを展開する。日常的な文化行為から読書が欠落しつつあるのは、クラシック音楽を聞いたりオペラを観に行くことが欠落しつつあるのと同様の現象で、こうしたことは気品のある光沢をあたえられてますますエリートだけの楽しみになっている。

パースの思想の海により一層深く潜ってみると、今日の現象にアプローチするための独創的なヒントが驚くほど見えてくる。たとえばボードリヤールのシミュラークルは、たとえ彼が詩的な比喩としてパースの無限の記号過程という考えについて知っていたとしても、とても信じがたいものであると言ってよいだろう。ウィリアム・ジェイムズ、オリヴァー・ウェンデル・ホームズ、ジョン・デューイ、ジョサイア・ロイス、ジョージ・ハーバート・ミードというような伝統的なパース哲学の仲間と今日の仲間であるヒラリー・パトナム、リチャード・J・バーンスタイン、コーネル・ウェスト、リチャード・A・ポスナー、リチャード・ポワリエと相並んで、多くの美術史家、音楽家、文芸評論家そして工芸美術家までもがそこに含まれることになるだろう。これらすべての思想家が何かを得ることができるような、非常に幅広い多様な考えが、パースの著述には蔵されている。

謎を解くこと

注意深く読む（＝読みを推量する）ことは、いわゆるメタファーを「概念化すること」の核心を表している。表面的には、見捨てられた考えとしてのメタファーがどのように新しい概念に発達していくのか、どのように現代の問題とパラレルになるかについて（多かれ少なかれパース的な）当て推量をしてみるという大雑把な手法であるが、そこから次に本当の仕事が始まることになる。この仕事は、詩的イメージまたは哲学的洞察にまつわる多くの要素を識別し、それを遠近両方の領域における関係要素と比較することである。今日成し遂げられていることは、新しく現れ出る思想のポジのシルエットと対照をなす写真のネガとしての働きをしている。そして今度は、現された概念はメタファー化され、最初のものの解釈項として働くと想定される理論に開かれる。

メタファー化することは、思考の「質」ではなく「思考の様式」である。それは思考の「受容力」であって質ではない。それは先に存在しているものが、何らかの類似性または推論に基づいて、別のものの特徴によって記述されるという心の働きを表している。何かが別の何かである（に似ている）というとき、そこには既にある心の働きがあるが、この働きには比較すること、パラレルに並べてみること、新しいイメージを形成することという要素が含まれ、このイメージがおもしろいと思われるのに十分でない特徴は無視される。このプロセスによって、ほんの一瞬の比較という跳躍をするための棒高跳びの働きをする仕掛けがつくり出される。いったん跳躍がなされたら、跳び棒は取り除かれる。この仕掛けは閃光のような一瞬の三段論法、一瞬にしてつくり出される関係で、それは比較された対象どうしの特性をうまく溶け合わせ、高いバーを跳び越す自信を与えるものであるが、その後すぐ消え去るものである。しかしながら不思議なことに、これとまったく同じ手法が数学の問題を解くのに用いられている。パースはこのことにずっと以前に気づいていた。

偉大なブールの未亡人は、最近著した小さな本の中で、次のようなことを指摘している。数学の問題解決において、解法のために何らかの部分または要素が導入されるが、目的の役目を果たすとそれはすぐに取り除かれる（CP 3.561）。

メタファーを概念化する方法のもう一つの特徴は、それが「比較のための高跳びに用いられる」消えた「棒」を検索することであるということである。

用語としては、「メタファーを概念化すること」は、そのような操作を通してまだ姿を現していない何ものか——たとえば「第三要素」の出現、比較のためのほとんど気づかれない根拠として役立つようなもの——の再現を単に検索することであると理解される。このアプローチをとることによって、最初のイメージの特徴を保持しつつさらに比較のための新しい展望を開くという新しいイメージを名づける際の一連の長い修正を通り抜ける困難を免れるのである（それはフロイト的な意味において、秘話を話すのと同じメカニズムである）。たとえば「基底」についてのメタファーを概念化することによって、同じ思考のさらなるあるいは相違する発展が探し求められる。我々はメタファー化されたイメージを導いた心の働きの核心を示そうとする。そこで、同じ思考から新しい意味を引き出す新しい出発点をもつことになる。新しい意味から新しい概念へ、そしてそれから創造的な推論へとプロセスは続いていく。

それぞれのメタファーには、「退行したもの（effeteness）」の核がある。これは類似性のコードである。「比較することの経験」として蓄積され収集編集された度重なる類似性の一般法則が、そこに「蓄えられている」。メタファーの残余は、退行したものと比較できる「イメージの対象」を結ぶ糸（「跳び棒」）でできている。それはメタファーをつくり上げるプロセスの能動的要素である。退行したものと比較対象の間のギャップを飛び越えることによって、「その糸」（比べるという操作そのもの）は退行したものに戻る道を「記憶している」に違いない。この糸は帰り道を「憶えている」「可動的な画像」である。

メタファーを概念化することという方法は、この画像を解読し、メタファー構築の全過程を生み出したコンテクストの意味の大半である退行したものを、できるだけ取り戻す働きをするものである。それはまたメタファー化の操作を跡づける拠り所として、比較されたものと比較可能な対象との間の「振り子の揺れる範囲」を焦点化する。それは、メタファーの胚胎する意味を再概念化するための普遍的なアプローチである。ただし、このアプローチを適用してもその結果がうまく予測できるものであるという保証は何もない。それはかけ離れたものを比較するために、凍結されコード化された未完の哲学概念から意味を引き出すための、分析的ヒントであるにすぎない。この点に関して、メタファーを概念化することは、二つの意味で理解されることになる。すなわち、第一は、パースの見捨てられた考えの未だよく探査されていない意味を明るみに出そうとする試みであるということであり、第二はいろいろな相違する目的のための一般的手段として用いられるだろうということである。「メタファーを概念化すること」という提案全体は、全宇宙は精神でできているというパースの主張に基づいている。その結果、すべてを含む精神の進化は発展のどの段階においても、そのコードを露呈しうるということになる。

第三の要素

本書において、既述の「糸」や「棒」は我々自身の自己に他ならないことを示したいと思う。そもそも（一九七〇年代にさかのぼって）ドナルド・デイヴィドソンの心の哲学によって概説され、近年ロナルド・G・アレクサンダーらの人々によって修正された付随性という概念は、メタファーを概念化するという原理に相当するものである。付随性の古典的な定義は、心的特徴はある意味において身体的（物理的）特徴に依存するということを前提としている。ということは、二つの等しい物理的出来事は何らかの心的な点において相違しているはずがないということであり、あるいは、対象は物理的な点で変化することなく心的な点で変化するということはありえないということである。付随性について通常挙げられる例は、空間における対象の位置と加速度と速度の関係である。対象はその速度を変えることなくその加速度を変えることはできず、その逆もできない。

付随性の学説は、広義のタイプ同一説（type-identity theory）の進んだものである。この広義タイプ同一説の初期の提唱者であるU・T・プレイス、ハーバート・ファイグル、デイヴィド・アームストロングらは、少なくともあるタイプ（または種類、クラス）の心的状態は、それに付随する事実の問題として、ある類型（または種類、クラス）の脳の状態と文字通り同じであるということを仮定している。このタイプ同一説は、ヒラリー・パトナムによって物理的に可能な生命体は脳が同一のユニークな心的―化学的状態になくても同一の心的状態にある可能性があるということを受け容れることができるかどうかという重要な反論が出されて以来、ずっと問題となっている（したがって、心―脳のタイプ同一説が真である確率は非常に低い）。どちらの見解もそっくりそのまま無批判に受けとることはできないだろうと思われるが、付随的自己を力動的に理解することについて略述してみたいと思う。

「意識は物理的特性に付随するか」という自問に対するジェグォン・キム自身による肯定的な答は、「……質の付随性がなければ確かに世界の因果関係のネットワークの中での位置づけは望みのないものになるだろう」（1996:168-172）という彼の主張とともに考慮されることになるだろう。もう一つ考慮されるべき論は、ロナルド・アレクサンダーが「付随的な比喩」として自己を理解していることである。彼の見解によれば、付随的自己は静的な非時間的特質として理解されるべきものではなく、「パタン」または「物語的アイデンティティ（narrative identity）」（この用語はポール・リクールの造語）として理解されるべきものである。

むしろ、自己は人間をつくり上げている特性の混合物から生まれ、それに依存する比喩または付随的な抽象的特殊である。それでいて、この付随的比喩は、いかなる特定の人間をつくり上げている特性のいずれとも同じではない。この場合の付随的比喩すなわち自己は、物理的心理的特性の集合に依存している（Alexander 1997:10）。

これは、問題解決後とり払われる「第三要素」である一時的なものとしての役割を完璧に果たすことのできる、かなり謎めいた記述である。付随的な自己概念がその正体を明らかにしたときに、初めてそれは意味を生み出すことができるだろう。私の考えは、それを退行した精神という考えと合体させることである。「抽象的特殊」「質」「心的特性」というのは、実体のない存在が行動力をもつことを暗に拒否していることを表しているものに他ならない。この力を働かせるためには、それを発達可能性のある連続的な物質である、退行した精神に結びつけなければならない。そうすれば、蓄音機の針がサウンドトラックにあたって音が出るように、「意味の音楽」が生み出されることになるだろう。この点において「付随的な自己」は、遺伝と生成の比喩として、あるいは我々の過去の経験の凍結した意味を再生させる類似性（すなわち比喩）を求める自己である「検索する自己」として、よりよく説明することができる。ここで、付随的な自己は比喩ではなく、その運動によって比喩を生成するものであるという点で、アレクサンダーの見解を修正することになる。検索する自己は実際「第三の要素」すなわち「棒」であり、退行した精神のサウンドトラックはそれによって新しい意味をつくり出すのである。本書においては一貫して、「検索する自己」はこの意味で用いられている。

物理的な見地からすれば、メタファー思考は仮説構築の前にあるように見える。おそらくメタファーはいかなる推論にも先立ってあるだろう。この見解についての証明を始めるために、まず現代の心の概念におけるメタファーの働きを検討することにしよう。心の性質を証明するのに偉大なアメリカの心理学者ジェグォン・キムは次のような例を挙げている。「物理的空間のどこにも存在しないものが、運動中のたった一つの物質的微粒子の軌跡さえほんの少しでもどのようにして変えることができるか、想像してみなさい」（1996:4）。それから彼は、心的過程がいかにして因果的に世界を変化させるか説明できないということは、デカルトの二元論の宿命であるという結論を下している。この例は文字通りの真実を示しているが、同時に、文字通りとられるとすればまったく真実に反するということでもある。物理的世界の何かはっきりしたものを証明するという、それ自体のコンテクストにおいては、それは文字通り真実である。しかし、我々の身体のいかなる協調的な動きも、物理的空間のどこにも存在しないものによってその軌道が変えられている結果であるということを忘れないならば、それは文字通りの真実を表していない。もちろんキムはこの事実についてよくよく気づいている。「身体は欲求と信念によって適切に動いているということは、行為の概念にとって本質的なことであるように思われる」(1996:8)。

認知過程としてメタファーを概念化するということは右に到達した地点から始めるべきであるが、そのまま心理的なパタンに沿って続いていくものではない。たとえば欲せられている新しい状態に何とか到達しようとしている一組の運動以外に、他の何が身体の軌道を変えているのであろうか(この意味における「メタファーの状態」は、ギリシャ語の「メタファー」の文字通りの意味である「運ぶ」である)。

単なる感情と現実の思考

概念化する仕事に取り組む前に、観念を運び表す全過程をその裏側にある思考の側から見ることにしよう。思考も単なる感情も、その現れにおいてどちらも独自なものであるという意味において、パースは概してこれら二つを等しいものとみなしている。

いかなる思考も、そしていかなる感情も、そこに他の何をも含んでおらず、絶対に単純で分析できないものである。ゆえに、それが他の思考や感情から成っているというならば、それは直線状の一つの運動が結果的に二つの運動から成っているというようなものである。ということは、それは真実と並行するメタファーあるいは虚構であるということになる（CP 5.289）。

これを読んで、いかなる思考も他のいかなるものにも似ていないとすれば、どのようにして互いに理解し合えるというのだろうか、という問いが出てくるのは理の当然である。もちろんパースはこの危険を十分承知していて、「いかなることであれ、まったく他と比較できないものは、まったく説明不可能なものである。なぜならば、説明するということは物事を一般法則または自然の類別の下に置くことだからである」（CP 5.289）と述べている。この問いの解決は、思考と感情はある一般的な意味を帯びているという事実にある。いかに重大なものに見えようとも、思考の類はどのようなものも、心的操作によって説明できる。パースによれば、感情は普遍的なものしか含んでいないので「すべて類似している」。思考と感情の区別は、そこから現れたものを認知するその認知の仕方にあり、内省によって知ることのできないものだけが説明不可能なものとして残り、それが感情なのである。パースにとってはそれもまた単なる感情にすぎない現実の思考は、それもまた説明不可能なものであるが、それは後続のもう一つの思考に影響を及ぼすことができ、それはそこで解釈される。

結局のところ、今現在、現実にある思考（それは単なる感情にすぎない）には、いかなる意味、いかなる知的価値もありはしない。というのは、これは実際に考えられたことにあるのではなく、この思考が表象によって次に続く考えと結びつけられるところのものにあるからである。したがって、思考の意味というのは、まったく何かヴァーチュアルなものである（CP 5.289）。

現実の思考は、後に続く他の思考に解釈されていくことによって認知される。我々が対象について知ることは、その現実の現れであるということになる。もし対象がそのような現れをとらないとすれば、同一の認識が常にあるかどうか、我々は内省によって考えることはできない。このような主張はパースに対する多くの批判を呼び起こしたが、そのことについては少し後で論ずることにしよう。しかし彼はそのような問題を予期していたようで、だからこそ後年、この問題を見事に避けることができる「関係の実在性」を受け容れたのであった。

私の精神のいかなる状態においても認知や表象というものはないが、相違する瞬間における私の精神の状態の関係には、そういうものがある。要するに直接的なもの（それゆえ、それ自体において媒介を受けつけないもの——分析できないもの、説明できないもの、知的でないもの）が我々の諸生命を通して連続して流れている。それは意識全体を合わせたものであり、その媒介は、その連続性なのであるが、それは意識の背後にある実在の効力によってもたらされる（CP 5.289）。

……「かのような」という構造をもつメタファーについて、結局、どのように言うことができるだろうか。一方においては、ある思考の姿を別の姿と並べることによって、ある思考の姿を保存することができるということ。他方においては、メタファーはそれを後続するイメージあるいは思考記号に結びつけていくということ、すなわち、常に変化し続ける思考の胚芽、新しい文化環境に向かっていつでも展開することのできるコードがそこに含まれているということである。別の言い方をすれば、メタファーは（経験の凍結したものである）退行した精神を源として生まれる基底となる思考に「付随する」ものである。各々の自己は「メタファー同様、つじつまの合ったものではなく」、そのためにメタファーは相違する枠組みに結びつく新しい思考ネットをつくり出すことによって意味を保存し、現実化しないための理想の手段となっている――こういうことをパースはどこか他のところで述べている。そのような初期の段階からこのような方向へ絶えずしたがっていくことによって、我々は一種のメタファー的連続体の中に生きているという根本的主張へと導かれる。そこで、我々は一つの巨大な思考の中に生きているというパースの仮説をしばらく手放さないでおこう。

バーナード・J・バールスは心理学から見た心についての最近の論文で、「科学的メタファー」という一章を書いている。それは次のような一節で始まっている。

難しい科学の問題について考えるのに、メタファーというのはいささか雑な考えではないだろうか。しかし実際、科学では、既知から未知への危険に満ちた跳躍をなす手段として、それは長い立派な歴史をもっている。太陽系を時計仕掛けに喩えるメタファーは、太陽と地球と月の相互関係のある旋回について考える方法として、十六世紀の天文学者には大いに役立った。一九〇〇年ごろには、物理学者は検証可能な仮説を生み出すのに役立つ小さな太陽系として、ラザファードの原子モデルを見出した。ダーウィンの進化論はその最初の一世紀の間、強力な質のメタファーであったし、それは今日でもまだよく用いられている。多くの科学の理論は、このように慎ましやかに始まっている（1997:53）。

生涯、天文学にかかわっていたパースのような思想家については、それも悪くはないだろうが、私はメタファーや見捨てられた考えを疑似科学的な手段としてのみ探求するつもりはない。詩的洞察を含む広義のメタファーは、潜在的可能性は概略示されているが未だきちんと形式化されていない概念を大いに照らし出すものである。この意味でのメタファーは、多かれ少なかれ正気の夢のようなものである。テクノロジーの未熟な時代の思想家は、それによって洞察に満ちた発見寸前の仮説をつくる力を与えられたのであった。予想された研究計画が始めの仮説のように発展しなかったのは、テクノロジーの発達の限界があったからにすぎない。その意味と起源を広げるために、このようなメタファーを「哲学的」メタファーと呼ぶことにしたい。

結論

パースの遺したものはつい最近になって再発見され、多くの人々によってそれが稀に見る哲学的な内容であることが保証されている。生涯（一八三九～一九一四）を通じて、彼はその思想に値する敬意を受けることはなかった。そして彼の書いたものの余白に見出される主要な論題が、今日の見地からさらに詳述されるべきであるか否か、彼にも確かにはわからないだろうし、我々にも確言することはできない。十九世紀のごく少数の思想家とともに、パースは新しい二一世紀に首尾よく跳躍を果たした。彼のヴァーチュアルな霊はウェブの検索者に深い洞察と新しいヒントを与えて鼓舞し、ウェブのページに光彩を添えることになるだろう。本書は、彼の書いたものの余白と力強いメタファーに見出される見捨てられた概念のいくつかについて、それは彼の思想において優位を占めることはなかったが、物事の本質についての独創的な洞察を示す新しい光を投げかける、未踏査の哲学の宝物を表しているということを示そうとするものである。

本書ではコンピュータの働きとの類似性がよく引用されることになるが、それは『コンピュータとしての心』という現代理論の結果としてではない。コンピュータはときに素晴らしい速度でデータ処理をする機械であり、その多くの働きは驚異的なものに見えるが、実はそれは驚くべきことではない。コンピュータのモデルは人間の心であって、その逆ではない。電算機科学者は、あらゆる機械操作の根底にあるのはブール代数すなわち集合の微積分のために発明された代数論理の集合であるということを知っている。このシステムは、概して論理に帰納され限定された数学に他ならない。その発見は一世紀以上前になされ、パースはブールへの称讃と批判の両方において実際そのことを認めている。

ブールはおそらく確率の微積分の原理について熟考することから、非関係項間の論理関係以外のいかなる関係にも働きかけないすべての演繹推論の取り扱いへの常微分方程式の代数の素晴らしい適用に到達したのだろう（CP 3.620）。

我々がコンピュータの働きから学べることは、本当にヒントと暗示にすぎない（どうしようもないほど複雑に見える課題を解くための少なくとも「他の」方法があるという考えとともに、）最も重要な教訓は、最も単純なルートが最上であるということである。しかし比較は真に驚くべきもので、まったく異例の解決を出す可能性がある。さらに、コンピュータの働きに基づく概念は、「強力な質のメタファー」の創造を鼓舞し、未来世代に理解できる概念を保存することができる。

記号の変形をわかりやすく理解するために、読者はパースの図式による最もわかりやすい分析のいくつか――すなわち記号のカテゴリーと十分割（九六頁と九七頁の表3・1と図3・1）――を用いることができる。ここで示すかたちにおいては、彼のカテゴリーと三分割は、十分割と重複している。パースがこれらの図式をはっきりしたかたちで用いなかったとしても、広範な分析のいくつかにおいて、概略化された記号のかたちや数字という点でそのようなアプローチを強く示唆している。ネイサン・ハウザーはこれらの図式を用いてパースの退化したカテゴリーの研究をおこない、デイヴィド・サヴァン（David Savan 1987）とジョン・K・シェリフ（John K. Sheriff 1993:52-75）は記号の十分割を分析している。私は記号の変形を例示するのにこれらを「生かそう」と思っている。第一の図式（図3・1）は第一の表（表3・1）について直接表したもので、どちらもテクスト全体で次にくる図式の基礎をなしている。表3・1では、想定上の各々の線は上と右にのみ動くことができ、それはパースの記号のクラスの一つを表し、数字はパースがそれを表している順序を示している。これ以外では、記号分類の説明で最もよく言及されるのはCP2.254-273である。十の主要三分類について最も詳細に示したものは、ヴィクトリア・ウェルビー夫人ととりかわされた書簡CP 8.346-379（または、別冊『ウェルビー夫人へのパース書簡集』）である。私のさらなる論においては、もとの図式を変化させ、相違する領域の問題にそれを適合させることを試みたが、そのことによって、パースの体系のコンテクスト化がさらに一歩進められたものになっていればよいがと願っている。図式はパースの指示にしたがって描かれている場合もあるが、多くの場合、それは詳細化され、ときにはまったく新しいものになっている。しかしながら、記号の数字と特徴はパースのものと同じである。

以下の章立てはすっかり哲学的でも完全に文学的でもなく、また人間知識のいずれかの領域が優位を占めているのでもない。各章はそれ自体の基礎と発展をもち、独立してそれだけで読むことができるが、頻用される専門用語のいくつかをよりよく理解するためには、序論を参照されることをお勧めしたい。各章において、明らかにされた概念を現代の哲学現象に適用し、哲学のロマンティシズムによって今日の考え方を新しくすることが試みられている。それは相違するアプローチを折衷して組み合わせたものではない。これらの方法間の類似性は、類似性は特徴にあるが質にあるのではないというかつてのパースの言説に見られる原理と同じものに基づいている——「類似性は特徴のアイデンティティである。そしてこのことは、精神は類似観念を集めて一つの概念にすると言うのと同じことである」(CP 1.365)。

パースの考えの要約は、厳密にそのままのかたちで展開されていることもあるが、その本質だけをとって新しい考え方に向かって展開されていることの方が多い。しかしその両方が混じり合っていることも多い。たとえば「基底」の考えについての第二章は、カテゴリー論の分析で始まり、そこで基底と記号の関係の問題が初めて現れる。それから基底の概念は、それが何か他のものにはめ込まれていなければ考えられないようなものの新鮮味を保持しながら、パースとは別の方向に進んでいく。それに基づいて、音楽・文学・芸術における沈黙の効果という新しい仮説が展開される。そのような手法がとられているのは、メタファーを概念化することという新しい方法の概略を示すためである。

これは科学的メタファーの性質についての哲学であり、隠れた知識が引き出される方法である。同じことを反対側から述べるとすれば、それはパースの哲学概念に基づいてメタファーを発展させることであるが、その目的とするところは同じである。それは、その含意にしたがって詳細化された彼自身の考えのいくつかであるか、あるいはメタファーを概念化するという私の仮説に慎重に開かれ適用された彼の見捨てられた考えであるかのいずれかである。前者が「無限の記号過程と異言語」という章であり、後者が「生きている精神と退行した精神」という章である。

第一章「見捨てられた考えについての理論的枠組み」は、パースの思想の主要な変遷という視点からパース哲学を展望したものであり、主要な変遷が起こるたびに、何らかの考えが捨てられ何らかの考えが詳細化されている。このような変化の論理的な理由は何か、それはパースの思想全体にどのような影響を及ぼしているか、ということもこの章のテーマである。見捨てられた考えは単なる断片にすぎなかったのか、あるいは新しい発展に向けて、その意味の核を潜ませていたのか。

「カテゴリー、基底、沈黙効果」は、「基底」というパースの初期の考えを取り上げて論じたものである。この考えには、絵画、言語、音楽における類像性という現代の現象を明らかにできる力が潜んでいる。基底の効果は、後続の章で詳述されることになる退行した精神という、ずっと広い概念を具体化している可能性のあるものと考えられている。

「無限の記号過程と異言語」は、バフチンの文学理論とパースのいくつかの哲学概念の類似性を比較したものである。バフチンとの比較は、その異言語の理論を越えて、ドストエフスキーが暗に創始した同様の考えを明らかにするものである。対話・自己・他者という概念の精密化は、意識・文学における類像的効果、思考の記号的側面という考えへと連続していく。この章では、無限に発展していく解釈と記号構造、すなわち「無限の記号過程」というパースの学説についての説明がなされている。記号の十分割はパースとは少し違った方法で表され、そのことは後の図表が示しているとおりである。この基本的図式は本書を通じて変わらぬ同一のもので、そこでは記号の変形が示されている。

「生きている精神と退行した精神」と「氷山と結晶した精神」は、本書の目的を全面的に示したものである。「退行した精神」というパースの考えは、ほとんどもとのままでその後探求されることもなく手つかずのままの状態にあり、この用語そのものが明確になっておらず、コード化された予言とも言うべき沈黙に包まれている。それは彼の「客観的観念論」のカギ概念であるが、このような考えを提示し、現代に役立つ仮説として展開するためには、専門知識とともに、いくらかのファンタジーもまた必要である。これら二つをうまく組み合わせ慎重に例を選ぶならば、文学理論、意識の理論、心の理論、記号論というような領域の今日の研究の進展に役立つものとなるのではないか。これまでの章において到達された結論は、パースの最も途方もないと思われる考えのいくつかを明らかにしようとする試みにおいても、私自身の方法を生み出す試みにおいても、このような点に収束してくる。

「パース哲学における主観性の不在」は、その意味ある不在という見地から、古くからの哲学問題を検討するものである。主観性について、そしてそれがパース哲学に不在であると思われることについてもまた、研究がなされている。パースの著作にこの問題が出る場合に必ずきまって示される説明しがたい彼の不満について、伝統的な主観―客観の二元論の罠に陥ることを無意識のうちにおそれていたのではないかという点からの考察がなされている。

「はかり知れない過去」は、物理的時間とその心理的・記号的結果を知覚することというもう一つの古くからの問題についての考察である。音楽、記憶、意識の諸階層という領域を通じて研究がなされている。パースのシネキズムという連続性が、これらのテーマについての詳論において決定的役割を演じている。他のすべての章と同様、ここでも意識と自己認識についてのパースの見解が示されており、これらの問題については、本書を通じて探求がなされている。彼の三つのカテゴリーについては、時間と習慣という関連する見地からの考察がなされている。

「静かなディスコース」は、類像性についてのパースの認識のみならず、その「意識の理論」における表象の諸相についての考察である。おそらくここには最も驚くべきことのいくつかがあるのではないかと思われる。ほとんどのパースの概念はどのような現代芸術運動との比較にも値するもので、たとえばバフチンの「対話論」のみならずボードリヤールの「シミュラークル」論にもうまく光を当てることができる。コンピュータがデザインするホログラムを含む現代芸術のいくつかの現象における表象概念の略述において、同じような方法が用いられている。ここでの最大の問題は、未だこのような現象を説明するためのメタ言語がつくり出されていないようだということである。さらに悪いことには、適切な言語なしには、それらを分析し意味を引き出すことができないということである。分析は、最初、伝統的なソシュールとエーコと近年のフランス記号学に基づいてなされるが、結局のところ最終的にはパースの三分法に落ち着く。

「一人で踊るタンゴ」は、パースの意識の理論に基づいて、文学分析の方法として自己と他者の概念化の方法を実際に適用するため、その決定的な一歩を踏み出したものである。クリシェの層としての退行した精神、独我論の「我」の隠された部分としての「自己と他者」、詩人個人の孤独を想像上の「我—他者」関係に統合しようとする努力というような、あらゆる結果が用いられている。いくつかのメタファーと例は、ブルガリア文学からのものである。「意味はいかにして可能か」は、意味を引き出すためのいくつかの競合する方法について検討したものである。「ホワイトクリスマスを夢見ること」というタイトルのついた一節は、文化的クリシェの実際的な分析のために同名の典拠が用いられている。

小さな補遺「イヴァン・サライリエフ——ブルガリア・プラグマティズムの草分け」は、ブルガリアのプラグマティズムを代表する最初の人物にささげられたものである。イヴァン・V・サライリエフ（Ivan V. Sarailiev, 1887-1969）は、プラグマティズムに転向したブルガリアのパイオニアで、早くも一九〇九年の自著においてプラグマティックな見解を示した人である。多くの点において、彼はパースやバフチンに似た不運な生涯をたどったヨーロッパの偉大な学者である。もっと恵まれた境遇にあったならば、サライリエフはおそらく大きな影響力を発揮することができたであろうと思われるが、厳しい政治的迫害の下、社会的追放を余儀なくされたのであった。

本書を通じて、「メタファーを概念化すること」と定義される方法が用いられている。各章はパースの学説の一つに焦点化され、その学説は彼がそれ以上探求しなかったり見捨てたりしたものである。

ジェグォン・キムは、意識の記号としての可能性のあるものほとんどすべてを調べた後で、次のような結論を下している。「この問いについての満足のいく答を欠いている程度は、心性が何にあるかということについての一元的な概念をもつことに失敗する程度を表している」（1996:23）と。大抵の哲学者の学説同様、パースの学説も意味の式に関するものである。その式がつくられるのは一度きりで、新しい形式との整合性を求めて外へ次々と（付随的な）動きを見せるのは、常に変化して止むことのない我々の自己であるようだ。新しい形式との整合性は実現され、一時はそれで有効となる。そして新しい意味が派生し、時間、位置、条件の恣意性が考慮される（ロナルド・G・アレクサンダーの言うように、自己は一定の意味の式に付随すると言うことができるだろう）。いかにして特定の問題が表象され、それがどのような結果を誰に対して引き起こすかということについて問いが生ずることになるだろう。しかし、我々の述べることは「あたかも」というメタファー的な言語使用においてなされているということを受け容れない限り、適切な思考の定義をするのに心の認識が誤りをおかさないでいることはできないだろう。

第一章　見捨てられた考えについての理論的枠組み
——何が見捨てられ何が発展したか

本章では、パースの哲学体系を説明する一般的な展望を求めたいと思う。パースが新しい体系へ移行していったのは、その都度、形式論理学の一定構造への相違するアプローチを標すものであったにすぎないように思われる。それらの構造は我々人間の精神の働きを示す全体式であり、メタファーの構造や純粋推論の構造はその中の二つの例であるにすぎない。変遷のたびに、ある概念は残されさらに詳述され、またある概念は見捨てられ忘れ去られた。パースの時代には、論理学がこのような既知の構造のすべてを表していたのである。新しい原理を練ることは、凍結した（しかし未だ生きている）原理のアウトラインを示すために、その表面を引っかくことにすぎないものであった。

モザイクの諸相——体系の内側

パースに一貫性がないのは、体系構築にとらわれていたからかもしれない。彼は、まず最初に体系的位置づけを概略定め、次にその中の難問を解いていくという全体論的な哲学者のおそらく最後の人であったと言ってよいだろう。

最も洞察力の深いパース研究者の一人であるマリー・G・マーフィーは、パースの体系構築における重要な変化は、論理学における主要な発見の結果であったことを示している。マーフィーによれば、この点におけるパースの主な原理はカントから借りた「知識体系」であった。カントの原理の基礎は、知識体系の構造は形式論理学に見出されねばならないということであった。マーフィーは「論理学は知識体系の基礎であるから、パース哲学の発展における創造的、力動的な要素は彼の論理学であったはずだ」(1961:3)と主張している。このように述べることによって、マーフィーは「論理学におけることごとくの大発見は、彼の哲学の主要な再定式化を導くことになる」(同書:3)という次の主張にエスカレートせざるを得ない、解決不可能な「悪循環」を打ち立てることになる。パース思想の諸相の概観において、彼の学説・メタファー・余白に書かれた概念が、そこからコンテクストの意味と価値を引き出した、その一般的枠組みを明らかにしたいと思う。

マーフィーは、パース哲学の仕事を四つの主要体系に分けている。第一(一八五九〜一八六二)は、「きわめてポスト・カント的観念論の形式」と特徴づけられ、これはカントのトランセンデンタリズムとプラトン観念論の組み合わせであり、このプラトン観念論によって結局パースはカントの哲学的カテゴリーを拒否することができた。宇宙の多様性を三つの存在論的分類に帰そうとする傾向が初めて姿を現したのである。「物質」(宇宙論の対象)、「精神」(心理学の対象)、「神」(神学の対象)がそれである。そしてパースはこれら三つのカテゴリーを「それ」(感覚世界)、「汝」(精神の世界)、「我」(抽象の世界)と改称した。後に彼はこれらの代名詞から第一次性、第二次性、第三次性を引き出し、通常これらの名称によって自分のカテゴリーを呼ぶことになった。この第一体系において、パースは神の精神にある観念がどのようにして人間の精神に知られうるかというような、一般的な知識の問題をも扱っている。パースにとってその解決は、現前しうるすべての現象およびすべての概念は表象であるというカントの原理にある。彼はこれを神の精神の顕現であると理解した。これは、我々の経験する対象の形式という具体的なかたちで現れ、単に抽象と特徴づけられている複雑な操作によって我々が引き出すプラトン的原型であると考えた。

マーフィーはこの時期全体をパースの「記号論的観念論」としているが、私の考えでは、何事であれ記号論というレッテルは未だ早すぎるように思われる。過渡期の集中的な論理学研究の後、一八六六〜一八七〇年に構築された次の体系が生ずる。多くの研究者は、この時期に形成されたもののみをパースが論理学と哲学におこなった貢献のすべてであるとみなす傾向がある。これは、彼が最初の傑出した論考「新カテゴリー表について」(一八六七)、「人間に要求されるある能力についての問題」(一八六八)を執筆した時期である。それ以降、パースは知識体系論と名づけた原理に立って思考を構築するという考えを体系的に追究することになった。これが、経験によって証明される意味基準の輪郭を示した最初のものとなった。そして、それは後年彼のプラグマティズム理論の中心となる概念である。しかしながらこの初期の段階にあって、彼の思想のいくつかの重要な特徴が現れた。それはたとえばシネキズムと彼が呼んだものに具現するような進化的特徴であり、カール・ハウスマン(一九九三)もまた「進化的」と呼ぶ独特の実在論である。これらの学説は両方とも、彼の思想を支配している枠組みであると理解されている知識体系の原理に基づいている。

「新カテゴリー表について」において、パースは自分の存在論カテゴリーを人間の思考と関係づけようとしている。この関係は記号的なものであると思われたのである。すべての総合的判断は記号関係を伴うというのが彼の論であり、それは、記号は何かの点、または立場において、誰か(その解釈項)に対して何か(その対象)を表すという意味である。すなわち、記号が表す何らかのもの、精神、あるいは抽象がなければ、記号過程(知識)は不可能であるということである。さらにパースは認知において最初も最後もないことを主張した。我々の知識は決して十分に完全ということはない。なぜならば、対象の解釈項は常にもう一つの記号過程の記号に変化するだけだからである。最初に経験があり、対象についての考えはその後に生ずる。ここで最も重要な考えの一つは、記号は対象をそのすべての点においてではなく、「何らかの点において」のみ表すということである。したがって、それらの間の比較の基礎をなす、対象に具現された純粋な抽象的属性が何もないとすれば、いかなる推論も不可能となる。

パースについてのマーフィーの解釈は、著しく批判的なものである（しかし、同じようにパースにきわめて批判的なローティとは違って、マーフィーはパースを尊敬している）。他方、マーフィーの批判は正確、詳細で、問題をダイナミックに見ようとしており、パース哲学の時間的展開が観察されている。しかしその綿密さがゆえに、マーフィーの結論にはしばしばニュアンスが見落とされ、明らかにされた仮説の中の何かがまったく誤っていたり、欠落したりしているという印象を与えるものとなっている。そのようなアプローチは、パースの概念を詳細に表した後でなされているのではあるが、その厳しく切りつめた論法がゆえに誤解を招きやすいものとなっている。それは、自らの概念がさらに自由に考察される余地を残していたパースがしばしば予見していたような、さらに手を入れて仕上げていくという余地を許さないものとなっている。

マーフィーの批判においては、パースが資料不足のために埋めることのできなかった空所が容赦なく抹消されている。パースの実在論について論ずるとき、マーフィーの主張するのは、それがスコラ哲学の学説を借りたもので、精神の中の普遍性の観念と精神の外の個物は共通の性質をもっているという説に基づいているというものである。これに対して、パースの論は、いかなる認知もすっかり決定されているわけではないという事実に基づいており、真の個物は存在せず、したがってことごとくのものはある程度一般であるという事実に基づいているのである。「パースの、『実在論』は徹頭徹尾観念的であった」とマーフィー（in Edwards 1967, Vol 6:73）は書いている。少し奇妙に聞こえるかもしれないが、パースの見解は観念的であるとともに、ある程度実在的であったという方がより正しい結論であると言ってよいだろう。

このことを証明するために、「客観的観念論」というパースの原理を思い出してみよう。少し先に飛躍すると、事態はより明らかになる。

今論ぜられている原理は、直接的に観念的である。なぜならば、語の意味はそれが伝える概念であるので、絶対認識できないものであれば、それは無意味だからである。そこには何の概念も付与されていないからである。したがって、それは無意味な語である。それゆえ、いかなる用語によってであれ「実在」として意味されるものは何でも、ある程度認識されるものであり、その用語の客観的意味において、認識の性質をもっている（CP 5.310）。

はじめの文は条件文であり、観念論的視点の混乱した印象を与える「もし……ならば～である」という文である。しかし後の文は認識の（「ある程度」という）余地が「実在」の定義の構築に参与することを明らかにしている。「ある程度」という条件を無視することはできない。なぜならば、そうすれば「無限の解釈」についても同じことをしなければならないからである。「無限の解釈」というのは、認識と同じ意味であるにすぎない。ここでパースが定義しようとしていることは、認識するという過程であり、認識そのものとか観念―実在的なその性質ではない。パースにしたがって言えば、何かを認識することは、何かを認識できるものとして扱うことであり、したがってそれを概念化し、解釈することである（後で私は哲学的メタファーについて同様に論ずるつもりである。それは概念化され、展開する認識の諸段階として解釈されることになるだろう）。換言すれば、パースはここでコミュニケーション行為においてのみ可能である認識するという行為に関心を示している。このことが真であるということは、思考は対話の性質をもち、「象徴記号の生命をもたない実在はありえない」という彼の主張を証明するものである。この引用は「科学と自然の類別について」という彼の論文からのものであるが、彼はそこで次のようにも論じている。

ところで今私が強く主張しているのは、それら特定観念の無限の生命力のことではなく、物理的精神的結果を生み出す力をそれらが無限にもっていると想定されるのと同じ意味において、ことごとくの観念がある程度そのような力をもっているということである。そこには生成する生命という生命がある（in Houser and Kloesel 1998: 123）。

この見解は、観念あるいは表象は物理的効果を引き起こすことができ、結局のところ物理的事実を引き起こすことができるというパースの信念を表している。「ある程度」と「無限に」を無条件に等しいと見ていることは、パースが認識の存在論にではなく、その力動性に関心があることを批評家に示すものである。「『プラグマティズム』についてのハーヴァード講演」（*Harvard lectures on 'Pragmatism'* 1903）において、パースは記号の性質をもつものでなければ何も表象され得ないと主張し、それからこの点を何度も繰り返し、観念は物理的行為を通じてのみコミュニケートされうるという見解へと拡大していった。

プラグマティズムの謎

マーフィーによると、第三体系はパース哲学のための普遍性の原理の提案が中心をなしていて、「知識体系論」と呼ばれるこの原理は、「すべての認識には記号的関係があり、記号的関係には、三種類の対象が含まれ、これらの対象は実在的であり、科学的探究によって十分に知ることのできるものである」（in Edwards 1967:73）という彼の信念に基づいている。マーフィーは続けて述べている。「しかしこの理論は、パースが関係の論理を発見したとき、見捨てざるを得なくなった論理の学説に立っていた」（同書:72）と。

マーフィーはそれからさらに論を進めて、第三体系が成し遂げた最も重要なことであると彼が考える「探究についての信念を疑う理論（早くも一八七〇年に語られたもの）」と「プラグマティズム」についての概説をおこなっている。一八七七年～一八七八年にパースは『ポピュラー・サイエンス・マンスリー』に『科学の論理学の諸解明』という表題の一連の六つの論文を発表した。その第一論文「信念の確定」において、彼の「科学研究の方法」を定式化したが、それはパースによれば初めてプラグマティズムへの言及をおこなったものである。この第一論文において、検索する思考（thought-in-search）は探究の手段であり、信念は休止した思考（thought-in-rest）に達した懐疑の停止の状態であるという自説を展開している。これが「科学の方法」の本質であり、パースは最初の固執―権威―ア・プリオリという三つよりもこれを優先させている。彼はさらに、第四のみが自己修正の性質をもち、長い目で見れば結局のところ成功を保証するものであると論じている。このシリーズの他の論文において、パースは論を広げ、生物進化論という驚くべきコンテクストにそれを位置づけている。いかなる有機体も生存するためには、その必要にしたがって、行動の習慣を発達させなければならないと彼は主張する。その習慣とは、経験的結果を達成するためにしたがわねばならない行動規則のことである。最も満足できる探究の方法とは、長い目で見た場合、結局のところ継続する安定した信念の状態に至るものである。

このシリーズにはまた有名な「いかにして我々の観念を明晰にするか」（一八七八）も含まれている。この論文においてパースは観念の明晰さについての持論を概説しており、それは三つの明晰さの段階からなっている。この論文は本書の主要論文から見ても重要なものであり、第三段階の明晰さは意味の理論に喩えられ、「プラグマティズムの格率」によって表されている。そしてパースは彼の未来の「実在論」について総点検をおこない、そこで意味の概念を用いようと試みている。プラグマティズムの格率は、対象の意味はこの対象が示す一連のすべての習慣にあるということのみを主張するものである。

そこで、理解における第三段階の明晰さを達成する規則は次のようなものであると思われる。すなわち、我々の概念の対象が実際的な関係をもつと思われるどのような結果をもつと思われるか考えてみよ。そうすれば、これらの結果についての概念が、その対象についての我々の概念のすべてである（CP 5.402）。

しかしここでパースはまた正確な弁明をもおこなっている。すなわち、彼によれば、プラグマティズムの理論は純粋に意味の理論であって真理の理論ではない（それを真理の理論にまで拡張した哲学者は、ウィリアム・ジェイムズであった）。

ダイアモンドの硬さについて、その硬い表面を引っかいてみないとその硬さはわからないというパースの挙げた例とともに、この一節は多くの哲学者から強い批判を受けたものである。その中でも最も強い抵抗を示したのはマウンスであった。彼はパースがその格率の困難を避けようとしていることに何の理解も示していない。マウンスは、パースが実際的な目的を明らかにすることに関心をもっているのでなくむしろ知的な目的に焦点を当てていることを認めながら、それを受け容れることをなお拒否している。マウンスは、対象の感覚的な結果は、たとえば原子レベルというような、可能な結果のすべてを尽くすことはできないのであるから、我々がその対象についてもつことのできるすべての知識を含んでいるものではないと論じている。マウンスは、「物（この場合、物とは対象のことである）がその感覚的な結果によって識別されるとすれば、それは「ある一定の」環境との「関係において」のみである」（1997：38）という筋の通ったことを述べている。そのとおりである。しかしもう少し続けてマウンスの批評を見ることにしよう。彼は、対象がそのような結果を何ら示さないとき、それを硬いということは非常に問題であると見ている。マウンスによれば、問題は普通の言葉にもパースの論文にも生じない。条件つき分析では、それは解決できない。そこで、マウンスは論理的反論を次のようにおこなっている。

　というのは、もし何ものも感覚的結果による以外意味をもたないというのであれば、条件が意味をもつのは感覚的結果から見た場合だけである。しかし、それでは、意味をもつためには、それは条件つきであることを止さなければならない（1997：39）。

マウンスの分析に同意しないことは難しい。しかしながら、彼の主張が真であるかどうか見ておかねばならない。条件つきでなしに物を見たり分析したり検証したり証明するなどということは可能であろうか。マウンスは、それは可能であるという。なぜならば、実在は連続的であり、知られるためにその現実の事例に還元されることはできないからである。これもまた真である。しかしパースが可知的な結果と検証不能の一定の質について語るとき、彼は相違する議論を探っているということを忘れないでおこう。そのような結果は、確かに実際の解釈の検証を尽くすことができる。この見解における問題点を示すことによって、H・O・マウンスはマリー・マーフィーと同様の点に訴えているのである。マーフィーはダイアモンドの硬さについてのパースの例を「破滅的な出来事」と呼び、パース自身によるこの改訂を「あまりにも唯名論的な方向に進んだ」(1961:395-396) 一歩として引用している。二人の著者のどちらにとっても明らかであるのは、パースが彼の現象論と実在論のディレンマを解決できないでいることである。マウンスによれば、現象論者的な要素は条件とその現実の事例とが等価であることを必要としているのに対して、実在論者はまさにその正反対のことを必要としているのである。マリー・マーフィーは次のように述べている。

重要なことは、パース自身この点において法則と法則のすべての事例とをはっきり区別しなかったことであり、そうしなかったのは、そのような区別をすれば、決して実現されない事例である、可能性としての事例を認めなければならなかったからだろう (in Mounce 1977:43)。

初期の「唯名論者」としての陳述についてのパースの弁明をよく見てみよう。彼はその方向に行きすぎたことを認めた後、その理由を次のように説明している。

ダイアモンドは押してみると硬いと言うか、押してみるまではやわらかいと言うかは、単に言いまわしの問題にすぎないと私は言ったが、ダイアモンドが硬いということははっきりした事実として実験が証明するというのが「今」の私の見解である。すなわち、それが圧力に抵抗する「だろう」ということは実在としての事実であり、非常に強いスコラ的実在論になる。私が最初に定義したプラグマティシズムは象徴記号の知的意味が我々の行為にあるとしたのではない。それとは反対に、「想定できる」場合の我々の行為がどのようなもので「あろうか」ということについての我々の「概念」にそれがあるということを私はきわめて慎重に述べたのである。というのは、絶対的な個人というのは「理性の有（entia rationis）」［現実には存在しない思考上だけの存在ないし想定］であって実在ではないということをそれよりずっと以前に明言しているからである（CP 8.208）。

この議論はパースのもう一つの仮説である「シネキズム論」と非常によく調和している。シネキズム論は彼の哲学全体から取り出された真のモザイクの一片で、この概念が矛盾したものになることを防いでいる。この点で彼の「格率」を曲げることはするに値しないことである。なぜなら決して実現されない事例があるかもしれないという主張をむしろ彼は受け容れるだろうと思われるからである。シネキズムから見れば、対象を認識するということは、認識できるものとして（無限の連続体として）それを取り扱うという意味である。すなわち、それを概念化し解釈するという意味である。そうする唯一の方法は、記号としてそれが実現されているのを見ることである。シネキズム説を支持するためには、実現されない可能性もしくは真の一般性を含む「真の法則の外部の指示対象」の存在をパースが受け容れなければならないことを指摘したのはマーフィーであった。「信念懐疑論が有機的宇宙そのものに適用される場合、その結果として出てくるのが進化的宇宙論である」（in Edwards 1967:77）とマーフィーは別のところで論じている。「決して実現されない事例」によってシネキズム論が危うくなることは決してないことは明らかである。

存在論からカテゴリー論へ

このことをいくつかの例によって説明してみよう。森で一本の木が倒れてもその音を「聞く」生き物がいなければその音は存在しない、ということはよく知られている話である。木が倒れたときに生み出されたものは強化された電波であって、音ではない。それを聞く何らかの生き物やヒトがいる場合にのみ音がするのである（その上、人間以外の生き物は、そのような電波を人間とは違ったふうに知覚する）。光があるのはそれを見る目があってのことであり、匂いがするのはそれを感ずる鼻があってのことであり、沈黙があるのはそれと対照的なものがあってのことである、など。トマス・ネーゲルを引用しながら、ジェグォン・キムはその見解に賛同している。「物事は、実際、こんなふうやあんなふうに見えるのではない。それを知覚するある主体にはある見え方があり、別の主体にはおそらく別の見え方があるのだろう」（Kim 1996:162）。すなわち、その結果である記号があれば、「何か」があるのであり、結果だけが解釈できるのであって、現象ではない。そこで、結果がそこにおいて解釈されるもう一つの記号（主体、解釈項）がなければならない。キムは上記の引用文の結論として、「経験することのできる主体の欠落した世界には、いかなる「見え方」も「外観」もありえない」（同書：162）と述べている。

モーツアルトのピアノ・コンチェルトの一曲を一生懸命になって弾いているあなたの六歳の娘は、それを聞いている人に自分が喚起している外部指示対象の連想に気づいているだろうか。その子は額面通りの音楽記号を生み出しているのであって、年長の聴衆のおこなうそれ以上の解釈などその子には思いも及ばないことだろう。その子はお辞儀をして拍手喝采を浴びる。聴衆（とりわけ両親）は「ピアノからそのような深い感情を引き出した」その子をすごいものだと思う。本当にそうなのだろうか。解釈する感情はリアルなものなのだろうか。その子は間違わないように鍵盤をおさえ、我々の方はその子が思いもしない気分と想像の世界に入っていく。その年齢では、その子は楽器の移動できる部分であるにすぎず、呼び起こされた興奮のもとがその子にあると思っているのは我々の方なのである。記号は動く図像である、とパースは言っている。記号は思考の原子のようなものであると言うこともできるだろう。そして、それら原子がどのように組み合わされるか、どのように「見えるか」は、まったく解釈項次第である。

その子が演奏する楽曲は事例である。我々はこの特定のコンサートを知っており、この小さな芸術家をおそらく知っているとしても、その楽曲がこれと同じ雰囲気において実現されることは二度と決してないだろうし、その解釈項が同じであるということもおそらくないだろう。それでいて、どの契機も実在的、一般的、連続的である。この特定の演奏は実現できないものである、というふうにマーフィーの主張を逆にすることすらできる。楽譜は常に同一の変わらぬものでありながら、今宵なされたようにその演奏が繰り返されることは決してないだろう、と。その特定の演奏は永久に実現されることなく、我々の「退行した精神」のもう一つのトラック（足跡）としての層をなす。パースのもう一つ別の概念のモデルにしたがえば、おそらく我々は連続した物質の連続的な世界（おそらく完全な思考空間）の住人であり、これが実在であるが、我々はこの世界の事例を認識することができるだけであり、これもまた実在であると言ってよいだろう。「二つの実在?」否、一つは認知できる（「知的な」）もの、他方は「連続的」なものであり、一つは「生きて」いて他方は「退行した精神」であるが、進化においてそれらは融合している。これは昔の二元論でなく、知ることの可能な三重の実在であり、シネキズムの世界である。「退行した精神」という考えは、パース後年の著作では発展していない。

現実化することと現実化しないこと――現れることとシネキズムの関係――という問題は、ア・ポステリオリおよ

び ア・プリオリに与えられた概念の問題として、もう一つ別の視点から見ることができるだろう。あらゆる概念は精神の性質から派生してくるものであり、それゆえすべてはア・プリオリである。それは感覚において与えられることのできないものである。しかし、あらゆる概念は経験において現実化されて姿を現して初めて知ることができるものであり、それゆえ同様にすべてはア・ポステリオリである。したがって、ア・ポステリオリとア・プリオリの相違は、現実化された生得観念とされない生得観念の相違に一致することになる。パースもまた同様にして次のような結論を下している。「思考の各要素は精神の動きである。それゆえ、各々の思考は生得的である。その可能性において、それは生得的である。その現実性において、それは真である」(in Murphey 1961:25)。この点において、退行した精神は連続的な物質であり現実化されない実在であり、生きている精神の光でそれを指し示すことによって、現実の経験はそこから引き出されるのである。

パースのプラグマティックな概念とは別の問題点があり、それは最終的見解は「探究者のコミュニティ」によって到達されるという彼の信念に見出されるものである。それは観念についての問題ではなく、定義についての問題である。それはただ曖昧で、明確な定義づけのない理論である。しかし、そのことはパースが常に自らの学説の現象論的要素ではなく力動性に重点を置いてきたことを示している。認識の概念は直ちに「実在」についての彼の理解に通じている。何かがリアルであるのは、パースによれば、認識の数が無限に向かう場合である。その場合にはこの何か(対象)についての概念は極限にまで縮小する。しかしいかに多くの認識によっても対象は尽くされ得ないので、やはりそれはただ思考されるがままに存在する。いかほど多くの個人がそれについて思考しようとも、それとは独立にそれはあるということである。マーフィーによれば、この理論について論ずべき問題は、探究が永遠になされ続ければ、すべての仮説は最終的な真の記述に収斂するということを受容するかどうかということである。この主張も失われたとしても、パースはほとんど気にすることはないだろう。どこかで述べているように、あまりにも抽象的な観念をスケッチするのに、意図的に、十分漠然としたものになっているのである。この場合、未来の「結晶した精神」としての宇宙という彼の考えはそのよい例である。それは彼の仕事の中で散発的なものにとどまっていた。おそらく、長い目で見れば結局のところ、我々の時代もまた人間の思考を全体的に支配する電子の精神のロマンティックな流れというレッテルをつけられることになるだろう。今日の観念の多くが、実現されなかったものとして忘却されたり、見捨てられたりするだろう。しかし、それらがいつかまた引き出され真実であることが証明されるという希望とともに記録される巨大なディスクのようなものがあると思われる。この「巨大ディスク」は、パースが退行した精神について意味したことと何か似たところがあるのではないか。あると思う。美しいメルジーナについての哀しく半ば私的な物語において彼が述べたように。

多くの男は長年にわたって、はっきりと間違っているというにはあまりにも無意味な、ある考えのぼんやりした影のようなものを自分の楽しみとして心に抱いている。とは言っても、彼はそれを情熱をもって愛し、日夜それを自分の伴侶とし、それに自分の力と生命を与え、そのために他のすべてのことを離れ、要するにそれと共にそのために生き、遂にはそれはいわば彼の肉の肉、骨の骨になってしまっている。そしてそれから、ある麗らかに晴れた朝、目覚めるとそれはまるで伝説の美しいメルジーナのように、姿を消してすっかりなくなっており、それとともに彼の命のエッセンスも消え去っているのに気づく。私自身、そのような男を一人知っている。そして、不可能なことをしようとしてきた人たち、形而上学者、天文学者等々についてのどれぐらいの数の話が古くからのそのドイツ［フランス］の物語の中で語られているのか、誰にもわからない（CP 5.393）。

パースの思想が近づきがたく難解であるという決まり文句は、残念ながら、本当である。しかしこの「底知れぬ湖」において、パースの著作を注意深く根気強い自分なりの方法で読むことによって、問題を「ある程度明晰に」する方法を見出すことができるかも知れない。

多様性を三項に解消すること

マーフィーによれば第四体系（一八八五〜一九一四）は、パースが「論理学」の領域においてきわめて生産的であったジョンズ・ホプキンズ時代の所産である。当時、彼は「量化理論」と「集合論」を発見していた。ゲオルグ・カントールは既に後者の集合論を提出していたが、それをさらに明確にし、自らの総合的推論に立ってそれを発展させたのはパースであった。このような面は、彼が自分の「カテゴリー」に復帰したことにはっきり現れている。もっと初期の著作では、彼はその形式面と実質面をはっきり区別していた。生涯を通じて彼は徐々に「第一次性」、次に「第二次性」、そして遂に最後には「第三次性」についてその物質的特性を認めるようになった。マーフィーの論じているように、形式的に考えれば、これらのカテゴリーは「一項的」、「二項的」、「三項的」という単に三つの関係の類別である。パースは、これらの類別はそれ以上縮小できないものであり、これより高次のすべての関係はこれら三つの組み合わせになると考えた。

これらの働きによって、宇宙の多様性は三つの関係の側面に帰されると考えられた。すなわち記号（抽象）、対象、解釈項という関係である。そしてこの三つの側面は記号分類の基礎となり、項、命題、論証というよく知られたスコ

表1.1　記号と最終的解釈項の関係から定義された論理の三つ組

項（Term）		命題（Proposition）		論証（Argument）	
存在論的特性	名辞(記号素または概念)	グラフ	現象素, 命題, 命題記号	グラフの連続	デローム（Delome）
	表象または記号（名前） 人は死すべきものであるは，記号素である. 直接的知覚という事実は，記号素である. 知覚のあらゆる事例. 第一.		疑問・命令・叙述の別にかかわらず文法的文と等価の記号. 知覚的判断は，現象素である. ソクラテスは人間であるというのは，現象素である.		思考すなわち記号における変化の過程を表わし, あたかもこの変化を解釈者に引きおこすかのように, 自分自身のセルフコントロールを通して解釈者に働きかけるような形式をもつ記号. ソクラテスは人間である．すべての人間は死すべきものである. ソクラテスは死すべきものである.

ラ的分類法に帰された。パースの分類において、項・命題・論証は記号と解釈項の関係に立つ第三類別を表している（表1・1を参照）。

パースは論証からさらに仮説（アブダクション）、帰納、演繹という下位類別を引き出し、三段論法の三つの形式を表した。それからこれらの関係を明確にし、純化して、「純粋」なものと「退化」したものに類別した。さらに進んで、どのようにして関係が意味をもつかということについて、そのいくつかの面を再定義した。たとえばスコトゥスの用いた個体化の原理（haecceitas「これであること」を意味する）という用語を用いて、それを第二次性のカテゴリーの属性とした。第一次性については、それが質の特性をもち、したがって物質的な面をもっているという論を展開した。第一次性は概念ではなく、感覚に与えられた非概念的・直接的なものである現象的な「そのよう性(suchness)」を指すことによってその意味を引き出す。第一次性についてパースがおこなった初期の説明では、たとえば「赤」という概念は「赤」という性質全体を表すものであった。そこで、それによって対象を赤として類別することになる対象の「そのよう性」は、質である。

パースは第三次性の物質的特性を特に強調した。しかしマーフィーによれば、この側面は他の二つのカテゴリーによる定義ほど明確ではない。おそらく、これは媒介の領域であるというのが一番よいと思われ、その場合、この項がつくり出す新しい種類の不十分さにもかかわらず、意味が完全に扱われている。彼の理論をそれによって装いたいと思った新しく発展させた記号の装いは、この領域に属するものである。

カテゴリーの改訂によって、知識の分類というような昔の分類に訴えることが新たに必要となった。そこでいまやその分類の順序は諸科学の潜在的な発見的可能性によるものとなり、第一が数学となる。カテゴリー改訂の第二の重要な結果は、シネキズムの発見と進化的宇宙論の創造である。「すべて存在するものは連続している」というシネキズムをパースは哲学への自分の最大の重要な貢献であるとみなした。その他に偶然主義（タイキズム）とアガペー主義という他の二つの概念があり、彼が言うように、シネキズムは「事実は可謬的であるということの意味に我々の目を開かせる」（CP 1.172）ものである。

一八八五年より後になると、これら二つの理論の結果として、宇宙は、それ自体、感情と習慣をもった生きた有機体であり、我々の自然の法則は宇宙の習慣を表現していると断言した。有機体の振る舞いを支配していると彼が考えた法則が「習慣」であるというその原理を維持するために、すべての法則のための連続的な外部の指示対象を見出さねばならなくなった。そこで彼は一歩進んで、自然の法則は宇宙の習慣を表現していると主張した。宇宙は有機体であるというパースの立場についてマーフィーは論ずる中で、それにしたがって知識・感情・意志を再定義することの困難について語っている。しかし、宇宙は「退行した精神」でできているというパースのもう一つの考えをとることは、おそらくもっと容易であろうと思われる。「知的に理解できる一つの宇宙論は、客観的観念論によるものであり、物質は退行した精神であり、それは根深い習慣が物理的法則になるということである」（CP 6.25）。これは非常に奇妙な言説であるが、彼のシネキズムと進化的宇宙論に基づいたものである（シネキズムおよび進化宇宙論の学説とともに、諸科学の分類と知識のためのその重要性については、第四章で論じられる)。どのようにして人は記憶をもつことができるかということを自問したパースは、過去の観念が直接意識に現前することができると論じている。

このことによって、意識は単一の瞬間に限定されているのではなく、それによっていかなる時の経過にわたる広がりをも感ずることなく、経過した時にわたって直接に客観的に広がっていると想定できることになる。このようにして、時から時へと意識が移り、現在あるものと相違する時点のそれを比べることができると想定できることになる(CP 7.466)。

ここで述べられていることは、「観念は決してすっかり全体が過去にあるのではない」ということである。それは過去に封じ込められることが可能であるが、その一部は常に我々と共にあるということである。「このようにして、我々は現在が一連の無限小のステップによって過去と結ばれているという結論に導かれる」(CP 6.109)。それ以降、パースはその考えを明らかにするために、即時と瞬間の相違について、無限小の間隔の直接的な意識について扱わねばならなくなった。

しかし、観念はその全体が過去にあるはずがないという仮説、これは抗しがたいメタファーではないだろうか。確かにそのとおりである。そしてその美しさの源は、「我々はあたかも過去の中に生きているかのように、」ずっといつまでも過去をもち続けているという洞察による考えにある。パースは自説をさらに説明して、比較による知覚という推論行為を無限に続けるということには、客観的に見て、連続全体が含まれていると論ずる。そしてそれから彼は次のような考えを示す。すなわち、我々はこの連続の代わりに、有限の時間から連続的な推論の流れを想像し、最後の究極的な瞬間にそのすべての時間を媒介的に意識する結果になる、と。「もちろん最後の瞬間はそれ自体にとって絶対に認知できるものではないが、この最後の瞬間において、その瞬間以外の連続全体が以前に知られていたとおりに認められることになるだろう」(CP 6.111) と、彼は結論づけている。マーフィー (1961:337-338) は、パースが感覚による第一印象あるいは何らかの直観を認めるすれすれまで接近したと述べているが、これがそのパースの見解の証拠である。すなわち、これが記憶の時間的連続についての彼の論証であった。

精神的現象の連続性の概念がいったん確立すると、パースはその振る舞いの法則に目を向けた。そして連想の法則に行き着き、そこにおいて、三つの推論形式(演繹、帰納、仮説)が心理過程の論理的表象となった。彼は連続性についてのこのような考察から、パーソナリティについてのなかなか興味深い分析へと導かれていった(この考えは、検索する自己と退行した精神という見解に埋め込まれているので、本書のいたるところでこの考えを概念化することになるだろう)。

しかし、我々が描いている原理によれば、観念と観念の結合そのものは一般的観念であり、一般的観念は生きている感情であるということを考えると、明らかにパーソナリティの理解に向かって少なくとも一歩前進したことになる。このパーソナリティは、いかなる一般的観念もそうであるように、即時に理解できるというものではない。それは時間の中を生きられねばならない。なぜなら、いかなる一定の時間もそれをすっかり全体において包み込むことはできないからである。しかし、無限小の各々の瞬間において、その瞬間の直接的感情の特別の色あいを帯びながらではあるが、それは現前し生きている。パーソナリティは、瞬間において捉えられる限り、直接的な自己意識である（CP 6.155）。

観念とパーソナリティの等価性について他に何が言えるかというもう一つのメタファー的陳述。もちろんここでのパーソナリティは、自我と混同されるべきではないし、人間とさえ混同されるべきではない。それはむしろ感情の連続を形成する一つの統合された習慣である。意識は感情の一面にすぎないので、それはいかなるそのような連続にも現前している。いまや我々はそのことを理解するための法則を探さなければならないのであるが、それに長い時間をかけることはない。自己意識（パーソナリティ）が精神的過程であると定義されるならば、精神の法則はその一般式である。精神の法則は物質の法則と同じではないとパースは警告している。「精神の法則のみが、他のようにではなく、ただある一定の方法でおこなうようにさせる緩やかな力を経験するのである」（CP 6.148）。この規定によって、精神の行為には、それなしにはそれが死んでしまうようなある一定量の自発性が常に残されているという主張ができることになる。

このように物理的カテゴリーについて精神的過程を記述し続けることによって、パースはこの学説の基盤を精神の最も原始的なかたちであると彼が信じた原形質に置くことになった。ここで詳しくそのことについて検討することはしないが、その主な結果についてのみ明記しておきたい。原形質は感ずる、とパースは考えた。彼の見解によれば、この特性は機械的システムのあるいくつかの特徴から生ずると思われた。「物理的出来事は心理的出来事の退化したかたち、あるいは、未発達のかたちであるにすぎないことが認められない限り、このことは決して説明できない」（CP 6.264）と彼は結論づけている。ここで最後に述べられていることは、パースの客観的観念論の基本を特徴づけているものである。あるいはマーフィーの言葉で言えば、「精神的現象についてのいかなる理論がとられるにせよ、それは感情の存在を説明しなければならない。機械論は感情を説明できない。それゆえ機械論は精神的現象を説明できない」（1961：345）。これが、退行した精神という考えを低次の生きている精神として述べる基盤である。退行した精神は、未来の使用のために復活させ修正できる観念の眠れる源とみなされる。パースによれば、観念が本当に死ぬということは決してありえないことであり、退行した精神に層をなして保存され過去の経験によって豊かにされた観念は、未来の増殖に向けてのより強力な発展の可能性を暗に示している。このような研究の展望は、世界はより秩序だった状態へと向かい最終的には結晶化した精神になるという宇宙進化についてのパースのもう一つの理解と一致している。

美と法則

パースの主要な発達段階について説明した重要な著作は、マーフィーとマウンスの著作の他にも多数あり、その中にはもっと均衡のとれたもの（Nathan Houser 1992, 1998; Christopher Hookway 1985）もあれば、メタファー的記述のものさえある（Gerard Deledalle 1990）。古典的なものは、もちろんW・マックス・フィッシュの『パース・記号論・プラグマティズム』で、ここには積年の献身的な研究成果が収められている。本書はパース哲学の発展について重点的に論ずるものではないので、そのような無数の研究成果の分類リストをここで示そうとは思わない。本書は、どちらかと言えばパースの思想をよく知っている研究者を対象としたものであり、個々の点についての彼の思想を深く研究するためには、伝記を併せて読むことが必要となってくる。最も正確なものとしては、ジョゼフ・ブレントの『パースの生涯』とケニス・レイン・ケトナーの『鏡のようなその本質』がある。デイヴィド・サヴァンやトマス・L・

ショートのようなパース研究者の名前も、このテーマについての基本文献のリストには欠かすことのできないものである。

パースの思想をいわゆる知識体系論の構築を目指す四つのテーマを中心に組織されたものと見るカール・ハウスマン（Carl Hausman 1993）は、非常に独創的なアプローチをおこなっている。その企ては年代的方法を伴うもので、彼がパースの主要な業績とみなす進化的宇宙論に重点を置いたものである。したがって、四つのテーマとは、「プラグマティズム」（後年「プラグマティシズム」と呼ばれる）と「記号論（semeiotics）」とカテゴリー論または「現象学（phaneroscopy）」と連続性の理論である「シネキズム」である。これらの見解を一つに結んでいるのは、パースが記号を構築する過程と呼んだ記号過程の流れ、すなわち、進化論的シネキズムにおいてそれらを研究することである。このアプローチは現代的で柔軟性があり、他の研究者によって完成される見込みのある可能性を提供するものであり、その成果はほとんど直ちに実地に適用できるものである。

最後に述べておきたいことは、今日の視点からパースの理論的影響力を低く評価したり完全に無視するような見解があるということである。この点については、ローティの「プラグマティズム・相対主義・非合理主義」のどこかでもそのような言葉をいくらでも見つけることができる。

> プラグマティズムは、ぼんやりした曖昧なあまりにもいろいろな目的に使われすぎる言葉である……間違った焦点の一つの徴候は、パースを称讃しすぎることである……彼がプラグマティズムに貢献したのは、ただそれに名前をつけ、ジェイムズに刺激を与えたことだけであった……（1982: 160-161）

ローティはロラン・バルト、ボードリヤール、ウンベルト・エーコのような日常生活についてのすぐれた思想家と並んで、どのような哲学問題についても「巧みに」語ることのできる非常に大きな能力を見せている。プラグマティズムについての現代の見解についてのこの短い概観の結びとして、ヒラリー・パトナムが手短に述べている一文を引用しておこう。

とりわけ、あなた方に私が納得させたいと思っていることは、プラグマティズムは哲学的にも政治的にも、今日あまりにも多くの場合、それしか可能性がないように見える居心地の悪い選択肢よりも、遥かにずっとよいものを提供しているということである（1995:3）。

マーフィーの分析はどうかと言えば、それは入念で綿密なものである。「パースの『実在論』は徹底的にどこまでも観念論的である」という彼の結論を再度述べておこう。マウンスの分析はテーマ的に焦点化されていて、彼の説くところによれば、パースのもとのプラグマティズムの説は（主としてジェイムズによる誤解によって）すっかり別のものになっており、それがさらに今日の二つのプラグマティズムの並立へと、そして多様なかたちの現代の科学的合理主義からのますます増大する誤った解釈へと通じているという。別のところで彼は「パースのプラグマティズムは、彼の実在論に基づいている」（Mounce 1997:32）と論じている。これらの、ときに真っ向から対立することもある主張の中から適切なものを見出すためには、パースその人の書いたものを注意深く読むのが一番である。

パースの発展段階を明らかにするために、パースの『センチュリー・ディクショナリー』の彼自身の定義に目を向けることをネイサン・ハウザーが想起させていることは、大変稔り多いことである。それは「唯名論、観念論、実在論」という段階である。ハウザーによれば、「パースの知的生涯の最も意味のある発展は、その擬似唯名論と観念論の始まりから、その広く強い実在論者としての結論への発展であった」(Houser and Kloesel 1992: xxiv-xxv)。そして、それからハウザーはさらに進んでマックス・フィッシュを引用し、「パースの実在論への推移は早く始まり、ゆっくり進んでいったが、それをいくつかの段階に分けるカギとなる段階があった」(同書：xxiv-xxv)と述べる。ハウザーは、パースが「謎をとく」(一八七七〜一八七八)によって「彼の哲学の学説を一つの統合された思想体系にまとめ始め、一八九一年の『モニスト』の論文「理論の構築」によって、全体として構造化された彼の体系の統合にはっきり関心を向け始めた」(同書：xvii)と論ずる。この統合体系は決して十分に完成されることはなかったものの、ずいぶんよく使われた記号の理論であった。パースの最後の仕事は「論理学の体系——記号論」と題されたもう一つの企画で、これは一九一四年春の彼の死後未完のまま遺されたものであった。

複雑な方法論上の装置を記号論の用語で「きれいに仕上げる」ことが、パースの最後の意図するところであった。思考のメカニズムを抽象的な用語にするという、そのとてつもなく大きな試みは、偉大なアメリカの哲学者シドニー・フックをして彼のことを「哲学者の中の哲学者」(同書：xxxviii)と呼ばしめた理由である。「プラグマティズム」の仕事以後は、プラグマティズムの格率を記号論の用語で再定式化するもう一つの努力がなされたときであった。プラグマティシズムが明確に述べようとしている意味は、単なる概念の意味というよりは、むしろ象徴記号の意味であるというのがパースの主張である。彼は実在論を拡張して、「実在的不明確さ」や「実在的可能性」を受け容れてそこに含め、プラグマティシズムにとっては何らかの可能性の実在が一番大切であると指摘した(論理的な目的のために一種の図形によるシンタックスを表すことを意図した)存在グラフを適用するという彼のお気に入りの仕事とともに、パースはいまや成熟したプラグマティズムと統合される新しい記号体系を構築しようとしていた。ウェルビー夫人との文通の中で、用語全体を記号論の用語で言い換えることに非常に大きな熱意を示しており、それは実行されて注目すべき成功をおさめた。

この目的のためにパースは自分の考えをつくり直そうとした。すなわち哲学に適用できる十分な科学の理論を構築し、客観的な合理的理論を発展させようとした。そこで、彼は再び諸科学の頂点に立つ数学に向かった。数学は他のいかなる科学をも前提とせず、すべての他の科学の前提となるものである。数学の次にくるのが哲学で、それは現象学・規範科学・形而上学の三つに分かれ、これらはこの逆の順序で相互に依存関係にある。三つのカテゴリーのすべてが哲学のこれらの部分の各々に現れ、それから諸科学のさらに細分化された各々のものに……現れる（一三七頁の図4・1を参照）。パースは数学の定式からその概念の構築を始め、要点を示した原理を普遍的概念に拡げていった。普遍的概念が他のものの根拠となり、「その結果、我々の理論体系（諸科学）を相互に関係づけられた階層へと分析することができる」（同書：xxx）と考えたのである。この形成体系という宇宙原理は、いかなるものであれ真の観念にはその源があり、それが咲かせる花があり、それは長い時をかけて満開に咲き誇るものであるという彼の信念に基づいたものであった。

人間の理性の根拠の薄さについての理論がどのようなものであれ、信念の力には、実際、抗しがたい場合がある。たとえばある見解は他の見解と同じくあたたかく支持されているとしても、長い目で見れば他の見解ほど強いものとはとても言えないことを経験することがあり、それとは反対に、まったく軽蔑され眉をひそめられるような観念が、遂には世界を支配する道を切り開く力を本来備えている場合もある（CP 2.149）。

観念というものは、成長し力をつけ一般性を身につける。しかしその核心において、その中心のどこかにおいて、それとは逆の道である退化の道が育ち始める。たとえばアインシュタインの定式のようなきわめて正確なものでさえ、いつの日にか史的資料すなわち巨大なメタファーになってしまうだろう。これは発達進歩に備わる自己修正作用の結果である。それはパラドックスでもある――発展への望みがそれ自体の死と新たな正確さの必要性を前提としているのであるから。すなわち、この上なく精密な法則原理でも、時とともに美しいメタファーに成り果てるのである。こういうわけで、本書の主な目的は、パースの哲学理論のメタファーとしての美しさを保持しつつ、その厳密さを引き出すことである。おそらく時とともにますます多くのパース哲学の概念が、その時代の科学の状態を生み出すメタファーとみなされることになるだろう。これから百年を経て、パース哲学全体が人間の思考の進歩によって無用となり、干上がるとしても、それでもそこに何か重要なことが残るだろう。すなわち、我々の仮説は可謬的であり、自己修正を必要とするという永続的な主張がそれである。

パースのプラグマティズムと記号理論はきわめて抽象的である。それは広大な意味の広がりを一般化し、行為と成長を通して現象を定義しようとするものである。この方法を用いて科学の微細な部分を維持することは難しいが、よく調べてみると、自分の理論もまた可能性という実在を含んでいるとパースが主張しているのを見ると、今日の科学の要求を扱うのに不足はないようだ。そこで、パースは次のようなことを強調することになる。

プラグマティズムがことごとくの概念は想定可能な実際の結果についての概念であるという学説であるとすれば、概念は実際的ということよりずっと遠くまで届くものになる。いかなる想像力の飛翔であれ、それが可能性のある実際的結果に最終的に降り立つならば、それは許容されることになる（CP 5.196)。

パース自身は、メタファーの「未来の飛翔」に備えて自らの仕事をおこなったようだ。本書のカギとなる考えは、その大綱が示されている彼の仮説のいくつかにおける過激なものを避け、パース哲学の永続的価値のあるものに基づいて私自身の長持ちする考えを提供することである。多くのパース研究者はこのような仕事を立派におこなってきた。しかし本書でおこなわれる研究は、彼がときどきメタファー化し、またそれについて完全に述べることをしなかったような、パース自身の未開拓の考えのいくつかの意味を明らかにしようとすることである。

パースの未完の体系を「空中楼閣」とみなしてきた批評家たちとは違って、私はこの楼閣の図面をよく調べてみると、その細部を見て楽しくなるような、より鋭い焦点化ができると考えている。楼閣のメタファーを文字通りにとるとすれば、すなわちメタファー化しないで受けとるとすれば、しっかりとした土台の堅固な楼閣であっても、その城壁には遅かれ早かれ亀裂が走り、塔は傾き、その美しさには影がさすことになるだろう。「偉大な構築物の廃墟」は、創造的な精神の持ち主には現実の建物の断片よりもより多くのことを語りかけるものである。スフィンクスの謎は、言われなかったことと成し遂げられなかったことの間に隠れており、その永続的なカリスマ的魅力をリアルなものにしている。

第二章　カテゴリー・基底・沈黙効果

「基底（ground）」という考えは、記号を生み出すものについてのパースの最初の考えの一つである。「新カテゴリー表について」（一八六七）のすぐ後、それは「第一次性（Firstness）」という考えに置き換えられ、それについて基底よりも詳しい論述がなされている。本章では、基底という考えとともに、幅、深さ、情報という概念を分析したいと思う。その後で方向を変えて、この分析から得られた発見的な考えを単純化し修正し実際に使用できるものにしてみたいと思う。

記号の受容力

一八六七年ごろ、パースはカテゴリーの数的性質と論理的判断形式を併合しようとして、「新カテゴリー表」についてのいくつかの草稿を書いた。マーフィー（Murphey 1961:56）によれば、パースは「判断機能の表を訂正するために」一八六四年までには論理学の研究を始めており、「当時、命題の理論について最も強い関心をもっていた」。この仕事の非常に重要な部分が命題理論の要綱となり、それは後年、彼の記号論の基礎となった。

多くの研究者が注目しているパースの理論的発展の一つの特徴について、特に強調しておかねばならない。それは、まず用語・名称をつくり、次にそこから意味を引き出し、その後初めてその用語と新しい存在物を組み合わせて、自分の理論が常に変化し続ける用語群の下で形式を保持するようにしているということである。マーフィー（1961：89）が論じているように、「読者をすっかり混乱させることになるが、このようにして、変化しない用語の殻に隠れた広範にわたる立場の改訂は気づかれないできたのである」。これが「第一次性」「第二次性」「第三次性」のカテゴリーの場合について言えることである。これらは明らかに数的起源をもっているが、パースは基本的な関係を後年これと結びつけたのであった。さてカテゴリーの基礎をなす前提は、思考についていかなる条件が真であるにせよ、それは象徴記号を支配する法則に見出せるに違いないということである。象徴記号に関係する三つ――基底と対象と解釈項――は法則に支配されている。これらの関係の各々に対してパースは特定の科学を割り当てている。すなわち第一のものには思弁文法、第二のものには論理学、第三には思弁修辞学を。

> ずっと以前の一八六七年のことですが、一般的な象徴記号の形式科学の三学科について話したことがあります。「第一は意味をもつ象徴記号の形式的条件を扱うもので、これを形式文法と呼び、第二の論理学は象徴記号が真であるための形式的条件を扱い、第三は象徴記号の力の形式的条件すなわちそれが精神に訴える力を扱い、これを形式修辞学と呼ぶ」と述べました（CP 4.116）。

思弁文法のカテゴリー表のもっと早い時期の草稿において、パースは、それは「象徴記号が意味をもつ形式的条件、すなわち一般に象徴記号とその基底あるいはそこに帰属する特徴との関係……」（CP 1.559）を扱うと述べている。彼は論理学について、象徴記号が真である形式条件、すなわち象徴記号とその対象の関係を扱うものという見方をしている。一九〇五年以後、それは「記号論」と呼ばれた。修辞学は意味すなわち解釈項に関係するものである。論理学は象徴記号とその対象の関係を扱うので、パースは直ちに「関係の性質」という問題に向かったのである。カテゴリーは記号とそれが指し示す対象の結合の基本式である。そのため、それはまたその大綱が示された諸科学の間の組み合わせの基本原理を与えることができるものでもなければならない。

記号と対象の間には、三つの関係がある。第一はリアルな類似によるもので、この場合いかなるリアルな類似性も関係の基礎をなし、このような対象との関係としての表象は「類似（likeness）」と呼ばれる（CP 1.558）（その後まもなくして、パースはこのような記号を「類像（icons）」と呼び変えた）。この関係は、質のカテゴリーによるものである。第二は表象と対象の「事実上の」対応によるもので、このような記号をパースは「指標」と呼んでいる。第三は、慣習すなわち帰属された特徴によるものである。これは、ただ解釈項がそのようにみなすというだけの理由によって、そのようにみなされる表象である。そこで、この種の記号は「象徴」と呼ばれる。すべての言葉は象徴記号である。

パースはさらに象徴記号を新しい下位カテゴリーである「項（terms）」「命題（propositions）」「論証（arguments）」に分割した。項はその基底に直接関係し、命題はその基底と「それと相関関係にあるもの」に関係し、論証は基底とそれと相関関係にあるものと「解釈項」に関係する（CP 1.559）。それから、これら三つ組の各々はそれ自体の三つ組を生み出し、たとえば幅と深さと情報の三つ組は、それに関係する帰納と演繹とアブダクションに細分化される。項の「深さ」によってパースは分析的に引き出された質の「内包（connotation）」という意味を理解した。対象の項が真であるかどうかは「外延（denotation）」すなわち幅の問題である。その意味で、幅と深さは「対象」と質に関係している。

ここで意味されていることを示すと、しばしば外延と内包と呼ばれる論理の幅と深さという二項関係は論理学の議論において大きな役割を果たしてきたが、これはその起源が記号と対象とその解釈項の間の三項関係にあるということであり、さらにこの区別は、思考の場の限界によって、二項関係に見えるということである。この思考の場の限界とは、概念が成長するということを忘れ、したがって知識の状態や情報量によって概念は同じではないという第三の点があるということを忘れているということである（CP 3.608）。

解釈項について言えば、それは「情報」の主語である。「情報」については、「そこにおいて象徴記号が主語あるいは述語であるような総合的命題の総計、すなわち象徴記号についての情報」（CP 2.418）と理解した。いったんこの三項関係が定まると、それを基に、命題の新しい三項関係の構築に急いでとりかかった。新しい三項関係は、こうして、分析的命題、拡張的命題、総合的命題に分かれる。「分析的」（または、内包的）命題は、「内包のみを直接決定するもの」と定義される。これは彼にとっては、述語は主語の深さを決めるということを意味している。「拡張的」命題は、二項間の情報を増やすことに関係している。「総合的」命題は、やはり外延と内包の両方を決定し、それゆえ、情報をも決定し、「情報的命題」とも呼ぶことができるものである。おそらく図2・1がこれらの分類のすべてをはっきりと要約していると言ってよいだろう。「幅」と「深さ」は「対象」と「質」に関係している。解釈項は対象に関して、両者についての情報を与える。情報だけが総合的（あるいは、「情報的」）命題の総和である。

パースはこう結論づけている。「これは幅と深さの真の明らかな関係である。情報を面積とし、幅×深さ＝面積と

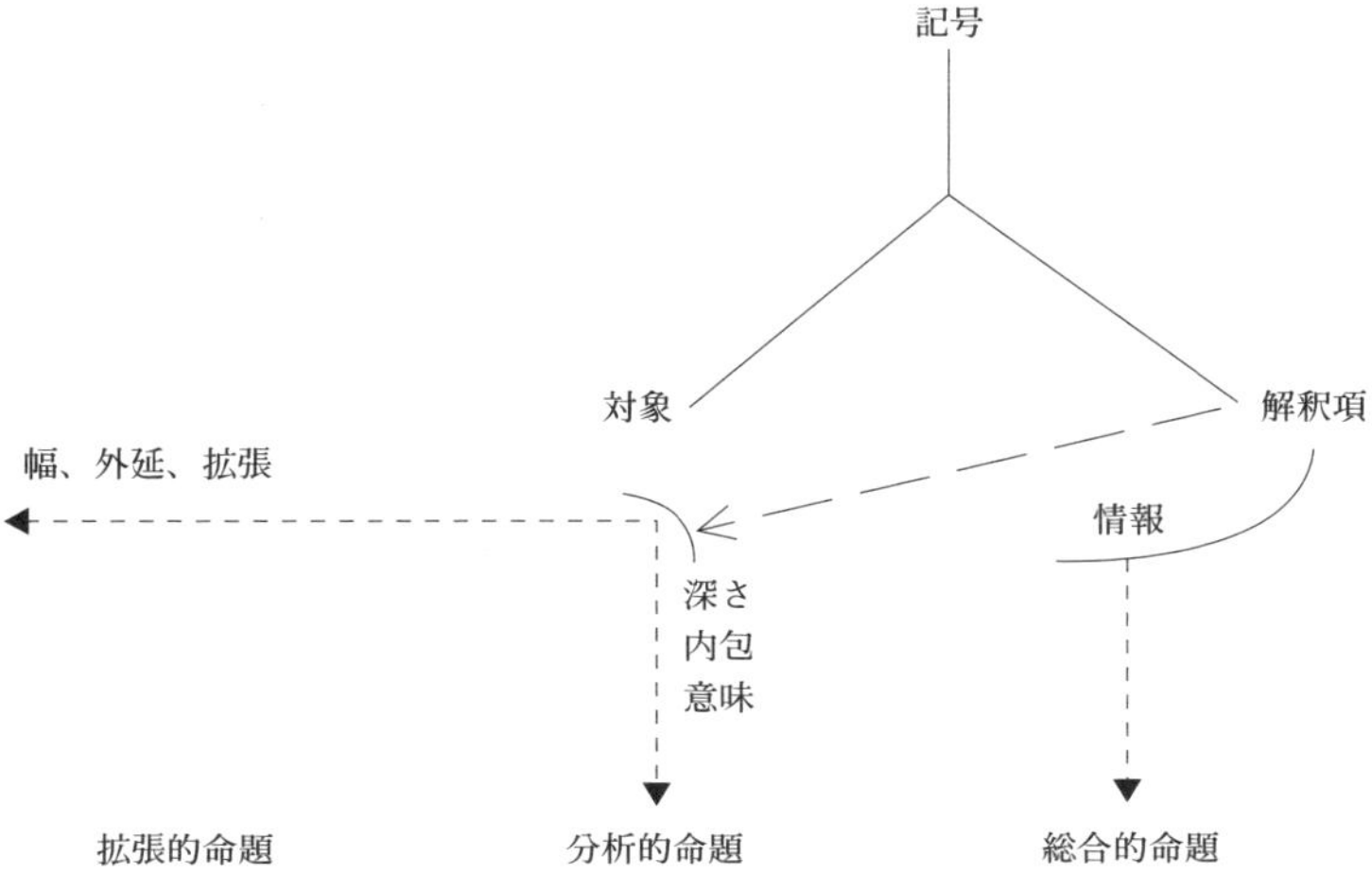

図2.1　幅と深さと情報の三つ組

すれば、自然こうなる」（CP 2.419）と。新しい三項関係のすべてが確立すると、パースはそれが他の推論形式に帰すことができないことの証明へと進んでいった。それから、その三項関係はカテゴリーから引き出せることを示した。最後にすべての推論はいまや記号関係の例とみなすことができること、そして記号間の相違が推論間の相違の手がかりとなりうることを主張することができた。中間項とみなされる各々の記号形式は、他の二つの項を結びつけることができる。これは、大部分の推論と記号においてもカテゴリーがその根本にあるということを証明する決定的な一歩であった。しかしパースが新しいカテゴリーの大綱の最大の価値と信じていたことは、その柔軟性と力動性であった。彼はいまやカテゴリーは成長し変化する概念を表すときでも真であり続けることを確信していた。このことによって、これもまた新しいカテゴリー表から生み出されたものとして、記号の十分割の大要を示すことができた。

次節ではパースのカテゴリーの普遍性から未開拓の基底という考えに焦点を移して、その非常に大きな創造的可能性のいくらかのことについて詳しく述べることにしよう。

チューリップそれ自体

見捨てられた考えである基底は、未開拓の分析力に次いで、一種の神秘的な力をもっている。この神秘的な力というのは、基底について意識的に想像したり思い描いたりしてそれについて「考える」ことが実際できないことによるものである。このような場合には、それは直ちに他の何かになる。他方、これに代わる第一次性というカテゴリーは、「それ自体において」という考えと似ている。それは、他の何かに変わることなくしては何の構成要素ともなりえないものである。パースは同じことを基底について主張しているようだ。それは第一次性の考えと同じ質をもつが、その性質は一時的なものであるとパースはつけ加えている（ここでこれと同様の例として、いかなる点の集合も、「いかにそれが無数のものであろうとも、それ自体においては、空間を構成することはできない」（CP 1.319）という彼の考えを挙げておくとわかりやすいだろう）。そして集合がそれ自体とは違ったものにならない限り、そのとおりである。基底について定義する中で、パースは、それは他のいかなるものとの関係からも抽象できないが、それとの関係によって現象を形成できるものであるとも述べている。「相関するものとの関係は基底との関係から切り離せないが、基底との関係は相関するものとの関係から切り離せる」（CP 1.552）という考えを述べている。

ここには基底という考えと第一次性という考えとの非常に微妙な相違があるが、この相違についてパース自身はかかわらなかった。第一次性は単なる可能性を表しているのに対して、基底は潜在的な創造性である。第一次性は受動的で、変形されるのを待ち、それは第二次性と第三次性において連続する。それに対して、基底はそれだけで観念を生み出す可能性として述べられている。次の引用文をよく見ると、パースが一方を他方より好むことによって何を意図しているか、より正しく理解できるだろう。

質は単に抽象的な可能性にすぎない。そこでそのように考える人々［＝唯名論者］の誤りは、潜在的可能性は現実がそうあらしめているものにすぎないと主張するところにある。全体だけが重要であり、その構成要素はいかに本質的なものであっても無意味であるということを主張する誤りである（CP 1.422）。

この論拠をはっきり示すためにここに述べられていることを明らかにするとしても、質の抽象的な集合（「全体だけ」）もまた（その構成要素と同様に）単なる潜在的可能性でないのはどうしてか、やはり理解しがたいということになるだろう。すなわち、その場合は両方ともまったくの受動性であるということになる。他方、観念の基底はその観念の実現を暗示しているとパースは主張している。

この点をいくつかの例によって明らかにしてみよう。コンピュータ・グラフィックをつくりたいと思ってグラフィック・デザインのプログラムを開けてみたとする。花の絵が必要で、「花」という名前をクリックする。このプログラムには何千という花があるが、自分の目的にはどれが一番合うか決めるため、目の前でそれらのいくつかが描かれるのを見てみたいと思う。描画はゆっくりと進行するとしよう。絵の線や曲線が引かれ色がつけられていく一つ一つの動きを追っていくと、突然何かが「ピン」ときて、コンピュータがたとえばチューリップを描いているのがわかる。初め茎が見え、それから葉っぱが見え、何かの部分がぼんやりと見え、一瞬にしてまるでフラッシュ・ライトを浴びたかのように、目の前にチューリップがあることがわかる。

どこで「ピン」ときたのか。最も容易な答は、意識において、というものである。これは何を意味しているのか。

それはスクリーン上の何かがかたちをなした後に起こったのである。決定的な線が引かれるまでは、これがチューリップであるとは「見え」なかったのである。スクリーン上にそれが見える前に想像の中でチューリップを「見た」のだろうか。チューリップのかたちをとることになるのかどうかわからない漠然としたチューリップを想像して「見た」のだろうか。そのような不思議な場合として、自己表象の例がある。あるいは、それを特定の対象として認めることを受動的に予期したのだろうか。我々の手助けなしに生じるのではあるが、認知されるその絵は我々の「退行した精神」からのプログラムを活性化した完全な一例である。いったん始められると、目の前につくり出されたものをそれは仕上げる。そのような「プログラム」がなければ、我々が見たものや考えたことを到底知ることはなかっただろう。この瞬間において我々の全自己はディレクトリに飛び込み、そこで適切なオーラ（新しく姿を現した対象の名称と性質）を検索したのである。自己は眠れる（遺伝子？）経験のかたちをしている我々の内外のことごとくのものである退行した精神に付随する（supervene）。それは衰えたマトリックスのトラックを活性化するレーザー光線の働きをして、新しいイメージを生み出す。この点で「付随する」とは「似たものを探すこと」と理解されてよいだろう。自己は単なる比喩ではなく、「むしろ比喩を積極的に生み出すものである」と想定される。

いかなる植物でもありうる何かの絵がチューリップという特定のものに変わるというまさにこの不思議な瞬間が、基底が気づかれることなく現れるときである。これは比較のための高飛び棒の働きをする第三要素である。この場合、それは「チューリップのかたちをとること」であり、多数の可能性のあるあらゆる植物からのチューリップの出現であった。焦点化された対象の写真がとられる瞬時におけるレンズの開口のように、「チューリップであること」が我々の意識の観念として表れる。「かたちのないもの」から「チューリップであること」への変化は一瞬のことであり、固定されたものではない。それは人によって相違し、人によって速かったりゆっくりだったりする。楽音を感ずるのと同じように、前からあるチューリップの知覚が未知の現象をチューリップのタイプのものとして認める速さによる。これは我々の経験を構成している他のチューリップの例との閃光のような速さによる比較のプロセスである。これらすべてのプロセスが我々の「退行した精神」において起こる（コンピュータ専門家はこの逆の場合を知っていて、彼らは前もってインストールしておいた声に基づいて人間の声を認知するよう機械に教えている。すると、誰が話しかけているか、突如として機械にわかるという不思議な瞬間が生じる）。

さて、過分な概念は恣意的なフィクションであるが、基本的な概念は経験の要求に応えて初めて生ずるものである。したがって、過分で基本的な概念というのはありえない。さらに言えることは、純粋な抽象という概念はなくてはならないものである。なぜならば、何らかの点における一致としてでなければ、二つのことの一致を理解することはできないからであり、この何らかの点とは黒さというような純粋な抽象だからである。それとの関係によって質や一般的属性がきまるような純粋な抽象というものを名づけて基底と呼ぶ（CP 1.551）。

明らかに言えることは、二つの絶対等しいものの一致は、一致ではないということである（それらが一つの同じものであるとすれば、そこには二つあることにはならないからである）。「何らかの点における一致」という考えは、「無限の記号過程」への扉を開く非常に重要なものである。それはまた、記号の恣意性に反対するパースの最初の努力を示しているという点においても非常に重要な概念である。カール・ハウスマンは、次のように論じている。

パースの記号論を用いていると思っている論者でも、パースが恣意性に抵抗を示した一つの理由を見落としている人たちがいる。その理由は、記号が何かを「何かの点において」表しているあり方についてパースが述べていることにあり、その点というのは記号すなわち代表項（representamen）の「基底」である。それは「一種のプラトン的イデア」である（1993:9）。

（この場合の例では、「黒さ」に）いくら無限に接近したとしても、黒さの一般性をすっかり尽くすことはできない。それゆえに黒さの一般性は無限に可能な解釈を生み出す。基底についてどのようにして研究することができるだろうか。既に見たように、それは人によって違って見えるものであり、その瞬間的な訪れに気づくことはできない。もしかして、パースがこの魅惑的な考えを諦めたのは、そのためではないだろうか。「それだけで」と「他のいかなることにも関係なく」ということが多すぎて、パースはさらに研究を続けていく確信が揺らいだのだ。彼が次に生み出した第一次性という考えは、第二次性・第三次性という他の二つのカテゴリーと共に三項関係に含まれた。そしてそれが基礎とされ、彼の哲学体系の根本的な考えとなった。しかし、尽きることのない発見的創造性をもつ基底という考えは、彼の記号論に見られることになる。そして、そこにおいて基底は記号の移ろいゆく変化を説明するのにぴったりのものとなっている。基底という考えは、他の何からも独立した質という純粋に想像的な記号として復活した。パースはそれを質記号（qualisign）と呼んでいる。

質記号（たとえば「赤い」という感じ）は、それが記号である限り、いかなる質であってもよい。質はそれが何であれ積極的にそれ自体においてあるものだから、質は何らかの共有される成分あるいは類似性によって対象を指すことができるのみである。それゆえ質記号は必然的に類像記号である。さらに質は単なる論理的可能性にすぎないので、それは本質の記号すなわち名辞（Rheme）として解釈されうるだけである（CP 2.254）。

基底の考えについてさらに詳しく述べようと思えば、「相関性」（二つの対象の間の関係）と「検索する自己」すなわち失われた「第三要素」へのその影響力という未解決の方向に進むことができる。出発するためには基底についての最もよく引用される定義の一つを想起し、それから相違する道筋をとるのがよいだろう。「記号は何かを表すもの、すなわち対象を表すものであるが、それはそのすべての点においてではなく、代表項の基底と呼んだこともある一種の観念との関係において対象を表すものである」（CP 2.228）。

他者としての匂い

パースが基底の例として後には第一次性の例として最もよく用いた例の二つは、芳香の質と色感である。匂いについての最も初期の見解の一つについて、その全文を読んでみよう。

単なる現前は記号であると言ってよいだろう。伝説の盲人が緋色はトランペットの音に似ているに違いないと言ったという話では、そのけばけばしく騒々しい感じが非常によく捉えられている。それに、色が現前であるかどうかはさておき、音は確かに現前である。色には陽気な［gay：派手な］色・悲しい［sad：暗い］色というのがある。音の感じはさらにずっとなじみ深い。すなわち音は感情の根本的な質の記号である。しかし最上の例は匂いの感じで、それは一通りではない記号である。匂いが昔の記憶をもたらすということはよく知られている。これは私見によれば、少なくとも、嗅覚神経と脳との特異なつながりによるにせよ、あるいは何かその他の原因によるにせよ、匂いは意識の全面を占めることによって現前する著しい傾向があり、その結果一瞬人は匂いの世界に生きていると言ってもいいような状況に立つことによるに違いない。さて、このように他には何もないこの世界では、連想が暗示するものをさえぎるものは何もない。とりわけ匂いが記号として働くことがよくあるのは、この近接的連想である。しかし匂いは精神的・霊的な質を呼び起こす著しい力をもっている。類似連想というものに相違する観念のあらゆる自然な連想を含めてよいとすれば、これは、類似連想の効果であるに違いない。私はもちろんそのようなものを含めるという立場をとりたいと思う。さもなければ、いったい他の何に類似性があるのかわからなくなるからである（CP 1.313）。

一見したところ、ここでパースは大して新しいことを何も言っていないように見える。ここで言われていることは何千という他のものと同じように聞こえる。パースによれば、匂いの主要な質はそれと嗅覚神経とのつながり、そしてそれと脳とのつながりである。全面的な自己現前というその力を生み出すのはこの注目すべきつながりであり、それによって意識の全面がその局面によって占められることになる。この後者の力が古い記憶をよみがえらせる類似連想の引き金を引く。パースの述べていることの独創的な核心は、全面的な自己現前によって意識がその局面に占拠されるという考えである。意識の全体がたった一つの効果で占められたとき、その効果はいかなる瞬間の記号過程のたどる道筋をも変化させ、もちろん、忘れ去られた記憶を復活させることもできる。この効果は制御され方向づけられることができるのか。これは、パース自身は関与しなかった問いである。しかし明らかにされた点についての彼の貢献は、非常に創意に富んだものであった。我々は聴覚効果あるいは感覚効果によって同様のメカニズムによる働きを見ることができる。ここでつけ加えておかねばならないことは、そのような効果は他の効果と組み合わされるとずっと強くなるということである。たとえば今日では、いろいろな相違する芳香と特定の音楽を組み合わせたセラピーがある。多くの芸術的なインスタレーションでも、同様の効果を達成することができる。しかし古典的な作家でも、たとえば色と芳香の欠如（すなわち、効果の欠如）と充満というように二つの場の鋭いコントラストを描くことによって、故意に記憶を呼び起こすことができる。

意識の全面がいっとき基底の効果に占拠されると、実際何が起こるのか。基底効果とは、かたちがなく名前を欠いているものであり、たった今生起したばかりでまだ意識にその姿を現していないもの、すなわちまだ意識がそれをかたちづくっていないようなもののことである。その出現は第二次性の出現と似ていて、一押しされてその直後に全体的な変化や方向変化が起こる。何かの匂いがして、その匂いが我々を過去の日々に連れ戻す。どのようにしてこのようなことが起こるのか。全意識が匂いで占められたのと同じこの瞬間に、我々の「自己」がなくなり、他者がそれに置き換わったのである。しかし、我々の自己意識はそれ自体の「自己というもの」以外の他の何も知らないということを我々は知っている。それは違う役割を演じるだけであり、そのため生じたことは自己が解釈するという過程を凍結させることである。脳（その基底？）へのその投射は一瞬停止し、一連の解釈項は生み出されなくなる。自己意識は類像化され、他者が匂いとしてみなされる。匂いと同一化するのもやはり「我々」であるが、何らかの「他者」として投射された「我々」である。このようにして、快の効力が引き出されるのであるが、それは我々の「検索する自己」にもう一つの感覚次元がつけ加わることに起因している。

漠然としたもの——充満

基底の働きを把握するためには、自己の類像化のプロセスをさらに深く掘り下げる必要がある。抽象という概念には、何らかの点における一致が必要である（これは記号の受容力と関係している）。基底の特徴を知るには、限りなく抽象に接近していくしかない。基底は現象としてはわからないが、どちらかと言えば「何らかの点における」関係としてわかるものである。この接近の道としては、記号から対象へ、記号から解釈項へというコースがある。この接近によって両者に意味の不足が生み出されるが、それが「何かの点における関係」のかたちである。ここで我々が語っているのは、記号—創造という「記号過程（セミオシス）」である。

無限の記号過程は、一方においては記号と対象との関係によるものであり、他方においては記号と解釈項との関係によるものである。どちらにも意味（sense または meaning）の不足の余地がある。これまで見てきたように、意味の不足は「何かの点における」関係というのと同じことであると理解することができる。意味不足は基底の抽象性に無限に迫っていくことによって残されたものであり、言い換えれば、それが無尽蔵であることの直接の結果である。パースによれば、記号と対象の関係は「幅」においてさらに決定されるための余地を残し、記号と解釈項の関係は「深さ」における不定性の源である。このように、解釈の無限性は「漠然としたもの（vagueness）」にその理由の一つがあり、それは知識の進行（記号過程）によって残されたものである。パースは二つのタイプの不定性について考えている。それは、対象との関係によるものと解釈項との関係によるものである。漠然とした状態を引き起こす原因となるのは、深さにおける不定性であり、それは解釈項の領域に入る。私の最初の図式を単純化して、「日常生活にそれ

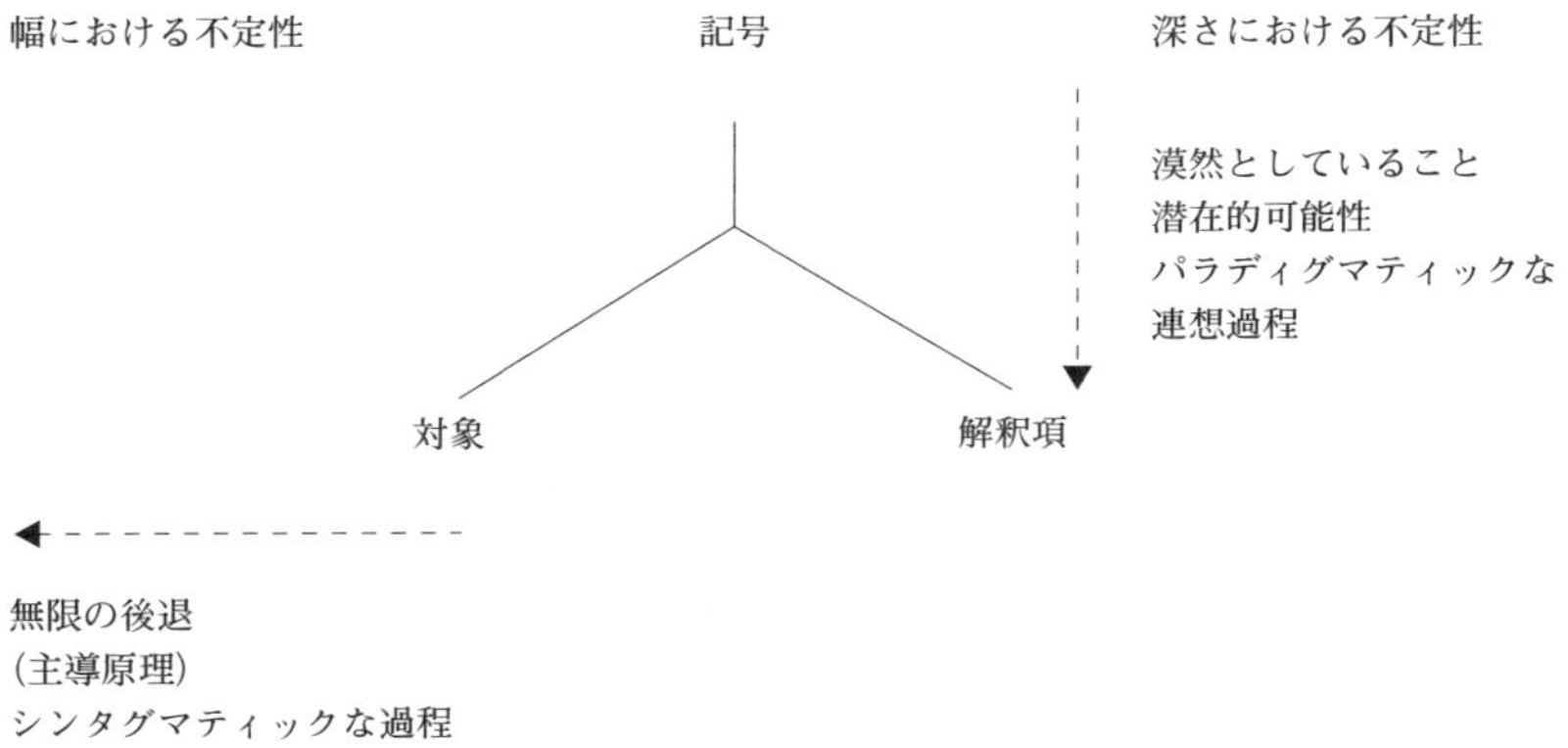

図2.2　意味の不足

がどのような効果をもたらしているか分析できることを証明」してみよう（図２・２を参照）。

知識への到達過程があらゆる意味が満たされ決定されるある最終的な地点を目指すものであるとすれば、漠然として限界のないことは望ましくない要素である。たとえばウンベルト・エーコのような一部の学者は、そのような傾向を必然的なものとして受け容れているように思われる。その場合、リアリティは、「少なくともしばらくの間、少なくともことごとくの実際的効果が記号的なものであるとは限らないという意味において——言語の外において」(1990:40)、記号過程が立ち止まらねばならない外部世界であるとみなされている。逆説的ではあるが、エーコの考えはパースと矛盾しない。とは言っても、パースにとっては、記号過程は定義上無限であると思われるのではあるが。パースの言う探究者のコミュニティは（記号過程の外的な目標として）最終的な数をもっているが、無数の意味の組み合わせを生み出すため、記号過程が無限のものになるということをエーコは思い起こさせてくれる。この超越的な考えは、不定のプロセスに無限の始まりという源を与える。「それは記号過程の前にくるのでなく『後』にくるので、」カントの超越とは無関係である。「それは解釈を生み出す人間の心の構造ではなく、記号過程が構築するリアリティである」（同書：40）とエーコは指摘している。

エーコによれば、無限の記号過程はこの過程の外のどこかにある実在である「最終的解釈項」に帰着し、そこで終わる。一時的な潜在的な可能性としての終点について語っているということを忘れさえしなければ、これは真実である。結果という最終的解釈項は、結局のところ習慣的傾向を生み出すが、それは社会的に共有される真実についての見解を確実なものにするために世界に働きかける記号過程の性質である。次のパースの言葉は記号の意味作用とその意味の相違を明らかにしている。

「意味」については、外部であれ内部であれいかなる記号もそれが表すものとそれが意味するもの、すなわちその外延としての幅とその「内包」としての深さは別であるということは、アベラールの時代以前から論理学者の認めてきたところである。彼らは、さらに、深さすなわち意味作用（signification）は内的であり、幅は外的なものであるということ、このことを最も重要な記号について一般的に主張している（CP 8.119）。

さて、基底効果の知覚の話に戻るとしよう。パースは文学テクストの理論的な読みにはほとんど関心を払わなかったという限りにおいて、自由な読みあるいは「ドリフト」という意味における記号過程というものを考えていなかった。文学性についての彼の私的な見解については、あれこれと推測することができるばかりである。彼にしたがえば、そのようなコミュニティの特徴はその独立性と習慣獲得性に向かう働きである。そこで我々は、非常に大きな確信をもって次のように結論づけることができるだろう。その成員は多様な組み合わせからなるもの（テクスト）を生み出すが、その源の真実性は立証できる、と。コミュニティは果てしなく続く「ドリフト」という自由な過程の中で一つの最初のテクストを読まないが、もとのテクストと同形の新しいテクストをつくる。この点において、たとえばパースの記号クラスは、記号が別の記号へと相互に変形されていくように絶えず機能している体系として理解されねばならない。パースはそのことについて述べていないが、記号過程はそのような変形を前提としている。その体系は一連の鎖のような連続としてもパラダイムのセットとしてでもなく、基本的な関係のネットワークとして機能している。記号を結びつけることは直接隣接する記号だけに影響を与えることを意味しない。むしろそれは漠然としたものの動きを伴って進行するモザイクのような進行過程である。

エーコは、実際、パースの現象学は「現前」を顕かにしないというデリダの見解を共有している。彼は次のように言葉を続けている。

しかし、もし記号がものそれ自体を表さないとすれば、記号過程というプロセスは、結局のところ、コミュニティがあたかもそれがそれ自体において真実であるかのように受けとる社会的に共有された考えを生み出すことになる。超越的意味は過程の源にあるのではなく、ことごとくの過程の可能的で一時的な末端として仮定されねばならない（1990:41）。

ここでの議論の核心は、無意識につけ加えられた「それ自体において」である。デリダとエーコが言っていることは彼らが概説している形而上学のレベルでは真であるが、少なくともここでは、それはパースの関心事ではなかった。意味の超越性について、パースは特定の記号過程の「外側」ではあるがその生産者である探究者のコミュニティの中で達成されたものであるとみなし、「ものそれ自体」という超越的真実としてみなしてはいない。記号としての記号は、ものそれ自体を意図したものではなく、その対象を意図したものであり、それは、この対象を表す過程が無限後退のように続く別の記号であるというのがパースの論点である。ここにデリダの主張が陥る二項的な罠がある。

なぜならば、その逆説は、記号の形而上学的な還元が、それが還元する対立しているものを必要としたということである。対立は還元についてシステマティックである。ここで記号について言っていることは、形而上学のすべての概念とすべての文、特に「構造」についてのディスコースについて言えることである（1978 : 281）。

パースがここで我々に想起させてくれることは、ことごとくの記号はそれ自体独立したその対象を表すが、対象がそれ自体記号の性質をもっている限りにおいて、その対象の記号でありうるにすぎないということである。我々が示したり見たりする現実のその対象は究極の対象、「野蛮な事実」である。我々がそれについて考え始めると同時に、あるいは「どのように」それを見ているか考え始めると同時に、換言すれば「それとコミュニケート」し始めると同時に、対象は記号になる。これは、絶えず（「もの自体」ではないが）ものに接近していくという過程の中心にあるとされる超越的意味についてのエーコの前提と矛盾している。知識人のコミュニティは、「もの」としての記号がそれと近似的な対象に同形的であるようなテクスト群を生み出す。この究極の対象を求めて、付随する自己は思考における記号としてのその性質と物質的実体としてのその「野蛮性」の間で相互作用をおこなう。

代名詞と指標の必要性について説明して、「現実の世界と想像の世界はいかなる描写においても区別できない」（CP 3.363）とパースは述べている。記号の場においてトークン（指標記号）が習慣を獲得する傾向（あるいは、一般化）に向かう働きは、記号クラスの境界を曖昧にする。記号クラスはそこに適用された数学的カテゴリーの延長であるにもかかわらず、ファジーである。このマクロなレベルにおける研究者のコミュニティへの記号の働きは、ミクロなレベルにおけるその意味不足の効果についての基底の働きに酷似している。後者について知れば、それを前者と混同することはまずないだろう。

枠組み

基底効果を明らかにすることは、剃刀の刃の上を歩くようなものである。すなわち、一方には高度の抽象があり、他方には曖昧さそのものがある。しかし後者に足をすべらせる危険は、救い出されていないデータに隠れた大量の思考の包含によって十二分に埋め合わせがつく。そのような効果は、失われた意味の切片を求める人間の検索システムの役割をすることができる。基底効果が我々に与える主な教訓は、全人間知識の類像的起源があり、その後でその類像的現前があり、我々それぞれのアプローチがあるということを決して忘れないということである。物理学や数学のような最も抽象的な学問の原理でさえ、観察に基づいている。数学についてパースが最も頻繁に繰り返し用いた考えの一つは、数学の観察という性質に関するものである。この見解をその演繹的性質についての見解で正当化するために、パースはまさにそれらを等価なものとしている。数学における観察はダイアグラム的である。ゆえにそれは類像的である。類像はことごとくの記号の一部であるに違いない（本書を通じて、この研究はパースの記号の十分割に基づいている。図３・１およびそれについての九六頁の説明を参照のこと）。

しかしながら、次のようなことが真実であると思われる。すべての演繹的推論には、単純な三段論法にさえ、観察の要素が含まれている。すなわち演繹はダイアグラムという類像を構築することにあり、それはその部分の関係が、推論対象の部分の関係や想像上このイメージについて実験する部分の関係や、部分間に気づかれずに隠されている関係を見出すためにその結果を観察する部分の関係の完全なアナロジーを表しているようなものである（CP 3.363）。

パースはさらに、類像的推論がどのように人間の心の中に存続するかということについて説明している。

人は想像の中で自分について一種の略図のようなものである概略的なスケッチを描き、その画像によって仮説的な事態がどのような修正を要求しているかについて考え、それから、自分の想像したものをよく観察することによってそれを検討し、同じ強い欲求がそこに識別されるかどうか見ることになる（CP 2.227）。

「漠然としたもの」の論理にしたがえば、類像性は類像だけで構成されていないと言うこともできる。図式・スケッチ・その他の不完全な記号もまた何らかの種類の類像性をもっていて、我々の想像上の画像をなしている。この「退化した類像性」は、知る過程を心に投射しやすくする漠然としたものを生み出す。ダイアグラムは、純粋な類像よりもっと一般性の高い意味を表し、その対象を越えたものを指し示す。「純粋な類像」という通常の用語法は検討されねばならない。なぜならば、それがメタファーまたは方法論的手段として誤って探究されていることが多いからである。類像性の性質については大きな合意がなされているが、類像記号について述べられるときには、その都度なおいくつかのことを明記しておく必要がある。たとえば類像性は質記号のようなより複雑な記号に組み込まれて見られる場合、相違した質を帯びることになるのだろうか。パースはずっと広い現象としての類像性のシステムをほとんど達成できないような質記号の例をほんの少し挙げているだけである。「空（emptiness）」は……何の類像記号であるのか。類像性を我々は何らかの対象との類似性によってのみ純粋に知覚するというふうに、本当に中立不偏のものと知覚しているのだろうか。質記号の「その」対象を知る必要があるのか。想像上、質記号を形成するたびにそれは何か他のもの、おそらく個物記号（Sinsign）になる。質記号は我々の知覚を可能的対象に方向づける（「注意を促す」）だけであるという方がより正しいのではないだろうか。解釈されることなくしては、記号は存在せず、質記号はその対象をただ暗示的に表すだけであるのだから、質記号は展開される関係として見られるべきであるということになる。その解釈項は名辞的（rhematic）であり、その対象は予見されており、それはそれ自体において完結されるもの、すなわち埋め込まれるべきものである。その出現を「付随性（supervenience）」と呼んではどうだろうか。

たとえば頁上の二つのパラグラフ間の空白のような空と純粋な類像記号を等価とすることの問題について述べたが、さて、さらに論を進めて、視覚世界における類像性が聴覚世界の沈黙と等価であるかどうか問うことにしよう。そのような関係のための理由とは何だろう。文学における類像性とはどのような種類のものか。そこには音楽や絵画における類像性と何か共通するものがあるのか。意識における類像的効果を明らかにすることより、むしろ表現形式（音・言葉・色）の相違を不可欠なものとして考慮に入れて、それらについて掘り下げるべきではないのか。

特定の絵画を鑑賞するときの純粋な類像に焦点を当てて、パースは「しかし推論の最中、その抽象はおおかた忘れられ、そのダイアグラムがまさに問題とされる」（CP 3.362）と述べている。さらに彼は、本物とコピーの境界が浸食されて目の前の像を「架空ではあるがそれでいて特定のものでない」何ものかとして知覚している「純粋な夢」の瞬間について語っている。哲学者であり数学者である人物のこのような言葉について論ずることはできるだろうが、特に印象深いものではない。同じ問題についてもう一人の卓越した学者であるウィトゲンシュタインが次のように述べているのが想起される。それは、「この三角形は三角形の穴・固体・幾何学的図形、……山、楔、矢、矢印……として見えるという……本当に見えたもの」(1958:200) によって、物質的対象についての概念(彼の例は三角形)を識別する危険性である。同じ例を用いて、しかしウィトゲンシュタインとは少し違った角度から見ることにしよう。この三角形が額縁に入って美術館に展示されているのを見たとしよう。どのような反応が最もよく見られるだろうか。もちろん、やはりそれも視点とコンテクストに左右され、さらに言えばその人の教養、そのときの気分、照明効果、周囲の雑音などに左右される。しかしいずれにせよ、大抵の人が現実について何か特異なそれでいて芸術的に共有される見方をするとしてもおかしくはないだろう。同じ三角形ではあるが頂点にABCという文字のついた別の絵を目にするとしよう。それを三角形以外の何かとして見る可能性は急に消え去るだろう(幾何学的図形としての「三角形」を超えて何が「見える」か、ここで問うているのではない)。先の第一の絵においてすら、何も「もの」はなく、それぞれそれについて考えることのできるようなこの三角形の背景としての対象は何もなかった。(あなたがパース自身でない限り)「夢を見る」のは難しく、むしろ特に後者の場合には、夢は破れるだろう。

この話はまだ続けることができる。ABCと記されたのと同じ三角形の背景が、積極的にこちらに働きかけるような色であったり、他の図形で囲まれていたりすればどうか。あるいは、数式や単純な等式が額縁に入っている場合はどうか。もちろんカンディンスキー、モンドリアン、クレー、シーレのような名前を示す何らかの銘が下にあれば、それが絵であるという主張を強くすることができるだろう。それらが美術館に並べて展示されてその名前がよく知られていれば、この主張は一層強くなるだろう。そしてここで突然我々は大事なことに気づくことになる。特別の配列、周りの雰囲気の効果との関係、「沈黙のレベルを上げること」がそれである。方程式や記号のついた三角形は、パースの言う「野蛮な事実」、非常に抽象的であるが現実の一部、規則的な法則に関係するものを表している。それは、外部空間の沈黙の蓄積によって文字通り影を投げかけられることになる。目の前の野蛮な事実が多くなるほど、コンテクストの効果を越える必要をより強く感ずるのである。すなわち、漠然としたものという潜在的可能性の場を超える必要をより強く感ずる。その絵の厳格な秩序としての法則は、それを取り巻く記号過程の増大する「無秩序」を埋め合わせなければならない。この効果がその絵を（再）概念化するのである。

刻み込まれた沈黙

我々はありとあらゆる種類のノイズの「立ち込める」宇宙の沈黙の巨大な天球に生きている。窓の外の沈黙は幕の上がる直前のコンサート・ホールの沈黙とは無関係である。後者は指揮者の指揮棒を振る拍子として楽譜に記されていることとさえありうる。リトルフィールド（Littlefield 1993:326）が指摘しているように、「この冒頭の沈黙は注意を引く働きをしている」。

「注意を引く」ことは、パースによれば、第一次性であり、音楽の部分である休止とは相違して演奏全体にも関与している。音楽のフレーズは息をしている。それは音となって聞こえ、消えるように聞こえなくなって沈黙となる。先に述べたように、指揮者は次の楽器が入るまでそれを標しづける。この沈黙には、それによって最初の音が生み出される指揮棒の一振りに先立つ拍子であるということ以外、何の動きもない。指揮者のいかなる身振りによっても未だ標しづけられていない冒頭の沈黙がほんのわずかあって、次に続く音楽の一部として指揮棒がそれを「かたちにする」。この沈黙を名辞的、類像的な質記号として見ることができるだろう。この「見る」ことの強調は、音の欠如と可視的な図像の欠如を等価的なものとすることができるという認識を示している。単なる感じは、視覚的なもの、聴覚的なもの、物質的なものの別を問わず、いかなる種類の記号からでも抽象できる。それは、何か未知でありながらそれでいて確かなことが次に起こるということを端的に示している。それは音楽を指し示しているのでなく、その組織の一部としての沈黙であることによって音楽に似ている。

いったん音楽が生まれると、沈黙の効果は、音楽を組み立てるのみならず、新しいフレーズ間の移動をしやすくして、その力動的な動きにおいて重要な役割を果たす。退行した精神のプログラムを活性化することによって意味を引き出し始めるということもできるだろう。あるいは、付随する自己についての既述の視点からの見解を述べることもできるだろう。それは沈黙の瞬間に付随する。それが類似性を検索しているのが、我々内部の諸感覚の武装を解くような何かを検索しているのが、「聞こえる」。

記号を扱っていると、すなわち沈黙の記号を扱っていると、それが一群の関係性あるいは解釈項を生成することが予想できる。より適切に言えば、ある一定の文化レベルを示すオペラを観に行くとか慣習的に確立された習慣としての音楽を聞く特定の態度や方法というようなオペラ座の象徴記号的意味を考慮して、解釈項のゾーンについて語ることができる。芸術作品の中の沈黙は、たとえば継続や一貫性というような音と同様の質を共有している。それは名辞的、類像的、存在記号として見ることができ、指揮者がどのようにこの音楽を解釈しているかという意味を聴衆に与える。それはまた、演奏が終わって幕が降りた直後、拍手喝采の直前にある沈黙とも相違している。どちらの沈黙も、その出来事を取り巻き儀式化するオーラを形成している。さらに重要なことには、沈黙の記号は次々と変形され、作品の部分間に隠れた関係を顕かにするのに役立つ意味を帯びるということがある。

「この芸術作品には沈黙が欠けている」というような表現は、何を意味しているのだろうか。この問いに答える前に、ロイベン・アベルの言葉を次に記すことにしよう。

絵画の額縁、彫像の台座、劇場の前舞台プロセニアム、楽曲の前後の沈黙、大聖堂の周りの空間、これらはすべてリルケが「孤独を取り囲むもの（circle of solitude）」と呼んだものに芸術作品を閉じ込める働きをしている。このようにして、それは切り離され、統一され、ある特定の瞬間に存在する現前として経験される（1976：258）。

ここでは沈黙は日常経験を芸術作品の神秘さから隔てるギャップとみなされている。私の目的とするところは、芸術作品をヴェールで覆うそこはかとない沈黙について、芸術家の意図にしたがって強化されたり拒まれたりできるそこはかとない沈黙について、論ずることである。額縁、台座、プロセニアム（舞台と客席を隔てる部分で、額縁状のプロセニアムアーチとカーテンを含む）は表面を流れる視線を一瞬止める「刻み込まれた沈黙」を表している。その性質は物質的であり、パースが「野蛮な事実」と呼ぶようなもので、それ自体にはささやかな美的価値しかないが、作品と受信者の間の対話の不連続な空間として作用する。ヴェールで覆われた沈黙に話を戻すとすれば、そのそこはかとなく漂う性質にもかかわらず、そこには記号的構造があると言ってよいだろう。一見したところ、これは第三次性の領域、解釈項のネットであるように見える。そしてもし我々がそれを鑑賞者の意識において生み出される美的、認知的効果の伝達手段としてとるならば、確かに、ある点ではそうである。しかし作品そのものの側から見れば、それはパースの基底の概念の方により近い性質をもっている。蜘蛛の巣のように複雑に絡み合ったこのような記号の可能性は、芸術作品がもしそれだけで独立してあるならばどのようなものであるかということを訴えている。それは芸術作品という濃縮された沈黙から撤回された質である。

基底は記号の核であるが、それでいて記号の要素のいずれにも見出されることになるもので、それは関係であるということができ、さらに詳しく言えば、可能的創造性の関係であるということができるだろう。沈黙や額縁の効果そして匂いやかたちの効果、これらはすべて「我々の日常生活の」眠っているが、それでいて、影響力をもつ潜在的可能性を表している。

これらは現象の基底効果である。凍結した沈黙で充満している現象である芸術作品の領域の潜在的に創造的な基底は、パースの宇宙論の用語で言えば、「もののかたちをなしていないこと（no-thing-ness）」を強めたものであると判断することも可能である。パースが基底という概念を第一次性という考えに置き換えたということがあるにもかかわらず、基底効果は「眠れる潜在的可能性」という撞着語法の危険性すべてを備えた領域に属すると、さらに考えることができるだろう。それは退行した精神という考えと等しいものではないにせよ、それによく似た考えであり、そのことについては本書において後で分析することにしたい。

パースの過渡期の考えであったとしても、基底という考えは、特に今日の付随する自己という考えと結びつけたならば、彼が研究しなかった領域において彼の考えを精密化するのに役立ちうるものである。同じことは退行した精神という考えについても言えることであり、これはもっと広いもので、精密化される可能性に満ちている。基底効果は、退行した精神の観念の一つの可能なかたちとみなすことができる。この効果は、いかなる他の効果ともまったく同様、潜在的可能性と現実性と慣習性を備えたものとして、芸術家によって意図的に復活され導き出されることができるものである。実際、そのような手法こそ「メタファーを概念化すること」と呼びたい方法のまさに核心にあるものだ。

第三章　無限の記号過程と異言語——パースとバフチン

本書は見捨てられた考えについて論ずるものであるが、パースの無限の記号過程論は精密な研究があまりなされていないという類のものではない。それどころか、それは記号についての最重要なパースの考えの一つであり、記号についての考えとして、多くの関連領域において大いに用いられている。しかしながら、文学その他の芸術作品を検討する分析手段としては、あまり用いられていない。本章では、この考えをバフチンの「異言語」論と結びつけて用いることにする。これら二つのモデルを退行した精神という考えに組み入れることによって、この新しい方法の有効性を示すために文学テクストの一部を概念化してみよう。記号の十分割は少し修正したかたちで表すことにするが、後続の表において示されているものがそれである。この基本図式は本書を通じて同一のもので、記号の変形を示すものである。

類像性と多声

バフチンは一九二九年の『ドストエフスキー芸術の諸問題』において、初めて「対話」論と「多声」論を広く知らしめた。これは登場人物の声の調和と自律について論じたもので、コンテクストとの関係を強調したものである。これらの論は「カーニバル論」と共に、ラブレーの作品から出てきたもので、バフチンにとって必要不可欠なものとなった（実際、多声論とカーニバル論はそれより広範な現象である「異言語」を表したものである）。その後バフチンはこれらの用語を何度も明確にしたり再定義したりして、より正確なものにしていった。次第に彼は芸術的ディスコースの多言語性の複数性と独立性を深く掘り下げていくようになった。

ドストエフスキーは小説家であるのみならず、モラリストであり偉大な思想家でもあり、バフチンがドストエフスキーの小説に心を奪われたのはよく理解できる。ドストエフスキーの哲学や文芸評論について語ることさえ十分可能である。しかしそれは多くの場合体系的なものではないし、一貫性に欠けていることもある。同じことはバフチンの諸論についても言えることで、それがはっきりと述べていることはドストエフスキーの芸術原理と同じものである。バフチンが実際おこなったことは、もともとその小説に既にあった「相違する声」、「他者」、「多声」についての考えをより体系的なものになるように修正したことであった。ドストエフスキーの熱心な読者であったバフチンは、その小説の主人公と常に対話をかわしていた。バフチン同様に、パースも自分の基本用語を定義しそれを再定義して、記号、記号過程、その他のカギとなる重要な見解の定式を精密化している。

広く用いられている用語であるバフチンの「多声」から始めることにしよう。バフチンにとって多声は、芸術的ディスコースにおける登場人物間のあらゆる相互作用を包含する用語である。文学作品においてそれら自身の声をもった個人の言葉、ジャンル、言語は全体の構造を結びつける調和を求めて働く。この相互作用を表すより抽象的な用語、調和の考えをも含む用語が、「異言語」（文字通りに言えば、「相違する声」）である。ときに包括的な意味で対話という用語が用いられることもあるが、理論的モデルとしては異言語を用い、実際的表現としては対話を用いる方がより正確だろう。多声についてバフチンが挙げた数多くの説明の中に次のようなものがある。

ここでの考えは、実際、普通の小説に見られるような表現の原理でもなければ、表現のライトモティーフでもなく、そこから引き出される結論でもなく……むしろ表現の対象である。世界を視覚化し理解する原理として、ある一定の考えから見た世界をかたちづくる原理として、その考えは著者ドストエフスキー自身のためではなくてただ登場人物だけのためにあるのです（1984:24）。

ここに述べられていることの記号的な側面は、その類像的部分によって表現されている考え、すなわち、他の考えとの類似性によって表現されている考えに関係している。鏡のシステムのように、一組の類像記号は「表象の対象としての観念」を現すことができる。テクストの類像性は、一般に著者が導くものではない相違する視点を意味している。主人公の行為は共有される対象に向けられたレーザー・ポインターの光に似ている。本書の別のところで、この「レーザー・ポインター」（すなわち、「検索する自己」、「生きている精神」）と退行した精神が比較され、それは連続した対象と見られている。ドストエフスキーの小説は、深く哲学的であるが、そこには類像性が浸透している。どの登場人物の言葉においても、幻想、妄想、悪夢が物語すなわち思考を支配している。

注意して物語の筋を追うと、どのモノローグの前にも舞台装置のようなものがある。画像のカスケードは、読者にこれから物語を聞くというよりは予言を聞く気持にさせる。そして次の章で同じことが起こる。語りはやがて起こるもっと重要なことの果てることのない準備のように続くが、そうではなくただ新しい舞台がセットされただけであり、むしろ新しい鏡のシステムがセットされただけである。筋書きは分裂し考えはぼやけているが、次のパラグラフではっきりするだろうというふうに思われる。しかし、この期待は最後の頁までかなえられない。この方法は写真のネガを現像するのに喩えることができる。その過程は新しい像が現れるまで続き、その結果出てきたものは予期されていたものとは違った姿をしている。ドストエフスキーの物語の最終的意味を求めることは、一連の入れ子箱（「マトリョーシカ」）を開けていくのに似ている。

バフチンにとって、記号はそれ自身以外の何か他のものに見える限り、記号として生きることができるのであり、コンテクストに関係する別の記号との対話においてのみ生きることができるものである。バフチンはことごとくの文におけるミクロな対話である内的対話について語っている。さらに、彼は一つの語のレベルにおいてさえ、二声の語という対話を見出している。デイヴィド・K・ダノウは、「語というものは、……意味や指示対象をもつのみならず連続する対話に携わっている可能性のある記号とみなされる」（1991:24）と主張している。

パースにとってもまた、記号はその解釈項によって媒介されて初めて記号である――それを解釈する他の記号をもたずして記号であるものはない。媒介がなされるたびに、解釈項はまたもう一つの別の記号になる。記号のアイデンティティ（「その意味」）は、記号と解釈項との間の媒介の場にある。「そして、認識の存在は何か現実的なものではなく、ある一定の状況においては何か「他の」認識が生ずるという事実にある」（CP 7.357）という文に（バフチンでなく）パースの考えを認めるのは、ちょっとした驚きであると言ってよいかもしれない。

見ることと聞くこと

対話において類像性が果たしている役割については、パースが中世のスコラ的見地からこのテーマについて論じたものが最も詳しい。パースによれば、何かを「赤い」と認めることは、色を見る現実の事例について、赤く見えるということが生起しうる他の場合に似たものとして、すなわち、そのような生起における赤の質の記号として、それを解釈するということである。パースの言葉では次のようになる。

二つの対象は、比較されて一緒に心にもたらされるならば、そのとき初めて類似していると認められる。……ある思考が他の思考に似ているとか、あるいは、とにかく真に他の思考を表しているということを知ることは、直接知覚からであるはずはなく、仮説であるに違いないことは明らかである（CP 5.288）。

ここで述べられていることは、見ることは何セットかの絵を受動的に登録するようなものではないということである。それはむしろ読書のような過程である。何かが赤、緑、グレーとして見えるということは、いつ見ても赤、緑、グレーがすべて等しく生起しているというのではなく、我々の心（パースにしたがえば、仮説）が一連の比較を生み出しているということである。この思考同様の過程の最終結果だけが、何かが緑に見えると名づけられることができるものであり、緑と認知しているという意味になる。そこで、緑に見えるものは、事実、緑を我々が経験することに基づいている。さて、ここでさらにパースの考えにより一層接近するためには、さらに一歩進んで、彼の示唆しているように、「この緑」という知覚は我々の思考に基づいていると結論づけねばならない。すなわち、マーフィーは次のように論じている。

そこで、パースにとって色は概念であり、それは説明を与える仮説として多様な印象に適用される。それゆえ、それは印象そのものではない。したがって、「印象」という用語は瞬間的な神経の刺激に限定され、その刺激が概念を生み、刺激は概念によって関係づけられるのである（1961：71）。

この意味することとは、色は単一の要素として見られるというよりはむしろ表現、さらには思考にさえ似ているということである。マーフィーはさらに進んで、同じ判断が示されているパースの未刊行草稿を引用している。パースは最も単純な色を一曲の音楽になぞらえている。色も音楽も印象の相違する部分の関係に基づいている。色の印象は、同じ色を見る度ごとに繰り返されるものではない。パースは色の相違を調和（ハーモニー）の相違としてみている。新しい印象は同じ知覚についての先行経験と調和しなければならないからである。色の相違がわかるためには、その関係がハーモニーをつくり出す基本的要素の印象を意識していなければならない。色は印象ではなく、推論であるというのが結論である。

このように理解することによって、なぜ人間の特定の気分が音楽ではかなり正確に表現されるのに、なぜ色は音楽ではあまり正確に表現されないか説明できる。たとえば、音は陽気に響いたり悲しく響いたりすることができるのに、なぜ赤さや青さを表現することができないのか。パースにしたがえば、色の知覚は複雑で一つの色調（tone）のみにおいてハーモニーを起こすことができないからであると答えることができるだろう。パースにとって、知覚や感覚は以前の経験に基づく一連の比較によって決定される心的な表示である。これらの比較は心の中に表示され、次々と現れるにつれて、細部がだんだんぼやけてくる。しかし、多様な感覚の差異をどのようにしてつけることができるのか。音楽の知覚を色の知覚や文学の知覚と区別するものは何なのか。

このようにして、我々は「心の中のイメージ」という中世の問いに近づくことになるが、これは通常とは違った視点からのアプローチである。印象を認めるのに比較と反省だけが心的手段であるとすれば、どちらが手段でどちらが結果であるか、どのようにして知ることができるのか。本書では、我々が自らの思考を認識する記号の変形過程のあらましについて述べてみたいと思う。しかし、印象を知覚や感覚と混同していないとどのようにして確信することができるのか。

パースにとって、色は説明概念であり、したがってそれはそれ自体と切り離せないものであるが、複雑な比較を経た結果であるということを見てきた。色が内包しているように思えるものは、あらゆる場合に見出され最終的印象に見出される一般性の要素である。パースによれば、「感覚に最も近い」普遍的概念は「『一般的現前』のそれ」（CP 1.547）である。それは普遍的であるがゆえに概念である。しかしながら、一般的現前はそれ自体と切り離せないようには思えない。むしろ、それは一般的な関係である。

「原子的」レベルの分析のみならずもっと厳密なパース用語に戻れば、質は特定のもののセンス・データであるのみならず、その時々の生起と切り離すことができ、そこから引き出すことのできる単位であり、それは一つ以上の対象が共有できるものであると言うことができるだろう。したがって、その対象の質についての情報を伝えることごとくの記号は、少なくともその一部として「質記号」すなわち類像的な記号を含んでいるに違いないということになる。既に述べたように、「赤」という質が経験によるものであるとすれば、すなわち我々の思考にあるとすれば、類像的なものは解釈され、それは成長変化することになる。脚注において、パースは次のように述べている。

私が今日感じる赤は昨日感じた赤と同じようなものであるということを否定するほど、私はとっぴなことを言っているのではない。類似性というのは意識の背後にある生理的な力にのみ「ある」と言っているだけである。その力によって、この感じは以前の感じと同じであると私は認めることになるのであり、類似性は感覚の共有（コミュニティ）にあるのではない（CP 5.289）。

しかし類像性が完全な類似性を意味するとすれば、類像記号はどのようにして解釈されるのだろうか。もしそれが対象と絶対に同じであるとすれば、類像記号はどのようにして一般性を、したがって解釈可能性を保持することができるのだろうか。それは他の記号解釈と同じ規則にしたがうのだろうか。このような規則を認知することができるのか。もし「そうである」とすれば、多様な芸術的ディスコースにおいて作者は何かの目的のためにそれを用いることができるのか。

記号とシルエット

成長を起こすものは、記号に固有の自己生成力である。記号過程は、連続的な解釈過程である。記号解釈の無限性は記号の三項定義の結果として出てくる。パースにとって、純粋類像は「可能性」すなわち一項的質としてしか定義することができないものである。質が純粋な類像として認知されるためには、記号とその対象の両方において同一のものでなければならない。一項的な質というものがあれば、それはその同一性を保持しながらそれ自体の記号として振る舞うことになるだろう。すなわち、古いカントの「ものそれ自体」になるだろう。パースはこの問題には注意を向けず、観念でさえ可能性という第一次性の意味においてでなければ、類像でありえないということを受け容れている。「可能性だけが、純粋にその質によって類像である。そこで、その対象は第一次性でしかありえない」(CP 2.276)。

さらに彼は同じ解決を語に適用した。個を指してなおその一般性を保持するためには、すべての語は「法則記号」でなければならない。しかしそれと同時に、すべての語は対象と「象徴」の関係にあり、対象との関係によって解釈されるものである。対象の質についての何らかの情報を伝えることによってのみ、いかなる記号も記号過程に、コミュニケーションに、知識の拡大に加わることができるのであり、すなわち、記号であることができる(記号は情報を伝え、この情報をコミュニケートすることができなくてはならない)。そのためには、何らかの新しいコードをもついかなる記号も、その理解を可能ならしめるような既知のものの中核である類像的類似性を伝えなければならない。これが、語と意味について語るときに類像について語らなければならない唯一の理由である。もちろん語は類像ではないが、「類像的効果を生み出すことができる」。文学テクストの語は類像的効果を生み出すことができ、それによって記号は認識される。読むとき目の前に類像・指標・象徴が見えるわけではない。我々が読むものは既述のとおり一群の法則記号であるが、解釈するものはそれとはまったく別のものである。我々の読みが高度に類似していることは驚くべきことである。記号を読み解釈するとき、あたかもそれが生きた画像であるかのように、一種のコード化された「有料テレビの番組」のように、我々は同じようなパタンにしたがっている。意識の中でそれらの画像を解読し、「重要で記憶すべきもの」「それほど重要でないもの」「記録保管所」というような相違するプログラムに分類(あるいは貯蔵)する。これら類別されたものは、「退行した精神」のトラックに貯蔵される。

このようなことすべてが可能であるのは、意識に再生された記号は実在のヴァーチュアルな画像のシルエットにすぎず、その「基底」との関係が緩やかで、対象との関係も同じように緩やかだからである。それは、各々の意識において、記号の意味を確立する仕方が違っているからである（何かが赤く見えるのは、幼い頃、初めて赤を認知した個々の場合とそれに続いてなされたこの個々の行為の一般化によるものである）。しかし、心において意味を確立するには、時間がかかる。既述のように、各記号は本来一種の一般性をもっており、したがってその解釈には連続性が必要とされる。パースは連続性を実在的な一般性として理解していたが、それは一群の現実の事例に帰されてはならない。実在から画像を見るということは、意識に表示されている記号を認知すること、すなわちそれを読むという意味である。後者は時間的生起であり時間をとる過程である。

次のステップとして、意味を創出することとは、三項関係が設定される内的対話を確立するということだろう。バフチン同様、パースにとっても意味は本質的に三項関係である。記号は特定の対象と関係するが、対象は決してその意味を尽くすことができない。なぜならばこの関係は「ある点において」にすぎないものであり、記号は無限に解釈できるものだからである。この無限の解釈はしばしば内面化されたものとして対話において生起し、その場合、人は他者の役割を引き受ける自分自身とのコミュニケーションをおこなう。

グラフの方法がこの素晴らしい結果を本当に成し遂げるということが明らかになるためには、読者は次のような真実をあらゆる点において徹底的に理解していることが何よりもまず第一に必要であり、少なくとも非常に望ましい。すなわち、思考は常に自我の相違する面の間の対話のかたちで進むものであり、そのため対話としての思考は本質的に記号からなっていていて、それはチェスのゲームがコマで成り立っているのと同じようなものである（CP 4.6）。

高次の抽象化において解釈は翻訳とみなされ、記号は類似性によってのみならず仮説的類似性（たとえば、純粋類像）によって別のレベルの同一化に置き換えられることができるだろう。記号は別のイメージをもつことができ、それは必然的・近接的な結果ではない。その場合、記号はその同一性をもはや保持することはできないだろう――それはＳＦ映画やコンピュータ・グラフィックからつくられたイメージのようなつくられた記号、つくり出された記号となるだろう。

見ることの論理

こうして記号のアイデンティティの問題が再燃するのであるが、既述のように、それは解釈された記号やその対象や解釈項のいずれにおいてでもなく、それらの間の循環の場において探求されるべきものである。直接的対象という表示対象は、思考が構築したものであり、記号過程の所産であり、記号過程の一部である。それは実在の対象でなく、常に不完全な対象である。いかなる記号も、実在からの事実を解釈による変化なしに我々に与えることはない。それゆえ、いかなる記号も意味を生み出すシステムの一部にすぎないため、全体的意味を伝えることはできない。したがって、移り変わる意味があるばかりであり、言い換えれば、一群の視点があるばかりである。見ることは仮定することであるという事実は、言語にその堅固な基礎をもっている。たとえば「視点」という表現は、視的概念としても心的概念としても用いられる。相違する視点とは、相違する見方でも考え方でもある。バフチンは、「ドストエフスキーは、逆説的に言えば思考において考えたのではなく、見ることと意識と声という点において考えた」（1984:93）、

それ自体における記号	質記号 質 純粋な可能性	個物記号 現実性 出来事または存在	法則記号 慣習 法則またはタイプ
対象との関係における記号の拠り所	類像 その対象の何らかの質的特性	指標 その対象との何らかの存在的関係	象徴 解釈項（理性による）
解釈項によって表象される記号	名辞 可能性の記号	命題 事実の記号	論証 理性の記号

表3.1　パースの記号の10クラスの分類

と述べている。

純粋に生物学的な意味を探究することによって、見ることについてもっと深く知ることができる。トマス・シービオクは次のように記している。

嗅覚と味覚は、どちらも同じように化学記号的である。視覚でさえ、光子が網膜に与えるインパクトが色素ロドプシンの受容力に相違する影響を与え、それは相違する波長の光を吸収する桿状体を満たすという一変量原理の条件によるものである。聴覚と触覚の振動および温覚経由で伝えられるインパルスもまた、最終的には電子化学的メッセージに変形される（1991:15）。

この説明は、見ることの記号的性質を確証しているが、仮説を形成することとはあまり共通点がないように見えるだろう。このように見ると、外部の情報を伝えさらに考えるためにそれを心にもたらす信号（すなわち「個物記号」）があることがわかる。純粋な類像的不定性を活性化して意識に仮説を形成することから、全過程は始まる。記号の三項の戯れは、その類像や指標や象徴という部分ではなく意味の変化を引き起こすものであることをここで想起しておこう。ここでパースの記号の十クラスの分類（表3・1を参照）を見てみよう。この図において、それらの記号はたとえば名辞的―類像的―質的記号が名辞的―類像的―個物記号になるというよう

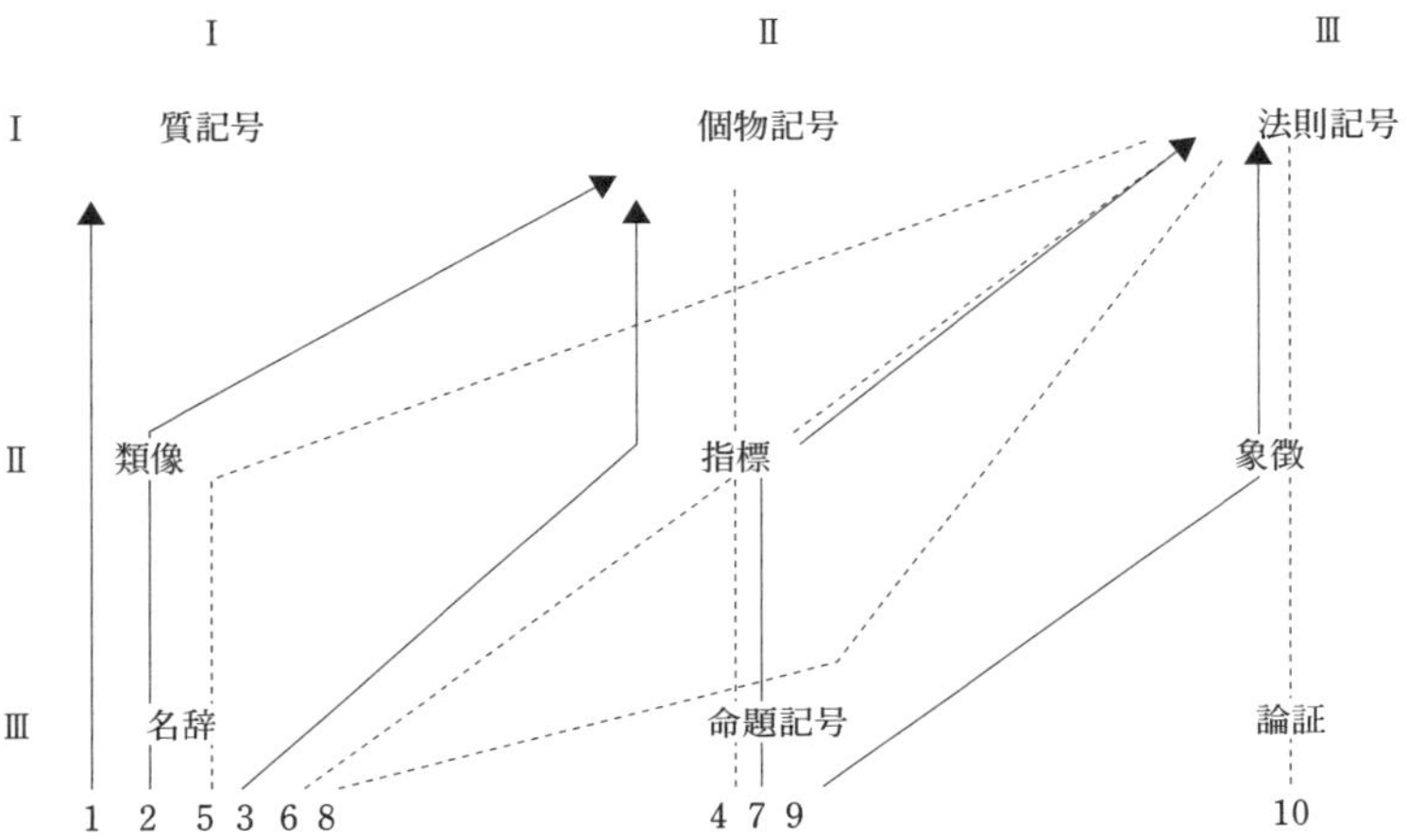

図3.1　沈黙を充満させること

に、記号の三項（または記号クラス）の変化を表すことができるようになっている。意味を生み出す記号である「行動する」記号は、決して単に類像的、指標的、象徴的ではない。たとえば名辞的—類像的—質記号が命題的—指標的—法則記号になるというように、それは三項の変形であり、ある意味が別の意味に変化することを示している（すべての記号クラスは、下位のクラスあるいはレプリカというより直接的な三項を含んでいる）。パースの見解では、記号の三項の完成は表の一番下のたとえば名辞、命題、論証からのみ始まることができ、上へそして右へ進む。したがって、三項中の単一の記号を結びつけその移行を標しづける想像上の線も上方右にのみ進むことができる。太線はこれら三項の変形の過程を示し、点線は可能性としての三項のみを示す。この説明モデルは、本書を通じて同様の図表において同一である（たとえば図３・１を参照）。

　パースは「四能力の否定の帰結」において、見ることの論理について考えている。そこでいくつかの注目すべき提案がなされているが、それは視覚における精神の創造的役割を証明するものである。「我々はそれを認識することができたという意識以外、その色の何も絶対持ち去っていない」（CP 5.300）と主張する。それからさらに一歩進んで次のように述べている。

現実の知覚においてさえ、何のイメージももっていないとまで言おう。視覚についてこのことを証明するだけで十分だろう。……そこで、目の前に画像が見えるとすれば、それは以前の感覚の示すところにしたがって頭が組み立てたものである（CP 5.303）。

今度は現代のテーマを取り上げて感覚生活についてさらに深く掘り下げてみることができる。「意識についての修正された考え」という論文において、スペリーは次のように書いている。

部屋を見回して、いろいろなかたち、陰影、色をしたいろいろな物を見るとき、我々が経験する色やかたちは、それに伴う匂いや音とともに、それらがあると思われるところに本当にあるのではない。それらは外部の対象の物理的な質の部分ではなく、切断された手足についての幻覚としての感じ同様、まったく脳自体の内部にあるものである。知覚された色、音、などは、随伴現象としてではなく脳の過程の実在的な特質として脳の中に存在している（1969：535）。

見ることは記号過程の意味を明らかにする。それは、外界から純粋・不定の類像性である「観念」だけをとって、それをさらに扱って認知するために心にもたらすことである。言い換えれば、かたち、陰影、色などは意識が仮説的につくり上げたもので、意識は常におこない続けている比較にそれらを例として用いているのである。おそらく我々の感覚は直接的対象としてみなされることができよう。すなわち名辞的―類像的―質記号として始まり、心において個物記号または法則記号としてのアイデンティティを得る。

一般的に、記号はそれが解釈されるまでは記号ではない。すなわち、解釈項を含む三項の部分となるまでは記号でない。したがって、類像記号が個を指し示すことができるのは、同時に指標記号となることによってのみである。しかし「記号はその存在の様式にかかわらず主としてその類似性によってその対象を表すことができる、すなわち「類像」的でありうる」（CP 2.276）という考えをも示している（ここで彼は低次類像性について語り、類像がさらに「イメージ・ダイアグラム・メタファー」に分かれるという考えを提示している）。

簡単に要約すると、類像記号による仮説の形成は言葉を読むような連続的な流れではないということである。「赤いこと」が認識されるのは、三段論法的な前提と結果というシンタグマティックな連続としてではなく、パラディグマティックなモザイクのような観念連合の結果である。何かが赤いのは、赤さの認識がそのように告げているからであり、もう一つ別の赤さの例が意識の中で活性化され、それが我々の見たものを解釈するからである。記号をそれと認めること（記号のアイデンティフィケーション）は、一連の機械的な同義の置き換えのような流れではないということである。そこには演繹、帰納、アブダクションという三つの推論のすべてが含まれている。記号のアイデンティティは、それが固定的に限られたものとして認知できるからではなく、それとは反対に、それ自身であるためには何か他者として現れねばならないというその不安定さによって成立している。これは、検索する自己が我々のパーソナリティと結合するためになしていることと似ている。

第三次性と他者性

バフチンの論もパースの論も両方とも、この点において一致している。バフチンの対話論は、パース同様、二つの要素を前提とせず三つの要素を前提としている。マイケル・ホルクィストは次のように書いている。

……対話はときにそう考えられているように二項的なものではなく、ましてや二元的現象でないことを思い出すとよいだろう。図式的にするというのでなければ、言語記号の三項構造に大変よく似た構造をもつ三要素の最小形にすることができる。すなわち、対話は発話と返事とその間の関係で構成されている。この三つの中で最も重要なのは関係である。それなくしては、他の二つは無意味になってしまうからである（Holquist 1990:28）。

これは、漠然と関係のみを強調している点において、マルクス主義的ではないにしてもあまりにもヘーゲル的である。いずれにせよ、これはなお二項的な説明である。なぜならばそれは相互に変形可能でその結果が第三のものになるような相互解釈という二項間の対話を排除しているからである。より正確に言えば、バフチンにおいてはより高次の抽象レベルで「他者性」と呼ばれる「我—汝」構造のレプリカとしての「他者」を含む創造的な「自己」がある（ここでパースの内面化された対話を想起しよう）。

同様に、我々にとっては「他者」である物語を読むことによって、我々は物語と対話する一つの要素として物語の外側にいるのではない。物語は出来事を他の登場人物すべてに語るのと同じように我々に語るのであり、したがって物語は我々の感情、予想、期待、異議、ヴィジョンを受けとり、我々は意味を生み出すシステムを構造化する全過程に関与することになる。我々の「検索する自己」は多くの「対話に向けられた」関係の総計となる。それはずっと変化し続ける自己となる。この点についても、バフチンは次のように述べている。

他方、我々の地下組織の主人公はこれらすべてを自分自身完全によく認識し、自分の態度が他者に向かって動く範囲から逃れることができないことを完全に理解している。他者の意識に対するこの態度によって、一つの返答が別の返答を生み、それが第三の返答を……と無限に続く対話を生み、これらすべてが何ら前方への動きを伴わないというような、他の者や自分自身との内的論争からなる特異なペルペトゥウム・モビレ（perpetuum mobile）［エネルギーを消費しないで永久に動く運動を実現する機械］の状況が達成される（1984：230）。

パースには、これとほとんど同じ考えが見出される。「我々の思考は対話として続けられ、大抵の場合、より低い程度においてではあるが言語の不完全さをほぼことごとく免れていないということを忘れてはならない」（CP 5.506）、と。

しかし、もし我々の思考全体が記号においてなされているとすれば、記号は言語においてどのように対話化されているのだろうか。記号を「第三」と等しいものとみなす研究者もいるが、全面的にそうであるはずがない。記号の十クラス分類にしたがえば、パースが「それ自体における記号」（または質記号）と呼んでいるものは、埋め込まれる前のかたちのない閃光である。記号はその三項構造の関係を満たす第三「によって」意味をもつことになる。第三次性は成長と解釈の過程を生み出すカテゴリーである。

このように第三次性はバフチンの他者のカテゴリーによく似ている。まず「他者」の概念から始めて、それから他者性のカテゴリーにアプローチすることにしよう。既に引用した『ドストエフスキー芸術の諸問題』において、バフチンは「他者」を単に対話の相手としてではなく対話の本質として語っている。それは、物語という過程を始めるのに必要な条件である。「他者」は他の声、他の意識、あるいは他のディスコースにも埋め込まれる。この概念は、パースの「基底」の概念になぞらえることもできるだろう。すなわち、記号の内部にあって、いかなる記号にもその本質を供給するものである。

それほどはっきりと明確に決定されているのではないが、「他者」は物語過程の内的本質として一つの単語から物語全体に至るまで、作者自身の声のいかなるレベルにも見出せるものである。「他者」を認めることなくして「自己」を認めることはできないだろうが、自己と他者の間の関係は二元的ではない。双方は互いに対立しているとみなされるべきではなく、むしろ互いを包摂しているとみなされるべきである。したがって、「他者性」というカテゴリーは、自己にとってよそ者であったり自己の鏡であったりするのでなく、語り手の「私」がフィクションの真実にそこからアプローチする遠く離れた視点である。それは作者自身のヴィジョンに他者が現前しているという理論であるばかりでなく、作者自身の現前に共有のヴィジョンがあるという理論でもある。質の変形と連続が「起こるところ」としての場となるのは、まさにその「遠近法の視点」に他ならない。換言すれば、それは可能な関係性というコンテクストである。相違する視点に意味を与えるのはそのカテゴリーである。

「他者」という視点は、対話理論にとって欠かせない考えである。「他者性」というカテゴリーが「クロノトープ(chronotope)」「対話」そしてさらには「異言語」というようなバフチンの概念の大部分を決定している。異言語というのは、ディスコースの全スケールにおいて存在する多くの「声」のことである。そしてまた対話の非二項性についての説明は、「他者性」の連続性、未完性、解釈可能性に見出される。バフチンはまた言葉は全面的にコンテクストに依存しているとも考えている。それゆえ言葉は、特定の言葉の以前のコンテクストの用法で決まる意味とか、その常に未完の対象を完成しようとするさらなる意図というような一時的な意味しか伝えることができない。一連の解釈に影響を与える何か他のもの、「他の」記号、「他者性」が常になければならない。解釈によって変化しない意味はない。それゆえ、対話は解釈の過程でもある。しかしながら、解釈はドミノ効果のような一連の連続ではない。一時的な不連続性であると言った方がよいだろう。解釈はその対象を覆い、囲い込み、他の記号に影響を与え、新しい記号過程を引き起こして成長していく。もとの記号は類像的仮説的な類似性によって、別の記号コンテクストにおいて、さらには別のコードにおいて、そしてさらには別の「言語」において、再生されていくことができる。

凍結した記号過程

ドストエフスキーの作品から一例をとってみよう。一見したところ、物語「貧しき人々」は伝統的な記述法で語られている。語り手は作者ではなく、一人の若い女性である。彼女は自分の人生のある出来事について別の登場人物に手紙を書く。肺結核にかかっている若い一学生のことについて書く。彼には勉学のための本が必要であり、金をもうけるために家庭教師をしている。父親は飲んだくれであるが、息子を愛していて、息子を助けてやりたい気持でいっぱいである。夢は息子のために本を買ってやることであるが、自身、酒代がなくて窮乏状態にある。物語を通じて本という一つのイメージが繰り返し現れる。最初と最後に、本がもう一つ別の妨害的なイメージである泥濘（ぬかるみ）のイメージと混じり合って現れる。表現豊かに息もつかせず畳みかけるようにクライマックスを築いていくディスコースは、典型的にドストエフスキー的である。その学生の部屋で起こったある小さなエピソードを語り手が想起するときにのみ、何もかもが一変する。そのパッセージの始まりは舞台装置のような働きをしている。読者には、文字通り、小さな一室が見える。部屋のあちこちに視線は向けられ、多くの本の並んだ棚に目がとまる。その後すぐの短い場面で、たまたま、本棚に語り手の体があたるが、それで本が下に落ちる。

物語は進行し、その学生は死に、父親は息子の部屋で声をあげて泣いている。その二〜三日前、父親はようやくのこと数冊の本を買うことができて、ポケットにそれを入れていたのである。その後に葬式の場面が続き、再び何もかもが消えてしまっている。家影は見えず、通りには人気がない。棺を載せた霊柩車とその後を追いかける父親の光景があるばかりである。視野に入ってくるのは、それだけである。何の言葉もなく、作者の声もなく、対話もなく、あるのはただ細部の描写だけである。駈ける父親、顔に激しく降りかかる雨粒、その上着の裾、ポケットから泥濘の中に落ちる数冊の本。終幕には、語り手の母親の死というもう一つの死が迫っていることが暗示される。

ここにあるのは、類像的記号によって読者の意識に生み出された類像的効果の働きである。これは組織的に対話を切りつめていく過程であり、それによって異言語と解釈が互いに無関係な数少ない言葉に絞られていく。細部の役割を増大させることによって強い衝撃が生み出される。たとえば父親の上着のポケットから落ちる本というような残された数少ない細部が、いくつかの以前の生き生きした連想を執拗に指し示す。このアプローチは語りの全面的な類像化を表すもので、それが解釈過程を巻き戻したり、遮断したり、停止させたりする。同様の場面はたとえば『カラマーゾフの兄弟』『ネートチカ・ネズワーノワ』『分身』のようなすべてのドストエフスキー作品に見出される。

このような手法を「凍結した記号過程」の効果と言ってよいだろう。ドストエフスキーは、既によく知られている一つの細部（落ちる本）に注意を引いて連想のつながりを引き締めることによって、解釈を「凍結する」。少数の記号は少数の細部にのみ関係し、それはまた既に同様の画像の構成素であったものである。最後のところで、本が落ちた泥濘が全視野を占める。しかし、実際のところ、これでさえ最終点ではない。最終場面は、プリンターがその部分を強調している盲点のような大きな白い空間である。再び、ここで我々が目にする場面が類像性を増大させることによって連想的解釈を遮断するのであるが、それはまた、単一の現象に相違する複数の視点をつくり出すことを意味している。

「多くの声」は徐々に可能な限り中立的な単一の声に絞られていく。うまく組み立てられた多声は、新しい主題曲がダーンと始まる前に指揮棒が振り上げられるときに立ち込める静寂にも似た単一の音へと静まっていく。これは意味のある沈黙である。ディスコース全体において、それは類像的なタイプのものである。なぜならば、それが続くと き、確かではあるが「他者」なる何か、対位法的な何かが生起するからである。それは活性化され「充満した静寂」である。さらに抽象的に言えば、読むことを見ることになぞらえようとして、ドストエフスキーは「無の強化」と名づけることができるような方法を用いている。「無」によって意味されているのは、頁の空白であり、連想過程を全面的にさえぎることである。それは多声の反対、解釈の断続、対話の弁証法であるということもできるだろう。我々の方法の用語で言えば、これは主人公たちの多くの検索する自己がほとんど制御されない振る舞いをすることによって退行した精神の効果を増大させる手法であるということになるだろう。

この場合、記号過程は見る過程と同じように、すべての記号過程の生ずる不定の多声から質記号として働く空白のスペースという組織化された沈黙に向かって流れる。右で述べたとおり、ドストエフスキーはここで読む過程を見る過程になぞらえようとしている。この二つの間には常にギャップがあり、それは花火放電が他の電極に飛び移るのに必要なわずかなスペース同様、想像上見ることができるだけである。

ドストエフスキーは心に類像的効果をもたらす記号を増やすことによって類像性を増大させ、それでこのギャップを乗り越えようとしている。パラグラフとパラグラフの間の空白は、まさに無の強化の起こるギャップに他ならない。記号過程の流れを凍結させるありとあらゆる過程がある。単一の細部に引き寄せること、同じような連想に戻ること、何の過渡的な移行もなしに突然違う話を始めることがそれである。ホルクィストは記している。「対話というものは、存在を出来事として視覚化することによって始まる。私がその場を占めるユニークで絶えず変化する場で展開する特定の状況に存在が責任（や原因）をもつ出来事として」(1990:47)、と。

意識で分類された後、質記号はきまった意味になる。それは何かを指し示し始めるが、それはその類像的起源に全面的に類似したものではない。それは個物記号になる。空白の頁の「間のスペース」において、個物記号もまた新しい記号過程へと「跳躍」したのである。文学理論の観点から言えば、それはメタファーになったのである。空白のスペース（空のかたち）はより一層一般的な空である人生の空のように振る舞う。この移行をより正確に喩えるとすれば、やはり音楽に喩えることができるもので、指揮棒がリズムの記号として働くときということになるだろう。そして、実際、セクション間の白いスペースは内的に進行している表現のリズムの記号である。

動く沈黙

沈黙の記号は類像的なものである。これは逆説的だと思われるかもしれないが、書かれたテクストは無音であるので、「音の効果」はその類像性によって表される。と言っても、音に「似ている」類像である図像がテクストにあると言っているのではない。もっとも、共感覚の仮説はパースにもバフチンにも馴染みのないものではなかったが。むしろ意識の中の「記号の図像」が多くの相違する記号を組み合わせることによって、音／沈黙をつくり出すということである。たとえば、語り手が喧嘩の場面の後、単一の細部を描くとき、沈黙の効果がある。「沈黙は類像を通じて生み出される」。これは呼び起こされた沈黙である。すなわち、それは、多声のすべての声の記号がだんだん聞こえなくなって、その不定の多様性の中からごくわずかの「音」、単一の細部だけ残ることで生まれてくるものである。直後を支配している沈黙は「単なる感情」であり、それは名辞的―類似的な質記号（質記号）として見ることができるだろう。しかしそれを強化された類像を通じて認知する（聞く）とき、それは名辞的―類似的な個物記号（個物記号）になる。ここで想起されるのは、現実の類像的質記号はありえないとパースが言ったことである。換言すれば、多声の音を消す過程において、名辞的―類似的な質記号（沈黙の感じ）は類像的な個物記号になるということであり、それは以前の多声の最終的和音と予想されるもう一つ別のディスコースへの跳躍との両方を指す沈黙の記号であるの声に減らすことになる頁の空白部分との戯れ（この場合、頁はおそらく不定の退行した精神として見ることができるだろう）や突如として章を終えるというようなその他あらゆる効果を含めて、それは類像と指標の両方を含む複雑な記号への動きである記号完成の過程であると考えることができるだろう。また、動く沈黙がどのようにして象徴の特徴をもつに至るか、さらに思いをめぐらすことができる。パースによれば、この場合、記号は法則、規則、習慣によって対象と関係づけられねばならないのであり、すなわち、言葉はクラスまたは法則の記号でなければならない（パースによれば、図３・１のローマ数字はあらゆる三項関係の第一、第二、第三に対応するものの相違を意味するもので、大まかに言えば第一次性、第二次性、第三次性というカテゴリーの間の相違を意味している。他方、アラビア数字は記号の数を示すものである）。

右に述べたドストエフスキー作品の最後の場面に戻ることにしよう。全視野は泥濘で占められている。頁の空白個所において、その中を痛ましい葬列が重苦しく進んでいく泥濘は個物記号に変形されている。それはそれ自体を指し示すとともに惨めさを指し示している。空白のスペースは、記号過程が流れると同時に凍結する場所であり、解釈の過程に新しい連想が関与する瞬間である。それは非常に複雑な類像性の戯れであり、「空白のスペース／泥濘」という対立が一連の基本的連想を活性化している。

多声が消えて単一の象徴になるとともに、沈黙を充満させる過程が成就する。その記号はその対象と類似性（質記号と個物記号）によって関係づけられ、次にその解釈項（象徴）によって関係づけられる。いまや「凍結した記号過程」という現象全体を記号とみなすことによって、この同じ過程をもっと一般的に見ることができる。小説全体において、あるいは他の小説においてさえ、何度も現れることによってそれが認められるようになると、命題的—指標的な法則記号について語ることができる。

この新しい記号はアブダクションによって完成されるが、それは前提と結論の関係性が「類像的なタイプ」のものであるという意味である。実際、記号（生—死）は「新しく」つくられる。少数の細部への集中、以前の連想を「映し出すこと」、泥濘に目を向けさせること、スペースの空白——このようなことすべてが、否応なく、新しい記号過程との自由な結びつきをつくり出す。命題的—象徴的な法則記号について慎重に語り始めることができる（この過程全体を1→2→3→7→9と記号の数字によって表すこともできる）。

そこでパースとバフチンから得たものを組み合わせると、違ったルートをとることができる。記号の知覚のミクロ・レベルでの分析が再び必要となる。（「検索する自己」と関連する）退行した精神との「比較」と「鏡映」の出会いの結果は、色や音楽のみならず文学についての理解までをも支配する。退行した精神のトラックは説明概念（検索する自己）を方向づける。以前の印象のトラックに検索する自己の針を下ろすことによって、記号の一部である類像的効果が生み出される。

このことを明らかにするためには、いくつかの例が必要となる。映画始まって以来、映画には音楽が付きものであるが、それはどうしてなのか。音楽は緊張を取り除いたりサスペンスを高めたりする。音楽は次の場面について暗示したり、プロットの発展を抑えたりする。それに対して美術の展示ではなぜめったに音楽がないのか。おそらく音楽学者が最もよくおこなう説明は、音楽は濃縮された沈黙であるとか、解凍された感情であるとか、漂う思考であるというものだろう。さらに、なぜ映画音楽は概して介入的でないのかという問いもある。音楽については、実例を挙げずに説得的に語れることは普通ではなく、それが例外であるのはなぜなのか。

相互作用によって音楽も絵画もその効果を高めるために互いの仕掛けを借りている。音楽と絵画は、「どちらも検索する自己として振る舞うことによって」一緒になって我々の過去の経験により深い溝を刻みつける。そのような振る舞いの目的は、「退行した精神」（すなわち、説明のテクスト）をできるだけ目覚めさせることである。退行した精神に両者の針が落ちるとき、引き出す関係は強化される。これらの組み合わせが生じているところでは、音楽は記憶からより多くの類像性を生み出す。類像性は、いかなる一つの表示をも光り輝かせることによって、退行した精神の中の鮮明さを引き出す。それは懐かしい記憶を呼び起こす昔の手紙の束を思いがけず見つけたような効果である。時が経つにつれて、手紙の出来事は心に表れたこと同様その鮮明さを失っていく。残っているのは、我々を捉えている感傷である（実際、何かがやって来たのに何かが行ってしまったと言って、我々はこのようなときを混同する。今までずっと我々と共にあって現実化しなかった現前の浮き彫りの働きをするこのような感情を退行した精神のトラックに蓄えることがいまや可能となる）。

我々はテクストを直接読むことによって引き起こされる記号のどこか傍にある記号について語っているということを心にとめておかねばならない。後者のインパクトは、語られた記号にしたがった結果として現れるイメージや画像に伴うものとして形成される。我々が論じている記号は心の中に静かに積み重ねられ、小説の出来事がつくり出したのとは別の方向に感情的な記憶を向ける。類像的効果の戯れを用いることによって、作者はたとえば夜更けにどこかに向かう豪華船を想像するような説明しがたいノスタルジアを読者に感じさせることができる。こうしてもう一つの逆説が生ずる。すなわち、音楽と絵画の組み合わせは記号の手法を成就する沈黙の効果を高めるのである。不明確な感情の塊から特定の記憶の鮮明さに至るまで、現実の思考が現れるまでその過程は続く。沈黙を充満させる効果とはそういうものである。

万華鏡の回転

無限の記号過程と異言語の効果は、万華鏡の遊びに似ている。万華鏡の筒をまわすと、ごく少数の要素が無限の新しいかたちをつくり出す。もっと凝った見方をするなら、壊れた鏡を見るのに似ている。どの鏡のかけらも同じ対象を映しながら、その映し方は屈折している。そしてたとえ誰かがすべてのかけらを全部あわせても、それらはなお多様な相違するイメージとしての対象を示している。

この過程のすべてを逆の見方で述べることもできる。すなわち、「未完の対話的意識」の戯れに生ずる「鏡の破片の世界」の効果を通して観念をことば（象徴）の領域に「視覚化」（投影）するのがそれである。バフチンは「観念のイメージ」（1984:89）について語っている。そしてパースは複雑な記号としてのその表示を見出している。観念の画像が意識に生ずるといつも、それは記号過程を妨げる。しかし他方、このより鮮明なイメージは多くの破片に屈折し、我々が目の前にするものは「まさに別の記号」であって、それは本質的には対話の手法であるさらなる解釈を要求するものである。その目的は記号過程においてつくり上げられた「相違しているが類似している」記号であり、それは解釈の速度を緩め、退行した精神へと解釈を導いていく。しかしそれは解釈を停止させるのではなく、別の意味スペクトルにおける別の解釈の流れに影響を及ぼしていく。

バフチンは対話の成長と尽きることのない創造性を信じていたのみならず、沈黙の創意も記号効果との戯れのその可能性をも信じていた。「小説におけるディスコース」という論文の最後の文で、「なぜならば我々は繰り返すからである。偉大な小説のイメージは創造された後も成長し発展し続けるからである。それは初めて生まれた時点から遥か隔たったさまざまな時代にあって創造的に変形されることが可能だからである」（1981:422）と述べている。

ここで論じられたパースとバフチンの二つの考えは、どちらも、多くの見捨てられた考えを説明する分析手段として役立つ大きな可能性をもっている。これまで芸術家たちはこのことに常に魅了されてきた。意識の「生きた」所産として、鏡の破片の戯れからイメージを創出することがそれである。そしてこのイメージは、幻のように、心の外において鏡の破片の「前の」どこかを中心として位置づけられる。ほんのしばらくの間、それは「思考」「記号」「検索する自己」を表示するだろう。

異言語論におけるバフチンの努力を特徴づけているのは、一つの単語から哲学的ディスコースに至るまであらゆるレベルの人間のコミュニケーションにおける「内言」を常に解明しようとしていることである。異言語についての彼の定義は多数あるが、その一つは、作者の意図の表現ではあるがそれを乱反射して表現する働きをする「別の言語における別の言葉」（1981:324）というものである。そのような言葉は、特別のタイプの二声ディスコースを構成する。

言語は人間のあらゆるコミュニケーションの基礎であり言語は常に対話の性質をもっているとバフチンが公言するとき、常に特別強調されているのは対話である。明白に定式化されたその見解は何度も繰り返されたが、それは、たとえば「すべての思考は対話の形式をとっている」(CP 6.338) というパースが繰り返しおこなった主張に見られる本質的に同じような考えと密接に関係している。

しかし二人の思想家の哲学的努力の結びつきは、記号がそれによってのみ実在にアプローチすることができる「開かれていること」と「未完であること」を求めて常にその「最終的な」意味からいかに逃れようとしているかということについて示していることである。二つの理論が共有する見方は、「無限の対話」と「異言語」を通じて記号をもう一つの意味次元において見るということである。

謝　辞

「沈黙を充満させること」という考えについて、インディアナポリスのインディアナ大学・パーデュー大学、パース・エディション・プロジェクトのネイサン・ハウザー教授に謝意を表する。

第四章　生きている精神と退行した精神

「無限の記号過程」とは対照的に、退行した精神という考えはパースがあまり論を展開しなかったものの一つである。退行した精神について研究するための最も自然なアプローチは、それを生きている精神と対置することであるが、パースはそのような対比を少しもおこなっていない。そこで我々にできることと言えば、間接的に調べることだけであり、原稿の余白の研究が必要となってくる。ここにかかわっているのは、その独創的な宇宙論のみならず、時間、音楽、文学についての彼の深い理解であるが、これらのことがパース哲学の主要な論題となったことは一度もなかった。退行した精神という問題は、パースの仕事を今日の視点から詳しく論ずるためのカギ概念の一つである。それは、「客観的観念論」から生じてくるもので、心的現象と物理的現象を一つの観念体系に均すものである。本章の目的は、パースのユニークなカテゴリー論とともに、退行した精神と生きた精神の関係にそれを基礎づけることによって、パースの思想の主題にならなかったこのような現象が新たに明らかになるのを示すことである。

光を当てることと不定性

生きている精神は付随する自己の助けによって、退行した精神の「眠れるプログラム」に光を当てる。すると「眠れるプログラム」は意味を生み出し始める。単一のあるいは集合的な心は、プログラムを活性化して思考をスタートさせるためにプログラムに光を当て、そこから引き出される結果である記号を認知しようとする。これが本章で証明しようとする研究仮説の要点である。まず言えることは、「光を当てる」という表現には何かわかりにくいものがあるということである。パースも心や理知の問題となると、光という支配的な表現に関心を示したが、それは多かれ少なかれメタファー的な響きをもっている。次に挙げるのはパースの言葉である。

「理知の光」とかそれに近い言いまわしは、おそらくどの文献にも見出せるだろう。たとえば紀元前六世紀の中国の「古哲」老子は、「智恵の光を用い、振り返ってその光のもとに帰る者は誰も身を滅ぼすことがない。これを道をおこなうというのだ」と述べている。智恵の光という教えは創世記第一章の古代バビロニアの哲理に織り込まれているように思われる。そこで神は「我々に似たものとして、我々にかたどって人をつくろう」と語る。これはおそらく神のかたちが人に似ていることをまさに説明するものであると言ってよいだろう。すなわち、第二の掟がそれとは違うものになることが難しいことの説明である。しかしこの言葉は、神々が人間のかたちに最初につくられた頃にこの教理を戻すだけではないだろうか。いやしくも神を信ずるということ、それは、人間の理知が宇宙創生の原理と結びついているということを信ずることではないだろうか（CP 2.24）。

これにさらに新しいことをつけ加えることができる。インターネットで何かの項目を検索するとき、そこに「ハイライト」を当てる。解釈記号が現れるが、それは通常、複数の選択肢と関係している。そこで、自分の求めている目標（最終的解釈項）に達するために、我々は一つの習慣を、すなわち我々の思考のアルゴリズムを確立しなければならない。さもなければ、無限の解釈の連鎖に迷い込む可能性がある。

思考の結果はほとんど全面的に言語領域に生み出されるので、その言語領域で結果を探さねばならない。プラグマティズムの格率によれば、我々が探し求めている対象は（実際的関係をもつと思われる）結果である――それが概念または思考のすべてである。そうであるとすれば、生きた精神が退行した精神に出会うと何が起こるのか。しかし「生きた精神」とは何を表しているのか。短い「偶然相」の後に「連続相」が始まる。感覚から派生してきた過程をスタートさせるためには、解釈すなわち「アガペーの段階」が来なければならない（そしてもちろん、いかなる始まりも終わりも考えるべきではない。パースの客観的観念論による精神と物質の主な見解はその連続性であるのだから）。それにしても、記号は対象を指し示すだけではその意味をもつことはない。その場合、記号過程は「知的なものではなく」物理的過程でしかないからである。記号を解釈可能なものとし、退行した精神を活性化して動かせるのは何なのか。あるいは、逆に言えば、思考過程には方向はない。この「出会い」をパースがどのように定義しているか見ることにしよう。

記号がそれ自体の解釈を別の記号において決めるとき、それ自体の外側に結果を、物理的結果を生み出す。しかし結果を生み出す記号は、それ自体、現存する対象ではなくタイプであるにすぎないと言ってよいだろう。それは、あれやこれやの形而上的な意味においてではなく、議論の余地のない意味においてこの結果を生み出す。このことについては、自制できない行動は非難されるべきことでないということを言っておかねばならない。思考は一種の行動であり、推論は一種のよく考えられた行動である。そこで論証を非論証的であると言ったり命題を偽であると言ったりすることは、特別の倫理的判断であり、そのようなものとして、我々が制御できないことには適用することはできない（CP 8.191）。

ここで二つのことを記憶にとどめておかねばならない。すなわち、思考が行動であり無限に続く未完の過程でもあると述べられていることである。そこで、「光を当てる」というあのメタファーは、これら二つの特徴に代えることができる。考えるということは、物理的結果を生み出すということであり、「不定」とは未完成ということであるから、連続するために不定であるということである。しかしこれら二つの過程は、生きていない実在であると想定される退行した精神の領域に陥ると、厳密に言って、どのような行動を見せるだろうか。

さて、「陥る」というもう一つのメタファー表現がここで現れた。これは「光を当てる」に比べると何の価値もないが、それを避けることはできないのか。思考過程をスタートさせることについて論ずるとき、なぜメタファー的用法が常に表れてくるのか。その理由の一つは、いかなる始まりもあるべきではないことの始まりについて語っているからである。そしてその解決の一つとして、我々人間を思考過程の生ずる宇宙の中の「点」とみなしてはどうだろう。この過程は我々から始まるのではなく、むしろレーザー・ポインターのスイッチを入れるようなもので、それが退行した精神のどこかをぱっと燃え立たせて、しばらくチラチラと明滅させるというようなものである。無数のそのようなポインターが宇宙という退行した精神を意味で満たすことによって行き交っている。このことが新たに拡大されたメタファーのように聞こえても、それは問題ではない。それは我々の考え方の解釈に役立つものである。ただ、パースが空間について述べていることを想起しておこう――空間は点で成り立っているが、いかなる点の集合もそれだけでは空間を構成することはない、ということ。しかしながら、思考過程を語るときには、やはり、光、レーザー・ポインターなどというこの侵入的な画像が現れてくる。さらに深くそのことに注意を集中してみよう。最も役に立つのは、パースの第一次性の概念である。

第一次性の典型的観念は感情の質であり、単なる現れである。……たとえばあなたがそれを思い出すとき、その観念はおぼろげであると言われ、それが目の前にあるとき、それは生き生きしている。しかしおぼろげであることや生き生きしていることは、質についてのあなたの観念にあるのではない。単に感情とみなされるなら、そうであるかもしれないが、あなたが鮮明さについて考えるとき、そのような視点から考えているのではない。それを意識の障害度として考えているのである（CP 8.329）。

ここでカギとなっているのは、記憶においてぼんやりしているが目の前に置かれると鮮明になるということである。ぼんやりしていることも鮮明であることも両方とも、想起されることの質に属しているというよりはむしろ我々の意識に属しているのである。しかし「障害のある」意識によって、あるいは質についての「感情」によって、どのようにして物事は想起されるのだろうか。言語は忘れられたのか。言葉になる前はなぜ記憶は朧なのか。いやしくも言葉なしに記憶は現れるのか。このことは実際古くからの問題であり、今ここでそのことについて触れようとは思わない。にもかかわらず、朧であることは過去についてであり、過去以外は、たとえば未来については、我々は何らはっきりした概念をもっていないということができる。思い出された事柄をよりはっきりさせるために自由に使えるものは言葉だけであるが、言葉は思い出そうとする努力の後に、すなわち考えるという行為の後に来るものである。考えることによって我々がしていることは、筋道を認めることであり、その筋道は我々が慣れ親しんでいるものである。これは過去の経験の跡であり、すなわち記号である。この道を行くには、我々のレーザー・ポインターが必要であり、それは鮮明さの質であり明確さの諸段階である。後者の感情はパースが提起したようなものなのだろうか。とにかくそれは既述のあの「光」であり、いまやメタファー的陳述を合理化することができる。

考えるということは、過去についての概念の道を覆っている朦朧としたものを晴らすために物理的結果を生み出すことである――しかし、ここで何かがとてつもなく誤っているように聞こえるのであるが、それははっきりしない過去を概念化するために物理的結果が生み出されるという主張であることは明らかである。しかし、これは断片的な思考過程の要素を代用するという論理であった。「断片」と言ったが、なぜ「フラクタル」や「類似」と言わないのか。思考は、過去を永久的に概念化して用意された「ラスター」を未来の不定性の上に置くという、すべてが当て推量にあたるような過程ではないのか。このことを強く支持するものを、宇宙と時間の流れについて考える可能性についてパース自身が書いたものに見出すことができる――「……過去は我々の知性に、未来は我々のスピリットに、まったく一様に影響を及ぼす。それでもなお普遍的経験はより大きな期間についての推測にただ有利に働くだけである」(CP 1.273)。

我々に所与の大まかな「思考」と言えば、言葉の(記憶できる「蓄積された」)経験だけである。この所与の思考は、新しいファイルをコピーするのにすぐ使えるように初期化されたディスクのようなものである。我々はクリシェ(cliché)の格子に経験をのせて、それを未来に向かって投げかける。言語は、我々が必死に求める明晰さの格子である。思考は、ネットワークのあらゆる面を反映しているのではなく、「フラクタルな」面と推測によってもたらされることになる意味との総計である。思考は、退行した精神から意味の断片を引き剝がして、言語の格子にはめ込もうとする。多くの「切片」が格子からぶら下がったままである。それはまだ読まれていない記号であり、言語と共に思考のネットワークを形成しているのである。

ワルツを踊る自己と生きた精神

このようなことは明晰さの段階、意識、カテゴリーというパースの考えとどのように関係しているのか。まあ、それは一般的には記号による思考という主要な考えにしたがって関係しているのであるが、その総合的記述にはほど遠いものである。理解を妨げると思われるここで導入されたいくつかの新しいメタファーについて明らかにしておくことがやはり必要である。しかし「フラクタル」や「初期化された経験」や「用意されたラスター」のような我々の用いている表現を明らかにする前に、他でもない「退行した精神」という考えについて詳しく述べることにしよう。それは生やさしい仕事ではない。パース自身それについて説明する努力をしなかったことを我々は知っている。自然と非人間の「思考」について彼が述べていることを想起しよう。

思考は必ずしも脳と結びついているとは限らない。思考はミツバチや結晶の働きや純粋に物理的な世界のどこにでも現れている。対象の色やかたちなどがそこに実在としてあることを否定することができないのと同様に、思考がそこに実在していることを否定することはできない（CP 4.551）。

自然において、思考に似た過程に見えるものとしては、他に何があるだろう。そう、まず第一に、エネルギーがある。生長し花が咲き地上に何トンもの葉を落とし、春にはどれもまた再生し、この上なく重い石をも突き抜ける草の不思議——このようなことすべては、結局、「物理的結果」である。これらの背後には、この思考に似た過程を動かす巨大な思考があると想定してよいだろう。その結果は、反復可能であり予見可能である。それは生起するのに時を必要とし、存在のための思考を必要とする。それは思考においてあり、あるいはむしろそれは思考の現れである。この方向に進み続けると、やがて思考について穏やかな有神論の見方に到達し、そのようにして「観念の」解決を見出すだろう。他方、あなたが生体内の過程について生化学者に尋ねたならば、細胞についての情報、すなわち細胞に情報を「コピーする」「実行する」「保存する」というようなことを聞いて驚くかもしれない。これは退行した精神の実在的「他者」ではないのか。しかし、それでは有機体内部の保存情報とは何なのか。「退行した精神」は我々の身体の中にあるのか。この「退行した精神」を「他者」とかさらにはバフチンの用語である「他者性」と置き換えたとしても、それほど奇妙だとは思われないだろう。そこで、我々の中に「他者性」はあるのかという問いが出てくる。おそらくあると言ってよいだろう。それは、思いもよらないことではない。パースもバフチンも二人とも、他者性をまったく特定化して理解していたということを想起しさえすればよい。彼らは今日の偉大な人類学上の発見を見越していたかのようである。私と「他者」の概念化は、両者を一つの変化し続ける主体として溶け込ませると彼らは考えていた。バフチンは晩年の著作において次のように述べている。「私と『他者』とにかかわりなく、思考は統一された一般的な人間世界を創造する。原始的な自然の自己感覚において、私と『他者』は一つに溶け合う。ここには利己主義も利他主義もない」(1987:147)。厳密にこの論にしたがえば、我々の意識は永久にその人自身の／一つの世界に閉じ込められる運命にあると言わねばならない。そこには、我々の意識が知りたいと思う他者のいろいろ相違する役割を演ずる無限の能力がある「だけ」である。これが真であるかどうか後で見ることにするが、ここで今バフチンの言ったことをもう少し見ることにしよう。

反復でき認められるものは何でも、理解する人の意識によってのみ十分に溶かされ同化される。その他者の意識において、その人は自分自身の意識だけを見ることができ理解することができる。その人は何ら豊かになったわけではない。他者に所属するものの中に、その人は自分自身のものだけを認めるのである（1987：143）。

しかし退行した精神についての真の挑戦と言えば、生きている精神と反応し、制御されない情報を生み出すことのできるような精神が我々の内部にあるという主張だろう。この情報がむしろ我々を制御するのである。それは不活発で受動的で「保守的」である。おそらくこのことによって、なぜ人体における変化が進化的であって変革的でないのか説明できるだろう。「個人の退行した精神」をより深く明らかにするためには、序論において「検索する自己」について述べたいくつかの考えを想起するとよいだろう。検索する自己とは、退行した状態に触れると意味を生み出す生成力であるメタファー創造の「不思議な第三要素」のことである。

いまや我々は「光」「レーザー・ポインター」「感情」さらには第一次性さえをも「活動的な自己」という考えに置き換えることができる。「活動的な自己」は退行した精神から生じてきた古いメタファーを概念化しようとして、類似性を検索する。比喩的に言えば、それは失われた概念を新しいメタファーにつくり直そうとして踊っている自己である。この意味で、我々内部の一種の退行した精神は「検索する自己」と「眠れる経験」との衝突によってのみ活性化される、おそらく遺伝的記憶のようなものであると言ってもよいだろう。検索する自己は、実在において我々の欲望を統合することによって、我々内部の退行した精神と未来についての推測と相互作用する。この点においてロナルド・C・アレクサンダーの非常にすぐれた考えがあり、彼はなぜ「自己」を人間の単数あるいは複数の心理的特性として考えるべきではないのかという問いを発して、次のように答えている。

十全の機能をもつ個人、すなわち自己をもっていると言える人間は、その未来について決定することによって、上記の心理特性をもつのみならず、その身体的、心理的特性のすべてを統合する力動的な力をもつという事実にその答はあるのです（1997:18）。

そのような統合力は、活発に検索している「自己」が退行した精神のより深いトラックに陥るとき生ずるものである。未来について決定するということは、「スキャンした」過去から目覚めた意味の舞踊団を信ずるということである。「個人の脳の状態や肌の色を位置づけるのと同じようには自己を『位置づける』ことはできない」とアレクサンダーは論じている（同書:50）。このように、相互作用する自己には「内部」も「外部」もない。アレクサンダーによれば、自己はある点に具現されねばならないものであるので、自由に漂う付随的質の総計として定義することはできない。「しかし自己というものの質を具体的に示すものは何か」というアレクサンダーの問いに対する我々の答は、それは退行した精神との出会い（結びつき、触れあい）であり、その結果新しいメタファーあるいはつくり変えられた概念が現れるということである。さてこれで、付随する自己の全体的特徴について、アレクサンダーを含む大多数の心の哲学者の主張に同意することができる――「しかし個人の心理的質が特定の身体的質と結びついているのとまったく同様、自己の質も特定の身体的、心理的な質と結びついているに違いない」（同書:50-51）、と。意識は身体に閉じ込められているというバフチンの考えとは違って、意識は身体との関係においてメタファーの自由をむしろ楽しんでいるようだと言うことができる。しかしながら、身体との特定の結びつきという限定があるにもかかわらず、このようなことを意識はおこなっているのである。たとえば意識が最もよく描くイメージは、意識が演ずる「他者の意識」である。非常によくあることは、検索する自己は退行した精神のトラックに深く降りていくために他の誰かの自己と張り合うということである。さてこのあたりで、検索する自己という考えをとって、生きている精神という考えを捨てるのがよいだろう。もはや二元論の危険は何もない。以後、「生きた精神」は操作的用語としてのみ用いることにする。

実在の「精神―物質」構造

退行した精神の構造についてははっきり語らない方を選んだパースがかつて勧めたのとは反対の方向に、我々はまっすぐ進んでいることになる。「未だ時間の存在しなかった」原初の段階についての我々の概念は、「創世記の第一章の表現同様、漠然と比喩的なものであるに違いない」（CP1.412）とパースは論じている。しばらくそのように続けていくことにしよう。自然における思考に似た結果は、いくつかの本質的な点においてうまくいかないということをこれまで常に語ってきた。それはコミュニケートできないものであり、考えを伝えることができず、自己制御がない、と。しかし我々の身体の中には制御されない情報があるという見解を受け容れるとすれば、どうだろう。コミュニケートできることおよび考えを伝えることという他の二つの要求もまた、厳密には、あたらない。すべての細胞はコミュニケートしており、情報を伝えている。我々が現実にしていることは、心理的要求と混じり合った言語の特性を指し示すことによって、生きている精神を退行した精神と区別する議論を提出することになる。この場合、仮説を証明するのに再び主体（作者、発話者、話者、発信者）を求めるより他に仕方がない。パースは、「記号論」についてのウェルビー夫人の本について、次のように評している。

しかし病気の徴候、天候の兆しなどのすべてにはその発信者がないように思われる。なぜならば、神が万物の創造主である場合、神が何らかの記号を発していると言うのは適切でないと思われるからである。しかし［ウェルビー夫人が］これは意欲と結ばれているというとき、実際、彼女はそう述べているのであるが、解釈の意欲の要素は力動的解釈項であることにすぐ私は気づいた（CP 8.185）。

思考の唯一の表現形式としての言語という考えは、捨てた方がよいだろう。また、自然のどこにも見出せる「思考のような結果」を思考につけ加えなければならない。そしてこの「思考のような結果」について、退行した精神との関係において詳しく述べてみることもできる。あるいは、それは退行した精神と同じようなものであると言ってよいだろうか。それは力動的解釈項と等しいと言えるだろうか。パースの定義で最もぼんやりとして複雑なものの一つは、力動的解釈項と論理的解釈項の相違である。次に挙げるのがそれである。

論理的解釈項であるところの概念は不完全にそうであるにすぎない。概念はいくらか、字句上の定義みたいなところがあって、字句上の定義が実在的定義より劣るのとまったく同じように、習慣よりは劣る。慎重に形成された、自己分析的習慣――それを育成した実習の分析の助けで形成されたのだから自己分析的なのであるが――これこそ生きた定義であり、真正で最終的な論理的解釈項である。したがって、言葉が伝達できる概念の最も完全な説明は、その概念が産み出すと考えられる習慣の記述にあることになる。しかし習慣を記述するには、それが産み出すような行為を、条件や動機の明細をつけて記述する以外にはありえないのではないか（CP 5.491. 内田種臣訳）。

これまでにわかったことに基づいて、この引用文中の困難を少なくすることにしよう。それは習慣についてであり、それは退行した精神において連続していると考えることができる。退行した精神は連続的な習慣であり、いくつもの最終的解釈項からなっている巨大な保管場所である。それは使い尽くされた精神ではない。あるいは、そのようなものであるだけではない。それは多様な思考のような経路であり、コンパクト・ディスクのトラックのようなものである。生きている精神がそのトラックにハイライトを当てると、そのプログラムが復活する。「検索する自己」が触れると、連続的習慣は力動的解釈項をつくり出す。

「初期化された」経験は巨大なクリシェ（退行した精神）の上に置かれ、それら両者の間で、ほとんど直接的な比較、計測、関係の組み合わせが相互作用する自己による活性化によって流れ始める。これは、「アガペー的」解釈の相である。その結果生み出される新しい最終的あるいは論理的解釈項は再活性化され、さらなる習慣獲得性をつくり出す。「検索する自己」を媒介とする退行した精神と生きた精神の出会いは、新たな解釈に必要な不完全性と不定性を生み出す過程を開く。不完全性と不定性は、記号に本来備わっている一般性の別名に他ならない。あらゆる一般的用語（語、記号）は、タイプである。たとえば、それは対象と解釈項をもち、解釈項は無限に新しい記号を生成していく。しかし退行した精神に何を認めるのか。そのプログラムをどのように読むのか。「退行した精神」を「クリシェの塊」

に置き換えることによって、どれほど役立つところがあるのか。検索する自己への身体的反応として生み出される「思考のような」結果を我々は経験する。それと会話するのではない。そうしようと試みるのではあるが。これもまた過去……に問いかけることによって未来を推測しようとする必死の試みである。パースが自説についておこなっている評価を見ることにしよう。

このようにして、私は精神に適用したシネキズム（連続性）の理論を小さなスペースでできる限り発展させてきた。この学説なしには絶対に説明できそうもない、多くの事実が説明できることを明らかにすることができたと思っている。そしてさらに、シネキズムの理論は次の学説を伴うものと考えている――①最も顕著なタイプの論理的実在論、②客観的観念論、③その結果としての徹底的進化論を伴う偶然主義。この学説には、いくつかの哲学がそうであると思われているような、精神的感応への妨害は何もないということにも気づいている（CP 6.163）。

しかしより一層本質的な問題を取り上げる前に、考えられる最も大きな危険性についてよく考え、我々の用語法を明らかにするのがよいだろう。本書における危険性は、まさにその正反対のことを数知れず主張しているにもかかわらず、伝統的な心身二元論という二分法に知らぬ間に陥っているのではないかということにもある。このことを防ぐために、連続的なものはことごとく実在的であるというパースのシネキズム論からの主要な結論を見失わないようにしなければならない。二元論を避けるためには、すべての物質は実在的には精神であるという彼の宇宙論に見出せる客観的観念論からの主要な考えを考慮に入れなければならない。

さて、できる限り事物は連続していると想定すべきであるという連続性の原理あるいは格率にしたがって、精神と物質の特性の間の連続性を想定すべきであり、そのため物質は特に高度な機械的な規則性または決まりきった順序によって行動することになるほど硬化し確立した習慣をもつ精神にすぎないということが主張されてきた。そうであるとすれば、精神と物質の間の反応は、連続的に結びついている精神の部分間の行為と本質的に何ら違わないものであり、精神の結合の大いなる法則に直接支配されていることになる。それは感覚が既述の理論によって直接支配されるのと同様である（CP 6.277）。

この引用にはもう一つの相違の可能性が暗示されている。すなわち、持続している精神と硬くなって動かなくなった精神の相違であり、パースの見方ではすべての生体も硬化する可能性をもつことになる。しかしこれらの区別には、持続したものとそれほど持続していないものを区別するには二つの間に十分なギャップがあるという非常に奇妙な条件が前提とされねばならない。そしてそうなると、二分法に陥るのを防ぐのはまさにこの思いがけない深い溝であるという次の主張において悪循環が起こることになる。

パースはすべての非精神的現象は精神的現象に帰すことができ、その過程は逆にできないと信じていた。パース宇宙論の進化説について、マーフィーは、「宇宙の進化の過程についてパースが述べたことは短く、ぼんやりしていて、いくらか形而上的であるが、それにもかかわらず、それが上記の理論の心理的モデルであることは明らかである」(1961:404) と、語っている。また、このことは非常に驚くべきことなのであるが、それは完全な心理的還元主義の事例であると付言してよいだろう。人はパースの見方からそれとは正反対の極のこと、すなわち、どちらかと言えば物理的なものを予期するものである。ジェグォン・キム（Jaegwon Kim）によれば、「心の哲学における今日の議論は、一般には物理的な枠組みで進んできた」(1996:12) のである。

どちらの見解も支持する必要はない。私の企てている方法の概略を示すためには、客観的観念論の建設的な核心(実在とその精神—物質の構造についての「連続的」な概念)があれば、論を発展させるに十分である。今日の心理学者は心的(「思考のような結果」も)と「心理的」をそれぞれの同類語とともに、相互に取替えのきく用語であるとみなしている。同じことは「自己」と「自己意識」についても言える。我々が意識と理解しているものは、広く受容されている心理学的見解と矛盾していない。

これらのことおよび関連する問題についてよく考えてみると、「自己意識」の説明としては意識自体よりもむしろより高次の思考モデルの方がうまくいくように思われる。自己意識は、自分自身を含む思考を形成する能力、第一人称の視点をとり自分自身としての自分自身に特性を帰す能力を必要とすることは明らかである(Kim 1996:166)。

しかし、区別しなければならないのは、自己とそれと同形的な用語である「検索する自己」や「活動的な自己」が一方においてあり、他方において多かれ少なかれ倫理的な面において自己に関係する用語である自我や個人としてのアイデンティティがある。前者の用語群は力動的で人間行動の経験に利用できるものであるが、後者は物理的特性にも心理的特性にも還元することができない。これについては、ロナルド・G・アレクサンダーの次のような考えを参考にするのがよい。「しかしながら、私は自己と自我概念を同一視したいとは思わない。なぜならばそのようなものがあるとしても、それは別の人が経験できないものだからである。同じ理由によって、自己と意識や自己意識を同じものであるとみなすことはできない」(1997:50)。自我とその同類語については、さらに論ずることはしないでおこう。

連続する過去

過去との対話のようなものにおいて、我々は何を拠り所にしているのだろうか。「クリシェの塊」という表現によって私が言っているのは、思考の物理的結果がそこに形成される経路のようなものがあるということである。換言すれば、我々はこのような過程についてのすべての力をもっているように見えるけれども、そうではないということである。退行した精神によるそれとは反対の影響力、たとえばその保守性あるいはその抵抗というようなものを経験する。ほんの少しの変化だけが許容され、革命的でない形式だけが成長する。なぜなのか。そう、提灯(我々の言うレーザー・ポインター)よりも大きなものが必要とされているのであり、より長い偶然的な期間、一般的な肯定、アガペーの法則が必要とされている。ときどき姿を現して何らかの法則にしたがって成長し、他の現象に影響を及ぼすことごとくの精神的現象には観念の性質がある、とパースは見ている。観念は思考であり、思考は感情の所産であり、したがって観念もまた生きている現象である。観念は連続して広がり他の観念に影響を与え、しばらくするとその強さを失うが一般性を得る。そこで、観念は「休止した思考」となり、遂には我々の周りのどこかにあって休止した有機体すなわち退行した精神を形成する。

退行した精神は、連続的な習慣である。それを織り上げているのは、休止した思考に適用できる一般的規則である。そこで、それに「光を当てること」は、コミュニケーション過程を開始することあるいは「休止中の思考」を考え始めることを意味している。どちらの過程も検索する自己の働きによって活性化される。すると一般的規則が目覚め、再び思考が流れる経路である跡（トレース）を生み出し始める。「習慣は、それによって一般的観念が刺激的な反応の力を得る精神の法則の特殊化である……」（CP 6.145）。心の性質についての今日の見解はパースの時代からそれほど前進していない。ジェグォン・キムは、「心的出来事が物理的（身体的）結果をもつということを我々は、通常、当然のことと解している」（1996:8）と論じている。

さて、さらに用語の置き換えを進めることができ、退行した精神はいくつかの今日の用語と酷似していると同時に相違しているとも言える――たとえば、コンテクスト、バフチンの異言語、ロートマンの記号圏、デリダの「差延」「充満した沈黙」「不定性」「不完全性」「シミュラークル」がそれである（一例のみ挙げるとすれば、「差延」はそれをつくった著者によれば、記号の対象が無尽蔵であることを、いかなる記号もその対象を使い果たすことが不可能であることを意味するものである）。退行した精神という考えを使う利点は、それがいかなる分析においても変わらない定数的要素として定義されていないことである。そのような定数的定義は常に危険である。分析源として、退行した精神は用いられるたびに活性化されねばならない。それは常にどこか、そこに、ありながら、それでいて新しい意味を生み出すためには呼び出されねばならない。それは実在そのものではない。それについて思考されるときにのみ、実在になるのである。それは言語のような実在であるが、それに比べると言語の方が劣っている。法則がそれを支配しているが、それは精神の法則であり、物質の法則ではない。それは最終的解釈項で充満しているが、最終的解釈項は連続体であると解釈されるその組織よりは劣っている。その結果、それは自然の過程と同じように成長し変化することができる。結局のところ、それは自然の鏡ではない。なぜならば、思考が相違する性質のものであると想定される場合、それは思考のような精神的現象に基づいているからである。

よく考えてみなければならないこととして、一般的観念の物理的関係がある。物質が精神の特殊化としてしか存在しないとすれば、規則的法則にしたがって物質に影響を及ぼすものは何であれ、それ自体物質であるということをここでよく考えておくのがよいだろう。しかし、すべての精神は直接間接にすべての物質と結びつき、多かれ少なかれ規則的に活動する。そこで、すべての精神は多かれ少なかれ物質の性質をもつことになる。それゆえ、物質の精神的な面と物質的な面を絶対に別々の二つの面であると考えるのは間違いであるということになるだろう(CP 6.268)。

退行した精神を精神的なものと自然的なものの中間の媒介的段階として考えることができないだろうか。まだ自然ではないが既に人間的現象とは違った何かである、と。それを「媒介的実在」と呼ぶのが一番よいのではないか。しかしそのように仮定すれば、持続的有機体と硬化した有機体の悪循環がまた繰り返されることになる。より厳密なパース用語を用いるとすれば、退行した精神は「連続的な第三次性」と名づけられ、その場合のパラダイムでは、第二次性は「直接的実在」となる。この改称の必要性とその有用性について綿密に検討してみよう。

しかしその前に「退行した精神」という用語を復活させその特徴を拡大することの有益性についても、いくつかの疑義を表明するのが正しいだろう。なぜそれが必要なのか。我々はいやしくもそれを必要としているのか、そして今日の思考にそれはどのように役立つのか。発見的手段としてその力を本当に深めるのか、それとも新しい哲学的奇想が通常そうであるように、本当はそこにない無限の力がそこにあるとしているだけなのか。他の多くの学説の方法とは根本的に異なるような、それを用いることによる利点とは何か。それを概念化することによってどのような新しい利点が明らかにされるのか。

パースの思想にしたがうことによって、そしていくつかの今日の業績をつけ加えることによって、引き出されてくるその特徴を要約してみよう。退行した精神は使い尽くされた意識である。水平線は常に天と地が出会う線を越えているという意味において、それは実在を「超えた」実在である。しかしそれは存在し、その存在は思考がそうであるのとまさに同じように、人間の感覚によって知覚できる（退行した精神の具体例として、基底効果について述べた第二章を想起するとよい）。そして、思考のことを生きていないものとして考えることをやめなければならない。それとは反対に、思考は人間の身体の温もりと同じように「あたたかく」、人間の感情が可感的なものであるのと同様に可感的なものである。

かくのごとくして結果する一般観念の第一の性格はそれが生きた感情だということである。この感情の連続体は、持続という点では無限小であるが、無数の部分を包含しているし、また無限小で、まったく限りがないとは言うものの、直接的に現存している。そしてそれが限定されえないものであるところに、現にあるもの以上でありうる漠然たる可能性が直接感じとれるのである（CP 6.138. 遠藤弘訳、一部訳語変更）。

検索する自己の視点から見れば、そこにはメタファーの自由がある。しかしながら、その身体的な「支え」との相違は、連続していることができるというそのメタフィジカルな力である。それは広がり成長し、他の思考に影響を与え、それを生きている思考や使い尽くされた思考と結びつける。しかしその毛管現象の機械を離れるとそれは生命力を失い小さくなり、話されることはないが保存された意味として「横たわり」凍結され、そこで非常にゆっくりと過程は進行する。何世紀もの間それが「層をなしている」「場所」はどこなのか。容易な答は、人間経験、文化、芸術、スキルにおける「思考において」であるということだろう。確かにそこにもある。そのような「場所」について、パースが述べていることを見てみよう。

現代の心理学者に、精神は脳に「ある」と思うかと問うならば、それは未熟な表現であると明言されることになるだろう。それで、脳細胞の原形質は感ずると主張されるだろう。その証拠はしっかりそろっている、と私は思う。しかしながら、ここで感ずるというのは意識があるということである。意識それ自体は、それ以外の何ものでもないのであって、意識は精神である、と主張されるだろう。したがって、精神が脳物質にあり、脳物質の特質であるという主張が実際なされているのである。電流は金属の回路にあると考えていた昔の電気学者は、その誤った見解についてそれよりも無限に多くの理由をもっていた。然り。誇張なしに、無限に多くの。分母が無になると無限になるのだから（CP 7.366）。

挑戦的な言いまわしを用いているにもかかわらず、パースはそのような場所を特定するのに非常に慎重である。これによって彼は直ちにデカルトの二元論、あるいは還元主義のかたちをとった物理主義、あるいは心理主義に導かれることが可能であった。他のパタンも提案できるかもしれない。退行した精神は我々の知識のすべてを取り囲む繊細なサテンのような輝きに見出されると言ってよいかもしれない。それは、あらゆる発見につきまとう最高に強い懐疑に、思考過程を前提とする懐疑に、いかなる数学の積分にもある不確かさにも見出され、それを比喩に変えることもある。退行した精神は、ことごとくの命題の孤独な事実にもうもうと立ち込める知のようなものであると言った方がよいかもしれない。このもうもうとした雲は、目に見える水平線のように存在することができる。その知的価値が否定できないものであるとすれば、メタファー的な定義だからと言って、有用性が減るわけではない。記号としての人間というパースの定義を想起しよう――「虹が太陽と雨を同時に表しているように、このことはそれが我々の外部の現象であることを妨げることにならない。したがって、思考するとき、そのときの我々自身が記号として現れるのである」(CP 5.283)。

しかし、それが常にここにもなくそこにもないとすれば、そのような用語がどのようにして思考を明確にすることができるのか。これは奇妙な問いではあるが、我々が生き抜く物質的な時代のためには問われねばならない。それは実在を物質性と同化させる硬い自然主義の見方から出てくるものである。思考だけでは可感的ではないが、思考は感覚の質をもっている。思考は物理的実体ではないが物理的活動を引き起こす。退行した精神は思考ではなく、巨大な思考の潜在的可能性であり、付随する自己の媒介によってのみ活性化される。結局のところ、我々は自分自身に考えるか否か問うことなく単に考えるのであり、その場合、精神的困難を抱えている多くの人にとってもまた高齢者すべてにとっても、このことが不確かであるという事実を完全に無視して、ただ、そうするのである。人間であることを失ってしまう怖さは、ダモクレスの頭上の剣のように哲学者の頭上に吊るされていて、ひたむきに打ち込んでいる人であればあるほど、その恐怖は大きい。

第一次性と自己

さて、弁護しなければならないもう一つのことは、退行した精神の意味を拡げる重要性である。なぜたとえば解釈項というような考えで済ませないのか。パースがこの点について実際何も言わなかったのに、彼ならどのように言ったであろうかと考える必要が本当にあるのか。この点についての最も強い論証の一つは、有名な気球乗りの例である。そのまま引用することにしよう。

あなたが夜たった一人、地上遥かな高みにあって気球の篭に乗って、シーンと静まり返った平穏なときを過ごしていると想像してみてください。そこに突如として静寂をついて高い汽笛の音が聞こえ、しばらくそれが続いた、と。静けさの印象は第一次性の観念で感情の質。突き刺すような高い汽笛は考える暇を与えず、ただ受身になってそれをただ耳にするだけ。したがって、これもまた単純この上ないもので、もう一つの第一次性。しかし音がして静寂が破られたことは、経験である。無抵抗なその人は先行する感情状態にある自分を認め、図らずもやってきた新しい感情はその人にとっての非自我である。その人は自我と非自我の両面の意識をもつことになる。古い感情を破壊する新しい感情の行為についての意識、それが私の言うところの経験である。経験とは、一般的に言って、人生が私に考えることを強いてくるものである（CP 8.330）。

なぜパースはここで二つのタイプの「第一次性」を必要としたのか。実際彼は二つのタイプのことを語っておらず、ここには一つの第一次性しかない。気球乗りが音をただ受身になって受けているときも、「先行する感情状態にある自分を認め」「そして」自我が非自我と衝突する次の瞬間も、それを見定めようとすることは絶望的である。その出来事を複数の面に分けて、パースの記号分割にしたがってその各々を定義することはできるかもしれない。しかし退行した精神とその結果を考慮に入れるならば、そのような極度の瞬間における思考の段階の記述はずっと容易なものになるだろう。

どうか次のような意識の状態を想像してもらいたい。比較も、関係も、（部分と全体は同じではないので）複数性の認知も、変化も、そこに明確にあることのいかなる修正についての想像も、いかなる反省もないような、すなわち、単純なはっきりした特性しかない意識の状態を。そのような意識は、たとえば薔薇の香油のような匂い、はかり知れない激痛、いつまでも響き渡る汽笛の音であるかもしれない。要するに、単純ではっきりした質の感情はいかなるものであれ、他のいかなるものとも全然無関係にそれがそのようであるものと言えるだろう（CP 5.44）。

ここでパースはたった一つの質の偏りのない広がりである感情という正反対の状態を描いている。しかしそれは、第一次性の可能性についての彼の考えを余すところなく伝えている。「そして、それから、衝突が起こる」。パースは静寂が破られるのを知ることを「経験」と呼んでいる。それは本当に「第二の」第一次性の直後に来るいくつかの感情の一側面の経験だったのだろうか。気球乗りは同じような出来事を以前に経験したかもしれないし、していないかもしれない。その人が確実にもっているのは、そのような恐ろしい悲劇において不可避的に起こること、自分の命を危険にさらすに違いないことについての漠然とした感情である。これが古い感情を壊して彼に考えることを強いてきたことである。これは彼の苦痛を引き起こす一般的な知識ではないのか。夜の気球、地上遥かなる高み、一人っきり、空中での偶発事——「これだけで」何が起こるか、明らかではないのか。もちろんそうである。そしてその場合、その結果についての知識は受動的なものでさえない。それはただ無視され、意識のどこかに抑圧される。それからすさまじい音がして、説明可能なパニックとともにそれが飛び出す。それは眠れる思考のクリシェの全塊を一秒にもみた

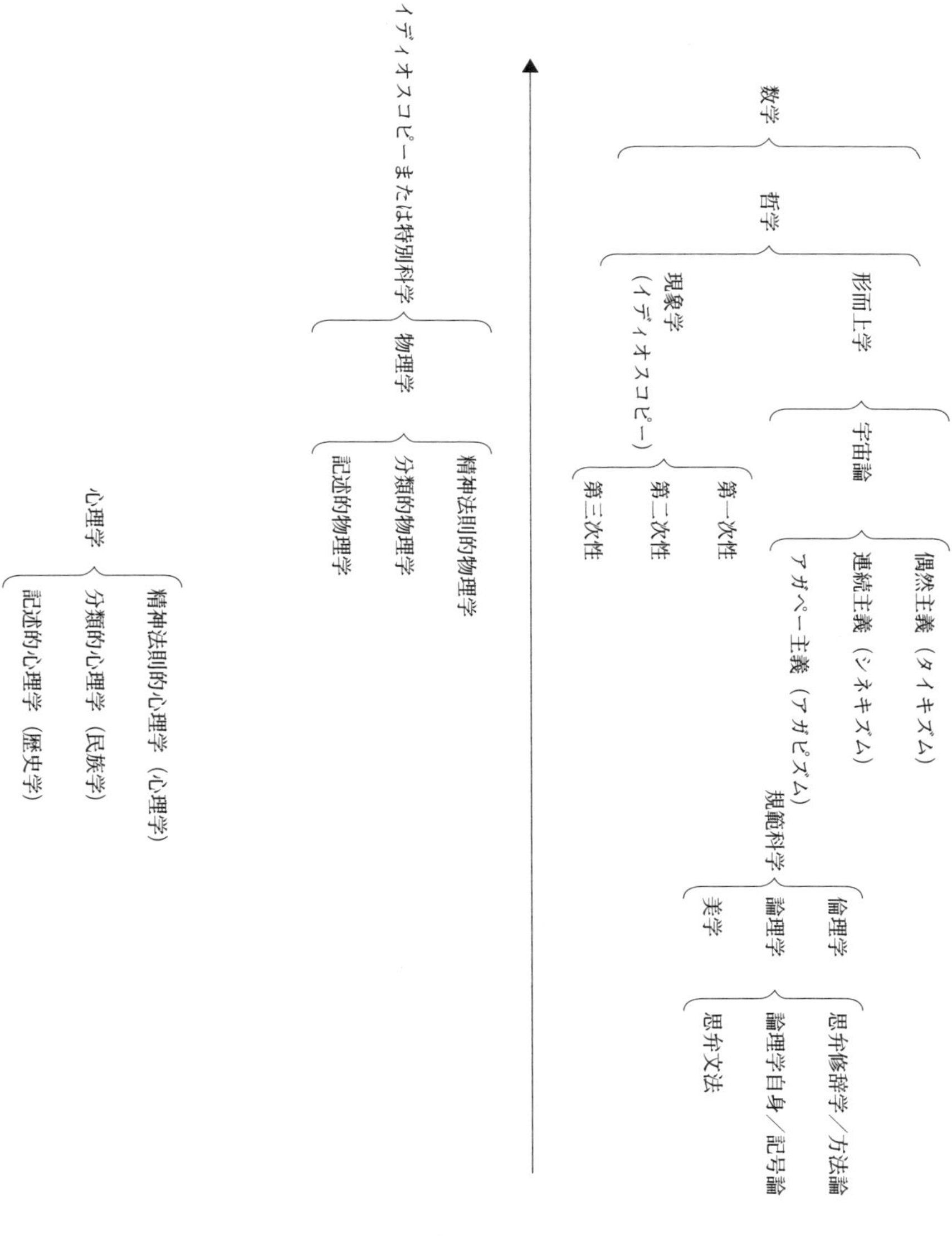
数学
哲学
形而上学
現象学（イディオスコピー）
第一次性
第二次性
第三次性
宇宙論
偶然主義（タイキズム）
連続主義（シネキズム）
アガペー主義（アガピズム）
規範科学
倫理学
論理学
美学
思弁修辞学／方法論
論理学自身／記号論
思弁文法
イディオスコピーまたは特別科学
物理学
精神法則的物理学
分類的物理学
記述的物理学
心理学
精神法則的心理学（心理学）
分類的心理学（民族学）
記述的心理学（歴史学）

図4.1　パースによる諸学の分類

ぬ間、照らし出す閃光のようなものである。思考のクリシェははっきりした指令がくるまであらゆる反応を凍結させている。この指令の前に、自己は目覚め、活性化される。その後のすべての活動は、受動的知識と反応する有機体（自己）の具体状況との衝突から流れ出してくる。

この受動的な知識は既に数え上げたように、その偶発事を取り巻く空気の隅々まで広がっている。気球の乗り手が同様の出来事について心に浮かべる飛行の高さや気球その他のいろいろなイメージがそれである。このような一般的知識のことを「退行した精神」「コード化されたプログラム」「眠れるファイル」「凍結した痕跡」と呼ぶことができる。さて、これらの概念化から引き出すことのできる利点についての懐疑に話を戻すことにしよう。そのような新しい名称によって、何がもたらされるのか。まず第一に、それは我々の全知識の数学性を暗示する。純粋な精神に近づけば近づくほど、その構造はより数学的に見えてくる。パースが諸学の分類について理解していることを思い出そう。数学はその一番最初に位置づけられる。そのすぐ後に哲学がきて、それからその他すべてがくる（図4・1を参照）。

さて、逆方向のたとえば美学の方からアプローチしてみると、歩みを進めるほどにますます数学的な知識になってくる。それはコンピュータについても同じである。コンピュータのすべての指令は、より一般的なシンボルから数へという道をたどり、最終点のプロセッサーそのもの（コンピュータの心臓）では、プログラムを操作するコードは0～9の整数とその無数の組み合わせだけで構成されている。

第五章　氷山と結晶した精神

本書のテーマは「メタファーの概念化」と呼ばれる方法であり、その主要な構築物に外部の現実からいろいろな例をぶつけることによって、その方法を明らかにしようとするものである。このぶつかり合いにおいて、方法の諸要素がどのように「振る舞うか」、見ることができる。それら諸要素は、より多くの（あるいは予想外の）意味を引き出して、生き延びるだろうか、あるいは取るに足りない役割にとどまるだろうか。私がこれまでにおこなってきたことは、思考過程において常に際立った独特な役割をもつ意外な意味によって「退行した精神」というパースの考えを成長させてきたことである。私は、精神と自然の中間段階として退行した精神を捉えることができないかという問いを提出した。未だ自然でないが、しかし純粋に人間的な現象とは既に言えないもの。そして、メタファーの自由をもちながら、それでいて理論的手段としての知的可能性をもつもの、として。

概念化された場面

このようなことすべてのことから考えて、「我々の方法をとるにあたって、パースその人から何らかの考えが得られないものか」と問うてみてもよいだろう。明らかにされる必要のある科学的発見の方法について考えることによって、パースは一つの例を挙げている。我々はそれ以上のことをするつもりである。まったく新しい物語を語り、それを概念化しようと思う。パースは次のように述べている。

しかし正確に言って、経験というこの行為はどのようにして起こるのか。それは一連の驚きによって起こるのである。詳細にわたって述べる必要はない。あるとき、一隻の船が穏やかな海原を貿易風を受けて進んでいた。航海者はそのような航海に伴う通常の単調さ以外に特に何も考えていないが、突然船は暗礁にぶつかるというようなことが起こる。しかしながら、大多数の発見は実験の結果である。ところで、多かれ少なかれおもしろい結果が出そうだと思わなければ、誰も実験したりしないものである。でたらめに無目的になされるにしては、実験はあまりにも身体的心理的エネルギーが高くつきすぎるからである。そして当然のことながら、まったく予想通りの結果が出るような実験からは、学ぶものは何もない。経験が我々に教えようとすることは驚きによるものでしかない（CP 5.51）。

一九一二年タイタニック号が大西洋に沈んだとき、パースはまだ存命中で、企画されていた『記号論としての論理

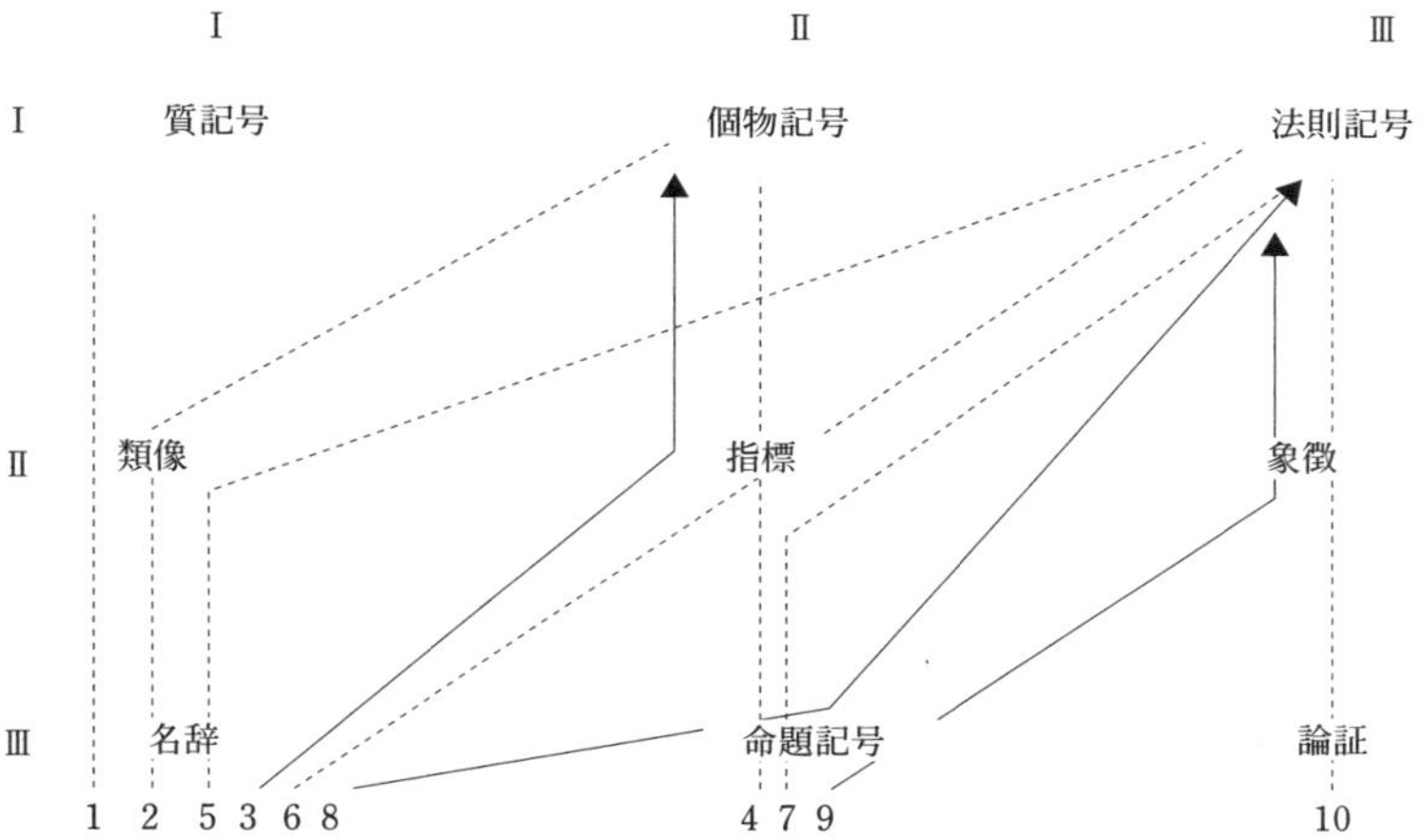

図5.1　記号の変形

体系』の草稿の要綱をまさに執筆中であった。この前世紀最大の悲劇の一つに対する彼の反応については、何の記録も存在していない。彼の研究と沈没した船と一五二二名の犠牲者の間には、何の結びつきもあるはずがない。しかしながら、彼の思想と今日の心の哲学のいくつかの成果をこの大惨事に結びつけることによって、彼の忘れ去られた考えの思いがけない可能性をざっと描き出すことができるかもしれない。その夜、タイタニック号は感情あるいは質の塊である巨大な第一次性のように、氷のように冷たい水によっていかなる解釈項とも切り離されて、波をきって何を気にかけることもなく航行していた。向うから迫り来る氷山が運命的な思考――梱包されていない巨大なバラ荷のような解釈項――のように、その船に近づいてきた。激突は大西洋で起こっただけではなく、次の何世代もの人々の集合的記憶に焼きつくことになった。この世紀の衝突をめぐるメタファーのいくつかを概念化してみよう。

一見したところ、退行した精神に最も近い同義語は「コンテクスト」であるかと思われる。それを概念化することの利点についての疑義は、既に紹介した。その必要性を綿密に調べてみよう。テレビのコマーシャルか映画を観ているとしよう。画面ではエレガントな女性が数片の氷の入った飲み物のグラスを手にして、それを揺すっている。この特定の場面を見ただけならば、これは飲み物か指輪か何かの広告であると思われるかもしれない。

その場合、グラスを揺すっている手は名辞的、指標的、個物記号である（ここでも、パースの記号の十分類が参照されている）。この一場面は（実はそうなのだが）、タイタニック号の映画からのものであるとわかった場合、「この場面は」どのように「読まれる」だろうか。グラスの中でカチカチ音をたてている氷の破片は来るべき激突のシンボルであり、したがって、それは名辞的、命題的、法則記号あるいは命題的、象徴的、法則記号であるとさえ容易に認められるのではないか。このことは、次のように表すことができるだろう。名辞的・指標的・個物記号→名辞的・命題的・法則記号→命題的・象徴的・法則記号あるいはさらに「テクニカルに」パースが要点的に用いた記号の数字によって、3―8―9（図5・1を参照）というふうに。

他方、もしこれまでにタイタニック号の衝突について何一つ見たことも聞いたこともなければ、上に論じた挿入画面はそれとは別の細部にすぎないものとして読み取られる可能性があるのではないか。もちろんそうだろう。そこで、タイタニック号について何も見たことも聞いたこともない人がその映画を見て、その氷のかけらを見ていると想定してみよう。それがその船にやがて起こる氷山との衝突のシンボルであると推測することは、絶対に不可能だろうか。もちろんそんなことはない。特にその細部がその映画の中で何度も繰り返され、瞬間的にスクリーンの全面を占めていたりするならば。

そこで、さらに重要なことは――「この世紀の激突について」それまでに知られている多くのテクストから、あるいはそのことを語る何らかの特定の状況についての経験から、それに続いて、何らかの予期される結果が生じるかということである。答は疑う余地がない。そこで、次に出てくる問いは、「経験」とか「退行した精神」という考えを用いることによって、よりはっきりした画像を受けとることになるかどうかということである。ここでもまた、その氷のかけらを見て、映画と同じような船の衝突で起こることを私的に経験するかもしれないし、しないかもしれない。そしてこのことについて何も読んでいなかったかもしれないし、読んでいたかもしれない。もちろん、我々は自分がこれまでに実際に見たり読んだりした多くの似かよった出来事を記憶していて、かなり正確にそれについて想像できるだろう。しかし心の中のこのような多くの経験を集めることは、リアルな経験に先行する一般的知識を目覚めさせることに他ならない。それは、心のどこかに「あって」、付随的自己を通じてシグナルやシンボルを送る用意ができている、あの眠れる（表面から消え去った）知識に他ならないものであり、それは記憶から出来事の全画像を生み出すことができ、退行した精神を目覚めさせることができるものである。

退行した精神という考えを用いるためのより一層強い動機づけを見つけるために、この例を拡大してみよう。遅かれ早かれ、タイタニック号は海中から引き上げられたり原型がそのまま復元されたりするだろう。こうしたことが既にあったと想定してみよう。そして、そのことをおこなった会社が歴史的な航海をもう一度おこなうことにする、と。大掛かりな宣伝活動をおこない、乗客にその航海の歴史的事実をできるだけそのまま保持するようにと言う。たとえば、ほぼ一世紀前の装いをすること（しかし、決して貴重品を船に持ち込まないようにと警告する）。航海は始まり、誰もが上機嫌で、有名なオーケストラの演奏がなされ、乗組員は各自任務につき、隠しカメラが注意深くそれぞれの顔を捉えている。乗客は、歴史上の乗客の親族か、用意万端手配されたジャーナリストか、人間行動に関心のある科学者らでほぼ占められている。船上のすべてのシアターでは、有名な激突の最もすごい場面についての長時間放映が進行している。

このようなことすべてをパースの用語で記述することができるだろうか。昔の飾りつけをなぜこのようにすっかり復活させるのか。もっと楽しむために、というのが最上の答だろう。まるで乗客全員を役者に仕立て、生中継で映画撮影しているように。さて、数え上げて見よう。①実在の人間が歴史的な役者になる。②特別の乗客。③科学的関心をひく対象。通常よりも三つ多い意味次元。拡大された意味はどこからくるのか。論理的には、それはもう一つの意味から、復活されるべき意味から、退行した精神からである。その実物志向が強ければ強いほど、安全が保障されているにもかかわらず出来事の興奮は強くなる。実際に起こることは、航海の空気を取り巻いている知識の雲の増加である。さて、本当の大惨事の起こる夜が来たと想定してみよう。乗客はディナーの席についている。ウェイターは飲み物をついでまわり、どのグラスにもアイスを追加する。誰もが陽気で、船長は乾杯する……とそのとき、皆、グラッと大きな船の揺れを感ずる、とする。それに対する反応を想像できるだろうか。そう、かなり正確に推測することができるだろう。悲鳴、（正確な模倣に対する）拍手、混乱、恐怖、やがてこれは歴史的事実の復元の一部であると発表されるだろうという予想。しかし、もし船板がすぐに傾き始めたら、どうだろう。そして公的発表が何もないとすれば……。

なぜそこまでいくのか。それは他でもない、そうすれば、退行した精神の効果を「観察し」「説明する」ことができるかもしれないからである。隠しカメラは乗客の顔の何を記録するだろうか。困惑、恐怖、緊張気味な期待。決してパニックでないことは確かだ、未だ。退行した精神の雲は人々の頭上すぐ近くまで垂れ下がっている。これは、個人の自我と衝突する非自我ではない。しばらく前彼らが考えていたこととそれから数分経って起こることを予想していることとの間には緩衝地帯があり、この緩衝地帯が退行した精神である。彼らの意識は、ここにあるのでもなければそこにあるのでもない。彼らの自己は、この点において文字通り付随的である。これは第一次性、第二次性、第三次性ではない。なぜなら、何が起こっているかを知らずしては、いかなる契機もないからである。しかし実際何が起こっているか予測されておらず、誰も推論に基づいた思考を生み出す用意ができていない。大部分の乗客はほとんど反応することなく、新しいメッセージが出されるのを待つだろう。これは退行した精神の効果をほぼ実験で表現したようなものである。それは意識的であるが、非現実的に見える。理性は活性化されているが、思考から行為は出てこない。それは「閃光を発する」（何らかのシグナルが出される）が、いかなる論理的命令も可能ではない。実際、そのようなものが出てくることは、とてもありそうにない。退行した精神は、遠くからのみ思考に影響を与える。それは、「触れることができない」すなわち知覚できないものである。乗客は皆以前のあの衝突のことを知っていて、これがそのお芝居にすぎないことを願っている。この瞬間、彼らは退行した精神全体に深く沈潜している。それに抗してゆっくりと恐ろしい感情、まったく新しい何かでありながら同時に痛ましいほどよく知っている何事かについての感情が忍び寄ってくる。心の中で起こっていることについての考えの一端は、微かな観念は、質または感情が一瞬意識全体を占める場合についてのパースの記述に見出せる。

感情は、いかなる他の精神の状態からも独立して、それ自体の生きている質をもっている精神の状態である。すなわち感情は他のあらゆる状態を無効にし、精神を独占してしまう意識の要素である。しかし、そのような基本的な状態は現実に実現されることは不可能であり、本来の意識というものではないだろう……。感情はそれ自体において必然的に単純そのものである。なぜならば、もしそれに部分があるとしても、その全体が精神にあるときには常にそれらの部分もまた精神にあるわけであるから、全体だけが精神を独占することはできないと思われるからである（CP 6.18）。

さて上記の状況すべてを夢として考えてみよう。詳細は繰り返さなくていいだろう。最近の医学研究の興味深い結果がある。我々が夢の中に見るものはすべて、いろいろな人や群集でさえ、それは我々自身という同一人物のあらわれであるというのである。潜在意識が知っているのは自分だけであり、それは常により多くの……何かを得ようとして相違する役割を演じている。その何かとは意味の次元であると我々は今では答えることができるだろう。意味を増やすため、もう一つの意味次元を感ずるために、それは舞台装置と考え抜かれた場面を創出し、いろいろな役割をつくって芝居を「楽しんでいる」のだ、と。換言すれば、それは退行した精神の結果に活気を与えているのである（それは、これよりもずっと自由な検索する自己の演じている芝居ではない）。しかし、それでは夢を見る人が、実際に起こった誰も知らない／見たことのない出来事について語ったり解釈したりできることがあるのはどうしてなのか。精神分析にはこの種の例がふんだんにある。退行した精神という考えから、そのようなことについて何か新しいことを言うことができるだろうか。嵐の中で一瞬の閃光に照らし出されるように、付随的自己によって照らし出されるのは、連続体としてのクリシェの塊である退行した精神の深いトラックではないのだろうか。その結果、夢を見ている人の思考は無数の操作を飛び越えて結論の領域に安全着地できるのではないのだろうか。これは退行した精神を「訪れて」贈り物として何らかの手がかりを手に入れた付随的自己（私たちが捨てた考えを使えば、生きている精神）の巨大な遡及的（アブダクティヴな）推論ではないのだろうか。

宇宙の習慣性

取り上げるべき次の問題は、これまで「生きている精神」についてはほとんどまったく触れてこなかったが、退行した精神と生きている精神の相違をどのように見るかということである。この両者をよりはっきりさせるために、この方向に沿って深く考えてみよう。退行した精神の効果は云々であると語るとき、そのような効果は、生きている精神が退行した精神の効果を目覚めさせようとする結果でないとなぜ言えるのか。歴史小説を読むと仮定してみよう。より実際らしく見せるために、著者は周到な注意を払って多くの細部を描いてみせる。できるだけ多くの意味のための情報を提供する――色、匂い、場所、出来事、雰囲気、事実というふうに。読者とのコミュニケーションが容易になるような効果や「らしさ」を呼び起こすために、できる限りの方法で言語が用いられる。

生きた精神のこれに類する効果は、ピアノのキーに触れるようなものである。作曲者はそれぞれのキーがどのような音を出すか非常によく知っていて、自分のつくるメロディーがほぼ聞こえるほどであるが、最終的な調整は聴衆にかかっている。最低音部や最高音部がより大きく聞こえるかどうかは、聞き手の気質、音楽教育、経験などにかかっており、言い換えれば、退行した精神の効果にかかっている。個人的な味わいは、作曲者が触れた生きた精神の「キーの音」に適合する退行した精神という目的地によって決まってくる（おそらく、「生きている精神」を全面的に廃用にするということは再考しなくてはならないだろう。「生きている精神」は検索する自己ほど制約を受けていない。それを用いることについての唯一の危険性は、それが退行した精神と平行すると解されて、その結果、二元論になるかもしれないという誤解だけである）。

退行した精神は常に受身であるとは限らない。パースはカテゴリーの概念を説明しようとして、なぜ気球乗りの例を用いたのか。その例の冒頭部分について考えてみよう。「あなたが夜たった一人、地上遥かな高みにあって気球の篭に乗って、シーンと静まり返った平穏なときを過ごしていると想像してみてください」。ここでパースは孤独についての実験的分析を必要とし、論理的にその条件をその雰囲気に見出している（第二次性が抵抗、すなわち強制する意味であることを説明しようとして、パースはもう一つの「純粋な」例として「雑音によって沈黙が破られること」を挙げている)。最後に第三次性の複雑さについては、一通りではない説明の仕方が必要とされている。一通りでない意味次元を引き出すことは、退行した精神が提供できるものであり、付随的自己はその仕組みである。誰が解釈した結果としても出てくる新しい厳密な意味は、思考過程の第三要素である。

いったん退行した精神の領域に入ると、パースはその論理的結果にしたがい始める。突然汽笛が鳴り響くことについて、静けさの印象について、先行する感情の状態に同一化できないことについて、我々は知ることになる。これは聞いたり見たり感じたりして既にあったものの復活である。言い換えれば、生気を与えられた過去の痕跡あるいは経路である。

パース自身、気球で空高く上がったことがあったかどうかわからないが、おそらくそれはないだろう。しかし我々もタイタニックの乗客になったことはないし、映画監督だってそれは同じだ。それでも、どちらの場合でも、人間の反応を難なく予想できるのであるが、それは他者の考えをほぼ読み取ることができるということである。なかなか難しいのは、他者の考えについての真実性ではなく、そのときの真実性についての考えである。これがどの作家も何とか達成しようと努力することである。すなわち、一般的な経験法則と直接対比させるために、真実の出来事のリアリティとしてのそのときの思考を復活させることがそれである。なぜならば、そのような特殊な出来事を視聴者は読んだり見たり聞いたりしたことがないかもしれないからである。だからこそ、この真実を達成するパタンを我々に与える退行した精神という考えが必要になる。記憶力、いくつかの心理分析の方法、コンテクストというような我々が使用できる用語も考えも、退行した精神という考えの範囲をすっかりカバーすることはできないし、またどのような定義も、このようないろいろなものを容易に記述することはできない。我々にできることは、「ことごとくの知識に伴う朦朧としたより多くの知識の雲」として退行した精神を定義することである。そしてもちろん、「あるいは、より少ない知識」というような反対の見方を受け容れることも否定されないだろう。

しかしここで「不定性」と「一般性」が助けになるかもしれないと思われるのであるが、それほどというわけではない。というのは、どちらの用語も具体的なので、それより具体的でない用語を明らかにすることはできないからである。本当に我々がもっているそれ以上のものと言えば、パースのもう一つの考え、すなわち「結晶した精神」に向かって発展していく宇宙という考えであるが、それはまた別に論ずることにしよう。新しい「心─心」の傾向をもつ性質において不思議な力をもつ活動的な「第三の要素」としての「付随的自己」という漠然とした概念がいくらか役に立つ。

宇宙の文法

たとえば文学や哲学のテクストの進んだ研究において、退行した精神という考えによって本当に何か有益なものがもたらされるかどうかを見るために、退行した精神という考えの探究によって何が達成されてきたのか、ここで要約することが必要である。一方においては、それは大部分の最新の用語よりも広い用法をもつ用語であり、したがって当然、より抽象的な用語でもある。また、もしこの考えを無視しても、それほど多くのことを失うことはなく、それなしでもテクストを分析し解釈することはできるだろう。さらに言えることは、パース自身の思想は、それを用いなくてもそれほど困ることはないだろうとさえ思われるということである。

このようなことはすべて怠惰な人間のとなえる異議である。退行した精神という考えを扱うには、「不在の」用語さえ考慮しなければならない。そのためにそれが認められにくくなっているのだ。その時点まで知られていなかったという意味において、それは不在であった。というのは、それは分析する人の目や感覚から常に逃れ続けているからである。それでいてなお、それは説明されるべきものなのだ。それを用いる人は、記述され得ない何か重要なことを常に語っているに違いない。しかし、分析者はその助けによって意味を引き出すことができているに違いないのである。それは、パースがその助けによって宇宙の構造を、より正確には、宇宙の文法を説明することができたユニークな用語である。退行した精神という考えによって彼が調べようとしたのは、宇宙の文法に他ならない。これはまた……数学的アプローチが思考過程を研究するための唯一の適切な方法であることを示すために、論理学と文法を一つに溶かそうとする巨大な試みでもある。それはいかなる経験的想像からもかけ離れた現象を記述するユニークな機会を我々に与え、その上、それを注意深く精密化することによって、いかなる今日的な視点からもそれを容易に修正することができ、その結果、新しい意味の次元がグレードアップされる。結局のところ、それは他のあらゆることを創造する精神である。

それは退行した精神である。それでいて、それは思考であり、メタファーに近いものであって、しかも生きている。それを考慮に入れると、自分の心の中の観念をもっと自己制御することができるようになる。それは強力な不在の考えである。その不在に目を閉じると、それはすぐに生きてくる。その存在に目を開くと、それは姿を消してしまう。いかなる思考とも同様に、それは行動を起こすが、この行動は決定的なものではない。我々は想像上復元されたタイタニック号の第二のパニックについて、あるいはそのパニックに続いて起こると予想される行動について語っている。そして、ここにあるのが退行した精神である。それはたとえば直観とか純粋数学にごく近いものである。

精神の法則である習慣の法則のことを考えねばならない。また動く水平線のような現象の存在を認めねばならない。

それはその効果をここにあらわしているが、生きている思考がそれを求めている「そこ」には決してない。退行した精神とその結果の助けを借りれば、なぜ人間がつくり出すものがなじみ深いものに見えるのか、なぜ大抵の物語が予測できるように思われるのか、説明できることになるだろう。多くの点において、我々は皆タイタニック号の乗客である。この物語が我々ひとりひとりのために書かれているように思われるのは、これがその理由の一つだろうか。おそらくそうであろうが、この存在論的要素のためだけではない。むしろその理由は、夢と同様、検索する自己はそれ自身の法則以外の法則を知らないからである。思考の一般法則は、退行した精神の深いところにある痕跡である。退行した精神のパタンと合うとき、独創性は生きている精神によって与えられる。検索する思考（付随的自己）はすぐに退行した精神のトラックに陥り、クリシェの道をたどる。そこで、我々は皆自分たちがありふれた状況と自己確認の狭い選択と闘っているタイタニック号の乗客であることを想起する。我々の私的な目的は宇宙の目的と一致しない。宇宙の究極の目的は、絶対的に秩序づけられ分類された精神をもつ完全なシステムである。

このようにして、習慣への傾向が始まる。そして、ここから進化の他の原理も加わって、宇宙のすべての規則性が発展する。しかしながら、いつまでも、純粋な偶然という要素はなくならず、それは無限に遥かの未来、精神が遂に結晶して世界が絶対に完全に合理的な対称性をなすシステムになるまで残るだろう（CP 6.33）。

退行した精神の思考のような結果について述べることはできるが、予想することもできるだろうか。退行した精神の効果を生み出すことは可能だろうか。試してみるとしよう。なすべきことは、至近の過去の結論にしたがって至近の未来に我々の生の一片をきちんと適合させることである。残念ながら、これがはっきり不可能であることはわかっている。存在の次の瞬間を支配する力を我々はもっていないからである。我々は漂う過去を操作することができるだけである。よく知っている出来事の細部の復元は、そのような創造のために非常に重要な条件の一つである。文学では退行した精神の効果を引き起こす魔法の手段として、それは広く用いられている。シェイクスピアのロミオとジュリエットの物語は、そのことについて言えば、ごく平凡な恋愛ものの一つである。そのようなものとして、それは退行した精神のどこか最深のトラック――愛、情熱、不運、憎しみ、カタルシス――にはまる。こうしたことすべてには、言語の天才が心に喚起する豊かな共鳴の可能性を示唆する見事な効果の束が随伴している。見る人は恋人の気持から殺人犯の気持に至るまで、非常に大きな幅のある感情を経験する。

ここで働いているのは、退行した精神の効果である。熱烈に愛したり憎んだり殺したりするのは、すべて我々の意識である。レーザーのような自己の光によってそれ自体の漂える思考のトラックが復活し、他者を知っているがゆえに、作者「よりも多く」のことを知っているその欲望と執念である。殺したり憎んだり愛したりするのは、思考における「我々」、すなわち退行した精神と生きている精神の間にある我々、我々自身の経験を包含し「新しい」経験を生み出す巨大な思考によって記憶されている「我々」である。この連続的な思考は退行した精神である。それは我々に語りかける神の思考ではなく、出会い、ぶつかり、検索する自己によるすべての知識形成を生み出す生きた精神と退行した精神である。我々は思考に取り囲まれているのであるが、検索する自己が実在としての精神に光を投げかけて初めてそれに気づくのだ。思考でない何か他のもの、一種の「最終的対象」、ハードな実在があるのだろうか。確かにあると思われるのではあるが、「記号でないものが何か他にあるのだろうか」という問いに対する答と同様、「もちろん、ある。しかし、思考の対象になりえないようなものはない」と明記すべきである。

懐疑と信念

これはまったく独我論的な見解に聞こえるだろうか。確かにそうであるが、しかし、そのような危険性を隔てているのは、パースが概説した一般性の影響についての認識である。確かに、特定の状況に応じて行為するのは検索する自己であり、思考における「我々」に他ならないが、この「我々」はすべての人間に共有される思考パタン（退行した精神のトラック）にしたがっている。特殊性は我々の「ソフトウェア」であり、それは同じような「ハードウェア」の下で働いている――偶然というユニークさと習慣という法則。あるいは独我論を再検討しなければならないかもしれない。少なくとも、複数化できる独我論的見解というような独我論があるかもしれないからである。もしそれが常に他者の役割を演じている「思考間の我々」であるとすれば、これが役割であってリアリティでないことがどのようにしてわかるのか。それは我々の意識がそれだけで「唯一のものである」生命の切片ではないのか。もちろんそうではない。いかなる独我論も本質的な点においてうまくいかない。それは連続的であることができない有限のリアリティを前提としているからである。パースの形而上学の見解では連続と非連続の両方のリアリティが論じられているので、ここでそれを取り上げるのはちょうどよい機会である。彼の見解によれば、いかなる連続性も現実の事例に帰することはできず、すべての事例は連続性を具現しているものである。

黒板に引いたチョークの線を用いたパースのあの有名な例をここで想起してみよう。彼にとって、線を引くことは「野蛮な行為」であり、それは黒板の一般的連続性という不定性を退けるものである。黒板と線を比較して、彼は次のように述べている。

この黒板は可能的な点の連続である。他方、それは可能的な質の次元の連続であり、可能な質の次元の連続の可能な次元の連続であり、あるいはそういう類のものである。この黒板には点は存在しない。その連続には何の次元もない。私は黒板に一本のチョークの線を引く。この不連続性は、そのことによってのみ、もとの不定性が明確さに向かって一歩前進することのできる野蛮な行為の一つである（CP 6.203）。

連続性や一般性がありふれたものであり、不連続性がユニークであるという実際驚くべき結論である。しかも説明はさらに進んで、その不連続性は黒板と線、あるいはそれら二つの連続的な表面の相互影響によってのみ生み出されるという事実を論じている。これが第一次性を明らかにするパースの方法である。それは「白さ」という何か新しいことが生まれることである。第二次性について、彼は同じ例を用いている。「しかし、黒と白の境界は黒でも白でもなく、そのどちらでないものでもなく、その両方でもない。それは、それら二つが一対になったものである。黒の能動的な第二次性は白に対してあり、白の能動的な第二次性は黒に対してある」（CP6.203）。

純粋に論理的な細部から文学へとひとっ飛びすれば、文学にとっては正反対のようだということに気づくかもしれない。本当にそうだろうか。たとえばシェイクスピアの主人公にとって、独創性は最も重要な役を演じている。ドストエフスキーについても同様である。ラスコーリニコフ（小説『罪と罰』の登場人物）は劣等感を克服するために老婆を殺す。その準備のあらゆる細部において表現されているもう一つの殺人。そして殺害があり、すべての登場人物にとってのその結果がある。さらに次に我々が手にするのは、輝かしい言葉と思考の深みである。ここで我々の心は作者の心にしたがって「より多くのことを知る」のだろうか。そうである。作品を読んでいる間、我々の心は常に登場人物の心によって、自らの心の能力を測っている。それは他の誰か、他の何かによって想起され発せられたものであり、だからこそ、それは退化した思考と生きている思考の効果によって高められて、作者の思考よりもすぐれていると感じられるのである。それは新しい経験と古い（既に「知っている」）経験の交わったところのものである。それはそれ自身のトラックを認め、同様の状況における行為と思考の道筋を認めるが、最終的には、退行した精神のトラックに置かれるべきもう一つの層を生み出すばかりである。連続と不連続についてのパースの説明を用いるならば、我々は黒板を退行した精神の例として、チョークの線をユニークな行為（生きている精神）として、それらの相互の影響を退行した精神の効果として、メタファー的にみなすことができるだろう。我々は退行した精神とその結果を、かつて人間によって考え出され精神と自然において「形成された」（人為的なもののみでない）何ものかとして慎重に述べることができるようだ。このようにして、現れ出るたびに「生み出される」独創性を観察することができる。そして、それが我々の目の前で成長するのをダイナミックに合理化することができる。

ここで、このような視点からメディアの役割について考えてみてもいいだろう。テレビ以前の時代とは違って、メディアで用いられる新しい考えをつくり出すことについては、世界的な枯渇感がある。印刷が支配的であった頃、ある考えが紙上に発表されるには時間がかかったが、この状況はすっかり変化した。退行した精神のスピーディーな復活の結果、独創性についての本当の渇きがある。カメラの目は生きている精神と過去の精神のすべてにくまなく行き渡っている。独自性や特殊性の例が見出される隠れた場所というようなものはほとんど残されていない。ありとあらゆる限りの知識はどのようなものも、人々の目と心の前にすぐさま提示されることが可能である。人類は過去の知識を支配する巨大な力を把握するに至っている。その結果、出来事や考えを再考し再分類するにはあまりにも疲弊してしまっている。相違する情報媒体が利用できる、すべての人間の知識に無限にアクセスできる日もそれほど遠くないだろう。どのようなヒントや考えも、いったん現れれば、すぐに提供されるだろう。そのときには、退行した精神に文字通り取り囲まれることになるだろう。

そのような未来への歩みは既に踏み出されている。そのことを明らかにしようとするメタファーが、先行している。しかし新しいメタファーが現れ、より漠然とした不定性が生じている。インターネットでの項目検索のために「サーフ（surf）」というような動詞を用いているのは、まったくの偶然にすぎないのだろうか。なぜサーフィン（surfing）と言うのだろう。そのサーフ（波）の下には何があるのか。不慣れなサーファーをいつ何どき呑み込んでしまうかもしれない情報の海があるのではないのか。十分「訓練されて」いて決しておぼれないと言い切れる人がいるだろうか。退行した精神の中に……おぼれない、と？

この海に飛び込む前に、我々は目的と意図をもっている。我々の注意を引き、検索項目に注意を向けさせる何ものかを。言い換えれば、我々は記号をもっている。しかしその記号は、過去の魅惑的な深みにまで新しいトラックを掘り下げ新しい意味を引き出すほど「生きて」いるだろうか。今日でも、最も強力な会社は情報を蓄えるための、すなわち退行した精神のための素材を生み出す会社である。その次に起こるのは、生きている精神と退行した精神の間の媒介の除去である。今でも、我々が直接言葉をかわすことのできるコンピュータ仕掛けの機械がある。機械に教えることができ、機械は学習することができて、「グレードアップ」され、「より知的に」なる。近い未来に何ができるのか。おそらく、学習と教育を促進するような効果のある退行した精神の産業開発だろう。これは建設的で楽観的な展望である。

否定的な展望は、ますます怠惰になっていく生きた精神（多数のこぼれた自己）であり、それは退行した精神とぶつかることができず、思考のような結果を引き起こすことができない。たとえば、最近最も成功した映画は、監督が自分のこども時代の記憶を復活させたものであるが、それは何を意味しているのか。恐竜、宇宙の破局、巨大魚、アニメの機械仕掛けの玩具、吸血鬼、魔女、機関銃のようなものばかりである。これは、架空の環境からその生きた精神を働かせて創造物を考え出すには彼（通常、男）が未だ幼すぎた頃の、誰かの抑圧された退行した精神の環境を克服するために復活され誇張され人工的な動きを与えられたこどもの頃の怖い世界である。他方、不屈の英雄たちがいる。彼ら英雄は安全をもたらし、くいちがった人間の質をしばしば組み合わせてくれる。これらは、常に人間の情感をうまく引き出し、考える努力を要求しない少数のありふれたクリシェである。

本についても、同じである。最も成功をおさめている本は、衝撃と安堵の間の距離が並はずれて短く、状況描写や推論が欠けているものである。今日の学生が『罪と罰』やスコット・フィッツジェラルドの『夜はやさし』を読まなければならないとすれば、最寄のヴィデオ・ショップに行って、その簡約版を買い求めるだけだろう。これは前章で小説における物語の展開について論じたことの正反対——質から「ハードな」事実へではなく、むしろ今では事実から「ハードな」情感へ（すなわち、人工物から芸術的情感へ）——である。

「退行した精神」と物質

退行した精神という問題全体についてなお妨げとなっているのは、それと物質との相違についての未だ答えられていない問いである。マウンス（H. O. Mounce）は、パースの宇宙論についての一章で、この宇宙論の要素は思弁的なものではなく我々の周りの世界に示されているということを意味する三つのことを認め、次のように述べている。

第一に、機械的現象は自然における根本的なものではない。第二に、物理学の法則は付随的であり、究極のものではない。第三に、自然の過程は根本的には機械的なものではないので、必ずしも自然の過程と心の過程の間に大きな溝があるとは限らない（1997:61）。

ここで、記号と対象についての定式と同じような定式を一般化する価値があるだろう。確かに退行した精神とは独立に存在する「ハードな実在」というようなものはあるが、退行した精神になりえない実在はありえない。その唯一の条件は、この実在は思考されねばならないということ、すなわち、精神という格子がそれに投げかけられねばならないということである。これは、宇宙の根本的特徴は物質の過程より精神の過程に似ているというパースの理論を少しつくり変えたものである。心と物質の間に大きな溝があるとすれば、その場合にはいかなる「直接の記号表現」（検索する自己）にも「触れられない」実在があるということになるだろうが、このような実在は考えられない。これで、客観的宇宙は究極的には精神的特徴をもつと見られるパースの客観的観念論を離れ、実在を退行した精神になる潜在的可能性とみなす「方法論的意味論（methodological significism）」という新しい領域に入ることにする。宇宙の過程は今日の見地からすれば、パースが言ったように、巨大なメカニズムというよりはむしろ巨大な思考の過程のようなものだと言ってよいだろう。その過程は、予見不可能・カオス的・連続的なものであり、成長し拡大する。さらに興味深いことには、それは決して本当に死んでしまうことはない。

私が最初に示したことは、偶然主義は、自然と精神のすべての規則性が成長の所産であるとみなされるような進化的宇宙論、および物質は単に特殊化した部分的に死んだ精神にすぎないと主張するシェリング流の観念論を生み出すに違いないということである（CP 6.102）。

このことは今日でも考えられることであるということをこれまで示そうとしてきたが、物理学と思想の新しい状況に合わせて、それはつくり変えられ言いなおされねばならない。また、「結局のところ、退行した精神ってどのようなものですか」というような素朴な問いにもすぐに答えられるようでなければならない。これまでのところ、その答は、大部分、「動く水平線」「我々の知識のすべてを取り囲むサテンのような輝き」「眠れるプログラム」「巨大な保管場所」「連続的習慣」というような純粋にメタファー的な性質のものや、「基底効果」「無限のクリシェの集まり」「コードづけられたプログラム」「凍結したトラック」「使い尽くされた実在」などの専門用語であった。これらは、まっすぐ答えるというよりはむしろそれを避けるのに役立っているように思われる。退行した精神につける名称のリストがいかに長かろうとも、無数の「言語ゲーム」の一つ、すなわち問題の核心に近づいているという不思議な感じに常に陥ることになり、他方では新しい不定性が生じる（しかし、心の哲学者が「付随性」という用語を用いるときにも同じような問題群が発生している。いくつかの抽象的な課題を解くためには、だからと言ってそれを用いないでは済まされない）。

退行した精神の性質そのものについて最も単純な問いを発するだけでも、複雑な建物全体が破壊されるように思われる。そして多くの点において、それはそのとおりである。他方、もし単純な問いしか発しないならば、単純な答あるいは天才的な答しか予期することができない。具体的なかたちが未だよくわかっていない観念を伝えようとする場合には、困難が常に伴うものである。我々に関心があるのは、退行した精神という現象の文法、すなわち、その大まかな特徴とそれと生きている精神との関係である。我々が述べていることはいずれも、この用語を明らかにするために次にとられる視点に他ならない。しかし、それを全面的に受け容れることは、パースが夢見た未来の「科学の論理学」に向かってもう一歩踏み出すことをおそらく意味すると言ってよいだろう。おそらくそれは時期尚早にすぎるかもしれないが、そうであるにしても、退行した精神という入り組んだ問題は、そのような論理学は不可能であるという見解へのもう一つの挑戦である。

このように見ると、定義づけようとする我々の試みは比喩以上のものであると言ってよいだろう。なぜならば、それはいくつかの人為的に創出された状況には真であることが証明されており、そのため、正しく推論すればそれ以上多くのことについて妥当であることが明らかになるだろうと思われるからである。この見慣れない文は、何を意味しているのか。第一に、それは前述の問いの論理にしたがった誠実で偽りのない言葉であるということ。第二に、それが見慣れないものに見えるのは、ただ表面的なことにすぎないということ。それは、人為的に創出された状況についてリアルな状況と同じように我々が考えているからである。唯一の相違は、人為的に創出された状況については実験的環境において精神の法則を証明できる純粋に分析的な条件があるということである（「想像上の実験的環境」への反論には、十分正しいものがあるだろう）。この反論に対して、我々は心の中に考えている事柄の図像をもっているというよりは、むしろ事柄を認識する「潜在的能力」（記号、「レーザー・ポインター」「提灯」「検索する自己」）をもっているので、その一般性においては我々の思考方法は誰の反論も引き起こさないものであるということを想起することによって答えることができる。したがって、認識において用いられるトラックが深ければ深いほど、呼び起こされる図像すなわち概念化されるメタファーはより明確なものとなる。

「トラック」とは、純粋なメタファーのことに他ならないのではないか。他に何が考えられるだろう。考えられるとすれば、おそらく脳の何らかの生物学的過程についての綿密な記述ということだろうか。それはどのように「厳密で」また「想像上のもの」ではないと言えるだろうか。おそらく、これまでの我々の論は「退行した精神は記録された経験である」というもう一つの定義のことを考慮しなければならないだろう。これは今述べたばかりのこと、すなわち記号（付随的自己）は動く図像であるということから直接出てくる結果である。ダイアグラム的思考についてパースが考えたことをよく調べてみると、ダイアグラムは一種の数学的アルゴリズムのかたちをとるものであり、そのようなダイアグラムに基づいてどうやら図像が生ずるとパースが考えていたことを強く思わせるものがある。思考とは、巨大な隠れたメタファーであるそのような図像を絶えず比較することに他ならないのだ。パースが現してみせた退行したトラックにおいて、思考はコンピュータの中を、そして我々の額の後ろを、検索する自己の知識欲に応じてときには速く、ときにはゆっくりと動いている。自己、自我、自己意識、主観性が何であるかということについてパースがどのように考えていたか、これから見ることにしよう。

第六章　パース哲学における主観性の不在

パースは「主観性」という名をもつものを特に生み出しはしなかったし、機会があればその使用を否定した。その代わりに彼はそれと同形的であると思われる「パーソナリティ」「自己」「自己意識」「他者」というような用語を扱い、このような用語を自らの体系の構築に組み込んでいる。主観性について彼がどのように理解していたかということは、その「一般的観念」という概念やカテゴリー論に痕跡を見ることができる。パース記号論は反直観主義と反心理主義の立場をとるものであり、概していかなる主観性という考えも混じえないものである。本章では、この問題についいて用いられたメタファーや関係する仮説を見ることから、彼が主観性についてどのような見解をもっていたか再概念化してみよう。

ドイツの伝統

主観性およびそれに関連する考えは、最も古い哲学問題の一つであり、何世紀にもわたっていろいろな思想家によって多様に取り扱われてきたものであり、決してその姿を本当に消し去ったことはなかった。さらに言えることは、それはどの哲学体系にとっても最もダイナミックな部分の一つであり、ある哲学者のごく初期の段階に見出されてその体系が成長し成熟するにつれてその見解も変化するということがある。逆説的なことではあるが、主観性を研究の中心とする人はごくわずかである。通常、それはそれだけでともかくわかると考えられたり、他のすべての問題に関係しているものだから、それだけを切り離して研究する価値はないと考えられたりしている。また、それは誰にももともとわかっていると考えられる問題の一つでもある。問いが立てられると、人は驚き、いかに長い間その答について考えたことがなかったか、すっかり忘れていたかということを如実に理解する。あるいはパースがかつて述べたように、人は自分自身の思考について考えるというようなことはまずはしないものなのだ。それにしても、主観性の問題全体を完全に無視したのは、ほかでもないパースその人のようである。

フィヒテ、カント、ヘーゲルのようなドイツの古典哲学者は主観性について最もよく研究したと伝統的に考えられている。この伝統において、主観―客観関係は、通常、絶対性の出現の可能性とみなされ、一般的構造原理の位置づけを与えられている。アングロ・サクソン学派と同様、ここでも主観性は自己、自己意識、自我、個人の心というニュアンスをもつこれらの同義語として広く用いられている。主観―客観関係において、主観はこの統一体の自己同一的ではあるが対称的な部分である。一般的には、「自己」は活動のことで、それは主観―客観関係を構成する。この活動の性質は認識的なものである。こうして、たとえば観念論と唯物論との間のより一層大きな相違が始まる。それらは知識の対象を主観から抽象し、この抽象において両者に反映する。観念論は対象を「物そのもの」とみなし続けるのに対して、唯物論はそれを物質と結びつけようとする。ここではこのことについてのドイツ古典哲学の見解について論ずるのが目的ではなく、パースの見解について論ずるものであるため、ドイツ古典哲学については詳しく述べないことにしたい。まず最初に、『哲学歴史用語辞典』における定義を見ておこう。

主観性というのは単なる活動ではない――それはそれ自身の活動に気づいているが……。古典ドイツ哲学における外部の関係を主観―客観関係の項目の下に入れると、いくつかの問題が生ずるかもしれない。間主観関係は、同じ一般論理にしたがうに違いない。おそらくこの哲学の欠陥は、主観性の他者が一般論理のもう一つの主観ではなく常にもう一つの「客観」として見られているということにあると思われる（1998:413; ドイツ語からの引用者の訳）。

さらにはっきり言えば、ニーチェは主観―客観の二元論に強く反対したということを述べておかねばならない。彼にとっては（たとえばコリンウッドにとってと同様に）、もし何かがいやしくも与件としてあるとすれば、それは単なる「外」界でも主観的世界でもなく、「世界」である。与えられた世界は既に成り立っており、それは解釈されたテクストのように見える。彼はさらに主張している。世界はある意味では思考の所産であるので、世界の中のいかなるものも人間の解釈活動を欠いているものはない、と。このことは、記号論の花盛りであった一九六〇年代には非常に稔り豊かなアプローチになった。もっとも、その頃には、誰が最初にそのようなことを言ったのかということは久しく忘れられていたのではあるが。

この問題をパースがどのように扱ったかということについて、主要な二つの視点から調べてみることは有益であろう。その第一は、『自己についてのパースのアプローチ――人間の主観性についての記号論的な見方』におけるヴィンセント・コラピエトロの視点である。それは主観性に関係するパースのいかなる領域についても余すところなく扱ったものである。パースは「自己」の特徴をすべて否定的にのみ述べているという結論をコラピエトロは下している。

主として架空の現象としての私的自己。粗野な概念としての私的な自己同一性。架空の現象であるのみならずまったくのジョークに他ならない私的存在。社会組織の単なる一細胞としての個人（Colapietro 1989:65）。

（最後の文が「社会の単なる一細胞としての個人―マルクス」という同一メタファーをいつも用いているもう一人の有名な哲学者ではなく、パースのものであると考えることに私はいささかの困惑を覚えている）。

このように見ることによって、コラピエトロは生産的な結果を達成している。自己を発展の過程にある記号と見るパースの見解を明らかにしているのである。さらに自己はそれ自身との対話関係にあるものとして見られている。コラピエトロは、自己／主観性についてのパースの理解が成熟し、より大きな相互作用のコンテクストを含むようになるのをたどることができた。「私と私の間のそのような対話は、私的存在そのものになぞらえられるような別個の自己の間の親密な結びつきを生み出すことができる」（Colapietro 1989:91）。

広い意味において、自己についてのパースの説明に基づいて、内的世界と外的世界の関係について語ることが出来る。ジェイムズ宛の手紙（一九〇四年九月二八日）において、パースはこの関係についていささか詩的に記述している。「我々は制御できない要素から制御できる要素を切り離す――もっともこのような意識の様相においては、切り離せない考えなど何もないのではあるが。我々は過去と現在を切り離す。過去は内的世界、現在は外的世界である」（CP 8.282）。この関係は相互的で複合的である。そしてその本質的特徴は、それ自体の内的制御である。内的思考とその外的表現の間には永続的な緊張がある。あるいはコラピエトロの言葉では、「孤独と団結の間」（1989:118）ということになる。我々は自分自身を（または、彼の言う「内的世界」を）直接知ることはできないが、「外的事実について知るところから仮説的推論」(CP 5.265) によって我々を知るだけである、とパースは主張した。同じ問題を扱った論文の中でT・L・ショートが述べたことをここに挿入してみよう。自己の推論性について (上に引用した) パースの認識を心にとめて、彼は次のように述べている。

「外部」から「内部」の推論ができるというのは、すぐにはわかりにくい。決して直接見えないものでありながら、概念においてそれとは全然相違する他のものからの推論によってのみわかるものであるとすれば、そのような内部という概念はどこから来るのだろうか (1997:289)。

この方向でも、あまりうまくいかないようである。

コラピエトロの主観性研究は概して記述的なものであり、この問題のあらゆる面を包含しているが、それでいてこの問題についての決定的な問題の提出を意図したものではなかった。それは意識の文化的な過剰決定と記号の性質によるその三項分類を表したものであり、全体としてコラピエトロが言っていることは、一貫性に欠けているにせよパースが主観性を理解しているところがあるということである。

パースの異議

しかしよく見ると、主観性の問題についてパースはいつも何かいらだっていたという印象が強い。これは、彼の見解が熟していっても変化しない点である。そこで一見したところナイーブに見えるかもしれないが、「なぜ」パースはこの問題に触れるときいつも無知であったのか、他のアプローチから考えてみることにしたい。この第二のアプローチをとることによって、その結果を第一のアプローチからの事実と関係づけてみたいと思う。

まず……その中間のところから始めてみよう。なぜパースは主観性という考えそのものを常に否定するのかということについて、その手がかりを探すのに研究者は苦労してきた。この問題について記されているものを読むと、いつも否定的に述べられているか容赦なく無視されているかのどちらかである。その例は枚挙に暇がない。ハーヴァード大学、ホートン・ライブラリーのパース・アーカイヴ所蔵の原稿には、主観性というトピックの下に長い項目のリストおよび関連領域についてのいくつかの項目が見出せる。パースは思いついたことを何でも書きつけるカードをいつもポケットに忍ばせていた。「主観性」に関係のあるカードは何十枚にも上っているが、そのいずれにも皮肉な考えが記されている。イヤミたっぷりのものもある。「野外集会［通例、数日間にわたる宗教上のもの］である老婦人がとても気分が悪いと言った。彼女にはそれが宗教のせいか風（wind）［「神の怒り」、「たわ言」、「おなら」の多義性をもつ］のせいかわからなかった」、と。この問題について彼はなぜそんなに腹を立てるのか。一九〇三年のウェルビー夫人への手紙では、次のように述べられている。

私は主観と客観を対比的なものとみなすことはしませんし、ましてや、多くの悪い哲学を生み出していると私には思われるいかなるドイツ的な意味での「主観的」や「客観的」ということについて語ることはありません。私は「主語」という語を「述語」の相関物として用い、その記号の対象が何であるかを別々に指し示す部分をもっているような記号の「主語」についてのみ語ることにしています（Charles S. Peirce's Letters to Lady Welby, 1953 : 24）。

ここでもまた、ドイツの古典的伝統が関与している。この伝統において主観性について最も多くのことを書いているのは、ヘーゲルとヘーゲル信奉者である。ヘーゲル論理学は、絶対的主観性に基づいたものである。主観的な「我」は、絶対精神（Absolute Spirit）の全知識をもっている（やがて、「精神（spirit）」は「観念（idea）」にとって代わられた）。最初、観念は統一された本質であり、その成長と発展の過程において「我」という真実が、したがって「絶対精神」が獲得される。パースはヘーゲルについてたとえば初期の論文である「四能力の否定の帰結」や「論理学の法則の妥当性の根拠」においていくつかの見解を述べているが、彼が強く反対したのは（このようにして、彼が最高の敬意を表明したのは）、カントであった。「カントの「主観的」と「客観的」という形容詞は本当に耳障りなことばというわけではなく半ば耳障りなものであり、哲学においてその有用性を長く保持していることが判明している」（CP 2.223）と述べている。

カントは心を感情のいくつかの機能――感情（快楽と苦痛）、意志（意欲と欲望）、知識（認識）に分けた。またパースはカントがこの分類をヨハン・テーテンスからとっていること、そしてヨハン・テーテンスはまた十六世紀の修辞学者について長年研究していた人であったので、おそらく彼らからこの考えを得たであろうということに気づいていた。ヘーゲルとは違って、カントは客観と主観を対立させることは稀であった。彼がそうするのは、自発性または知覚と述べられる総合という第三のものの出現をあらわすためであった。このようにして、カントは観念論から自由になろうとしたのである。さてここで重要なことは、パース自身の同じような試みがもう一つの種類の観念論を指していることである。パースの観念論は「客観的」であり、マウンスが言うように、「……それは徹底的実在論と両立するものである」（1979:9）。ネイサン・ハウザーの見解はさらに均衡のとれたもので、「パースに何らかのレッテルを貼ることは、記号関係の相違する要素について認められる相対的な重要性を反映しているようであり、多くの場合、学説の相違というよりはむしろ強調点の問題であるように思われる」(Houser and Kloesel 1992: xxxv) というものである。別のところで、ハウザーはパースにしたがって意識についての信頼できる分類基準について述べている。「現象学、心理学、生物学、記号論その他いかなる見地からのものであれ、パースが意識について書いていることはすべて彼のカテゴリー論に基づいている」(1983:2)、と。

パースにとっては、三つのタイプの意識がある。第一は感情─質で、第一次性のあらわれである。これは部分をもたず、分割されていない感情で、パースが「原感覚 (Primisense)」と呼んだものである。意識の第二分割は反応を扱うもので、それは第二次性のあらわれである。意識はこれによって「今」「ここ」という意識、努力、野蛮な事実が与えられることになる。その名称は「他者感覚 (Altersense)」である。そして、意識の第三分割は学習の感覚で、第三次性についての意識である。意識のこの様相は、経験の諸要素間の結合についての知識を与えるものであり、表象されているすべてのものについての我々の理解を媒介するものである。それは「媒介感覚 (Medisense)」と呼ばれる。したがって、パースはこの最後の種類の意識を法則に支配された習慣の意識、あるいは経験の過程を表す中間項の意識とみなすことがある。意識についてのこれらの分類については、パース自身の挙げたいくつかの例によって容易に理解することができる。存命中に未刊行であったある原稿において、彼は次のように述べている。

第一──「質」または感情または感覚。

第二──内にあるものと外にあるものの「反応」。暗闇の中、特に何を考えるでもなくぼんやりとベッドに横になっているとき、大きな汽笛の音がして、ずっと鳴り響くというようなことを想像してみよう。最初の瞬間、その音が聞こえてきた驚きをあなたは意識しているだろう。考えるというのではなく、それまでの静けさを強く意識させられ、今ここに「第二の」ものが強制されていることを。作用と反作用の法則は、物理学の属性であるのと同様、それは意識の属性でもある。
「第二次性または他者性」。第二次性は常に今ここにあるという点において、第一次性と相違している。それははっきりと明確な出来事である。

第三――「表象」、または他の二つを結びつける要素という意識。これらのはっきり区別された要素は、そのような知的媒介という観念なしには、一つの意識において結びつけられることはありえない。そのような要素を「第三次性」と呼ぶ。そのような場合にはいつも、表象された対象である観念は、代表項という第三（Third）を通じて、解釈する観念というもう一つの観念に影響を与える（原稿1135、ハーヴァード大学ホートン・ライブラリー）。

自我と意識

次に進む前に、パースが「主観―客観関係」における主観性の問題についてどのように考えていたか、意識の分類の枠組みにこの問題がどのように関係づけられるか、ということを要約しておかなければならない。彼がドイツ古典哲学のアプローチによる伝統的見解を拒絶したことについては、既に見たとおりである。主観―客観を対立的にみなして我々の内や外に位置づけることを拒絶し、それらを三つのカテゴリーをもつ意識の部門下に見る方がよいと考えたのである。我々がこのような結論をかなり大きな確信をもって引き出すことができるのは、思考はそれ以前の思考によって決定され、精神の中にあるのは、思考ではなく関係であり、思考の実体の対象であるという彼の主張にしたがってのことである。自己の根底は第二次性に見出されるべきものであるということである。ゆえに、外界の概念すなわち理解とその表象は、対立関係にあるのではなく、滑らかな移行過程にあるということである。そのために彼は、主観と客観を意識の二つの別々の部分であるかのように語るという考えそのものを否定するのである。パースにとって、自我は非自我に対比されるべきものであるが、非自我は別のなにか相違したものであるのではない。そのために彼は主観性について語るとき、「自我」「非自我」「自己」「我」「私的な自我」「自己意識」そしてときには「個人の精神」「個」というような用語を用いる。それらを説明するのに、パースは「自己認識」を用いるが、これは名辞ではなく、過程または推論を暗示するものである。自我や自己は経験によってのみ達せられる意識の様相である。

既に指摘したように、それは第二次性の出現として、外からの作用と内からの抵抗という対立の経験として最も容易に認められるものである。他方、パースにとって自己意識は根本的には推論的なものであり、ゆえに第三次性の性質をもち、「主観性」全体が進行する経験の無限の認識として理解されている。我々はさらに進んで、自分というものである自我または自己とはどういう性質のものであるかと問うことができる。パースの答は、それは何か新しい心の状態に伴う驚きという新しい感情であるというもので、これはすべて第二次性の特徴である。ここで想起されるのは、響き渡る鋭い大きな汽笛による新しい感情に突如とって代わられた気球乗りの孤独な感情、通りから突然聞こえてきた叫び声、というパースの例で、いずれも非自己に対する自己の根本的な経験である二つの感情または状態間の抵抗を喚起する感覚である。

ここで使用される自己意識ということばは、もちろん普通の意識から区別されねばならないし、内観や純粋統覚からも区別されねばならない。一定の対象についての意識はどれも一つの認識である。したがって自己意識は私たち自身についての認識である。自己意識は意識の主観的なさまざまの状態についての感じではなく、人格としての自我全体についての感じである。純粋統覚は「一般的な自我」による自己統合である。しかしここで言う自己意識は、私一個の「個人的な自我」による自己認識である。私は、単に「一般的な自我」だけではなく、他ならぬ「この私」が存在することを知っている。そこで問題は、私がどのようにしてそのことを認識するのかということになる。その認識は特別な直観的能力によるのだろうか、それとも先行の認識によって限定されるものだろうか（CP 5.225. 上山春平訳、一部訳語表記を変えて引用）。

個人的自己と純粋統覚の絶対的「自我」とを区別するのは、無知と誤謬だけである（CP 5.235）。

自己と実在

これまで述べてきたすべてのことから言えることは、パースはその力動的な理解を重視したがゆえに、主観性について一貫した考えを述べていないということである。自分を知るという自己意識は「私」と「他者」、個人の精神とコミュニティの精神の間に割って入る過程であるということを彼は述べている。私的な自己というものは生涯決して獲得されることのないものであり、パースの言葉で言えば、それは精神の海の動く波のようなものだからである。ネイサン・ハウザー（1999）は、次のように述べている。

意識の波とその中を動く精神とは相違しているということはこのメタファーから明らかであるが、精神が波をもっていると言うべきか波が精神をもっていると言うべきか、確かではない。だからおそらく、我々は別々の精神をもっているという考えを捨てることを考えるべきなのだろう。

さて、主観性についてのパースの考えについての我々の説明には別の根拠があり、宇宙進化論という彼の仕事の中でも最も開拓されていない部分に照らしてそれを推論しようとするものである。それは彼の仕事の中で最も弱い企てであったとみなす人もいるが、最近では、それとは正反対に、今後の研究にとって最も有望な仮説であるという見解がある。これは、この同じ問題についての我々の結果を検討するのによい機会である。ここに提起される考えは、この既に弱いとみなされている概念の中でも最も弱い部分であると伝統的にみなされている「退行した精神」という考えに基づいたものである。どのようにそれが定式化されているか、想起してみよう。

知的に理解できる一つの宇宙論は、客観的観念論によるもので、物質は退行した精神であり、それは根強い習慣が物理的法則になるというものである。しかしこのことが受け容れられる前に、空間の三次元性、運動の法則、宇宙の一般的特徴を数学的明晰さと正確さにおいて説明できるものであることが示されねばならない。いかなる哲学についても、少なくともそれだけのことは求められるべきものだからである（CP 6.25）。

（この主張がヘルムホルツやプリゴジンのような物理学者に高く評価されたのは驚くにあたらない）。ハウザー（Nathan Houser：1999）は、パースの「物質」の定義における「退行した精神」について、我々が最初解釈したように単に

「使い尽くされた」ものとするより「習慣に縛られた」ものとする方がよいという旨のことを述べている。

ここで我々は最終的解釈項のことを考えねばならない。それは、もはやそれ以上の解釈を求めない知的習慣であるが、それでいてある意味において情報の貯蔵庫の役割をするものである。したがって、行動のための小さな「プログラム」のようなものであり、その点において知的価値があるということができるものである。しかし、「もし」経験が「カーブ」を投げてくるのに、それに対する用意ができていない状況に直面すれば、もちろん知的習慣は変更「できる」わけで、進化することができる。この意味で、知的習慣はすっかり「退行している」わけではない。

ここで言われているのは、「退行した精神」は一種の保存された意味であり、生きている精神がそれに光を投げかけると、焦点化されるたびに復活するものであるというふうにみなすことができるということである（実質的にはこれと同じ考えが、ロートマンの「記号圏（semiosphere）」という概念において導入されている）。それでは、なぜ一つの精神ともう一つの精神の所産が客観と主観の対比になるのか。パースをあれほどいらだたせたのは、このことではなかったのか。「思考はむしろ我々の外にあり、それから内にあることになる」と述べ、そして「我々の中にそれがあるというよりはその中に我々誰もがいるのだ」（CP 8.256）と述べることによって彼が言おうとしていたのは、そのような考えではなかったのか。

「物質」は、不活性化された自己、解釈可能な他者、凍結した習慣、退行した精神というような用語で考えられるのではないのか。しかし、それでは、パースの仮説とすべての観念論の仮説との相違は何なのか。どちらにおいても、世界はいわば精神でできていると考えられている。この相違を理解するためには、パースの最も有名なプラグマティズムの格率の一つに目を向けるほかない。すなわち、「我々の概念の対象が実際に関係するかもしれないどのような結果をもつことになるか考えてみよ。そうすれば、これらの結果についての我々の概念が、その対象についての我々の概念のすべてである」(CP 5.402)。

さて対象の結果を論ずることはパースによれば概念の対象の結果を論ずることになるので、議論が無限後退に陥らないように、退行した精神という見方を考えに入れることにしよう。パースにとって、物質とは「習慣に縛られた」ものである。今日の観点からすれば、それは誰もが自由にアプローチできる潜在的可能性としての意味の記憶装置である無数の「眠れるプログラム」をもつ巨大なコンピュータ・ディスクのようなものであると言うことができる。その「プログラム」は凝縮した意味をもつ多数のクリシェでできている。(思考過程を開始することによって)そのプログラムを活性化するために、単一のあるいは集合の心(すなわち付随的自己)がそれに光を投げかけ、その結果引き出された結果である記号を認識しようとする。これはヴァーチュアルな心の観念世界ではなく、我々の活動する解釈項のヴァーチュアル・リアリティである。ハウザー(Houser 1999)は次のように述べている。

> 物質は、もはや「生きている」有機体や「どんどん」進化している宇宙の部分でないという意味においては「消耗した」心であるが、それでいてなお、ある意味において物理的法則の貯蔵庫としての「知的」価値を保持しており、ともかくそれを生み出した「生きている」記号システムを生き抜いた「最終的」解釈項であるとおそらくみなすことができるだろう。

その場合、我々の自己と「……あなたや私がどのように思うかということとは無関係に外部の実在である」(CP

5.405）独立した実在という二つの完全な部分について、我々はもはや語ることはないだろう。パース自身は決してこのような次の一歩を踏み出すことはなかった。おそらく、彼は非常に慎重であったので「主観―客観」の分割の確立のときになされたように、我々の思考の弱さを実在に帰したからだろう。このことによって、ありきたりの唯我論に飛び込むよう求められているのではない。既に示したように、我々の経験は推論によって決まるものだからである。我々の努力の最後のアイロニーとして、パース自身の言葉をさらに少し引用することによって締めくくりたいと思う。

理性は、その究極の本質において利己的である。多くの事柄において、理性はうぬぼれ屋である。ミツバチがその巣穴を廃するにはその理由があると考えていることは確かである。しかし、その本能が解決しているあの等周学（isoperimetory）の問題をその理性が解決していたと知れば、びっくり仰天するだろう。人間が自分では理性的に行動したと思っていても、実際のところは、自分のものと思っていたその理性は、自我がうるさく「なぜ」と問うてくるので仕方なく無意識の「本能」がつくり出した言い訳にすぎないことが多い。この自己欺瞞は、哲学上の合理主義を茶番にしてしまいかねないものである（CP 1.631）。

あまり励みになるようなものではないのでは？　そして一九〇三年十二月一日付けのウェルビー夫人への手紙から、もう少し引用しておこう。

私どもは‘type-written’（タイプで記された）と言ってますが、あなた方の‘typed’（タイプされた）という言い方の方がいいですね。私どもの言い方はドイツ語みたいです。わが国では何でもドイツの影響が強すぎるのです。彼らの主観主義は胸が悪くなるほどで、プラグマティズム的ではありません（『ウェルビー夫人への手紙（*Charles S. Peirce's Letters to Lady Welby*）』1953:4）。

第七章　はかり知れない過去

客観的実在との我々の関係の不可分な部分は、物理的時間についての我々の知覚である。実在のどの時間を我々は知覚しているのだろうか。過去から遠ざかれば遠ざかるほど、我々は過去から学ぶところがある。エジプト象形文字を自由に読み、ピラミッドの謎を解き明かし、恐竜が過去に存在したことを表す記号からそれを復元することさえしている。原始人類が自らについて知っていた以上のことを我々は彼らについて知っている。「経験できるのは現在だけである」という格言とは反対に、経験できるのは過去だけであるというのが真実のようだ。意識的な自己に対する測り知れない過去。

時間と意識

「I am（私は……です）」という言葉を発した途端に、その瞬間を過去に追いやっている。なぜならこの命題は論理的に構造化されているからであり、知覚から思考を経て解釈の意味によって分岐さえしているからである。真の現在を我々が支配することはできない。現在は、絶対的な第一で、他の何とも関係がなく、他の何とも比較できないものである。直接の現在を意識することはできない。それは想像不可能である。瞬間は現在という時に対する閃光であり、その中にすべての記号を凍結するものである。これらの記号に気づき理解することは、それらを解釈して他の記号に関係づけることである。その場合、「関係づけること」は過去に対してのみ可能である。現在は不可知であり、未来は無尽蔵である。現在に気づくことの不可能性と現在としてのその質の間にパースが引いた微妙な相違から、そのカテゴリーの一つである第一次性を彼は次のような定義で使用することになる。

直接的に現れるもの——もし我々がそれを捉えることができれば——は、そのものの第一次性の他にはいかなる特性ももっていない。私が言いたいのは、直接意識（ちなみに純粋フィクション）は第一次性であろうということではなく、我々が直接意識しているものの「性質」——そしてそれは全然フィクションではない——が第一次性であるということである。しかし我々は絶えず未来にあるべきことを予想する。しかるに未来にあるべきものは、我々の概念にしたがえば、決して全部が現実化し過去のものとなることはできない。一般に、我々は（未来に言及する）「意味」はきわめ尽くせないものであると言うことができるであろう（CP 1.343. 米盛裕二訳、一部訳語表記を変えて引用）。

未来が無尽蔵であるということは、それがすっかり過去の経験になってしまわないということである。こうして、それが達成できるものであるという幻想がかきたてられる。パースは時間について直接語るよりも、「原感覚、他者感覚、媒介感覚」という三つのタイプの意識について語ることを好んだことについては見てきたとおりである。最初のものは感情・質を表し、これが第一次性である。第二は反応・努力・野蛮な事実についてのもので、これが第二次性の出現である。第三は学習の感覚であり、第三次性に気づくことである。最後のものだけが、経験の要素間の結びつきについての知識を与えるものであり、それは表象されているものすべてについての理解を媒介する。したがって、パースはときにこの最後の意識を習慣の意識、法則に支配された意識、経験の過程を表象する中間項の意識とするのである。

さて未来の存在を取り上げてみよう。他の場合同様、これはそこに含まれている要素をより純粋に理解する道に他ならない。カテゴリーの絶対に純粋な概念は不可能なことである。未来の存在は、精神的形式、意図、期待というかたちで現れる。過去の知識は、記憶によって、推論ではなく一種の野蛮な力・まったく二項的な行為によって与えられる。しかし未来の知識は、すべて他の何かを媒介として獲得される……自然の法則についての知識はすべて、その法則を知る直接の方法がない限り、未来についての知識と同様である（CP 2.86）。

人間の進化は未来の時点への絶えざる動きであると見るのは間違った考えである。進化は現在を経て過去へと続くものである。真実を言えば、（現在の時点が存在しないのと同様）純粋に論理的な意味において未来の時点は存在しない。未来はまったく知ることも予測することもできないからである。我々には過去からの一連の事例の流れが次々にやってくるのであり、それは後になってからわかるものである。パースによれば、宇宙は退行した精神でできている。これは過去の知識のクリシェで、生きている精神（検索する自己）はそこからそのアイデンティティを引き出そうとする。このようにますます大きな集合的精神を検索して見出すことが、いわゆる進化である。そこで、「完成」ということは、推論によって過去にアプローチするという進行中の過程であるということになるだろう。進歩とは、生きている精神の力によって切り開かれる光り輝く過去である。

精神の法則の最も顕著な特徴の一つは、それが過去から未来へ流れるという一定の方向性を時間に与えていることである。過去が未来にもっている関係は、精神の法則に照らしてみれば、未来が過去にもっている関係とは相違している。これは精神の法則と物理的な力の法則の非常に大きな対照的相違の一つである。物理的な力の法則では、北に動くのと南に動くのと変わらないのと同じように、二つの反対方向の時間には何の区別もない（CP 6.127）。

人は死に近づくと、もう色あせてしまった昨日の記憶に比べて、こどもの頃を生き生きと鮮やかに思い出すものである。こどもの頃の記憶に基づいて考えると思考は深く鋭くなるが、直接の時点から考えると浅く表面的なものになる。教育とは、進化の唯一の方向づけのしるしである過去の経験を修正していくことである。知識が成長するという言葉は方向づけをもつ動きとして解釈されることがあるが、それは間違っている。本当は、「成長する」「分岐する」「広がる」というのは、既に存在している他のものから引き出されたものを集めることである。既にこれまでにあったものを調べているのである。直接の過去を通ってさまよいながら、それを常に新しい展望から投げかけられる光に当てる。観念の世界を動いていくことは暗い森の中を歩いていくようなものである。習慣というアルゴリズムは過去を頻繁に凝視することによって与えられた贈り物であるが、そのアルゴリズムをたよりに、目に見えない危険から身を護るために両手を伸ばして暗闇を歩いていく。進行中の過去の微妙な感じであるこのアルゴリズムだけが、到来する擬似未来に反応するために我々が自由に扱えるものである。それは直観と呼ばれているが、直観は、既知の過去に基づく習慣に他ならない。洞察とは瞬間的に算出された無分別の働きである。

真の連続においては共有される瞬間があるに違いないが、それは前後のすべてから独立した絶対的な時点ではない。いわば望遠鏡を逆にして見れば、すなわち部分を集合すれば、確かに過去や未来からまったく独立したものが一つの時点にあるだろう。しかしその時点を顕微鏡で調べてみると、この独立した要素が互いにそれほど独立しているわけではない部分に分裂しているのが見えてくる。不合理な強制という第二次性の要素があるが、それは途切れることなく我々に向かって流れ込んでおり、したがって最初から第三次性にそれは従属しているということが最後にわかってくる。たとえば一日というような相当長い時間をとってみると、きっと予想できなかったようなことがたくさんその間に起こっている。しかしその一日を時間に分ければ、全体としては予想されなかったような多くのことが部分からは予想できたかもしれないことにすぎないことがわかってくる。そこで、予想されないことは少しずつやってくるのみならず、感知できない流れとしてやってくると言わねばならないことになる（CP 7.674）。

我々の困惑を拡大したメタファーは、ヴァーチュアル・リアリティの発見である。何百万人もの人が他の何百万もの人の存在を覗く機会を突如として手に入れたのである。ということは、彼ら自身の「他者性」が他者の目にさらされるようになったのである。彼らは無限にある未知の知識の宝を調べようとどっと押し寄せたのであるが、やがて自分たちは中世の日本の公案のように片手で手をたたこうとしていることに気づくことになった。コンピュータのスクリーン上に受けとるものは、瞬時にして、思考の断片となって消えていく。過去の対話の記号、明るく輝くモザイクの片々、それらは決して互いにうまく組み合わさって不在の「他者」の期待されているかたちをつくり出しはしない。

我々は奇妙な（ゆがんだ）鏡のある巨大なパビリオンにいることに気づいている。電子コミュニケーションという新しい寺院で赦しを乞う次の祈りを読み直しただけであることがわかったのだ。いまや彼らはそこで取引をしている。非常に確実に我々は次のステップを予測することができる。より高次の扉を開けること、そして……既知の未来の新しい宝を見てまた驚くというふうに。

気がついてみると我々は古代の町の廃墟にいた、と想像してみよう。誰もいないし、きちんと全体が残っている建物もない。しかし一歩歩むごとに、ざわめきが聞こえ、色が見え、きらめく窓ガラスが見える。共感も情念もなく間違った印象を与える現在の不確かさもないメランコリーな過去が我々を訪れる。盗んだり、物乞いしたり、殺しあったりしている元気な人の姿が見える。注目すべきことには、最も小さな細部も、ほんの一瞬の画像も、何らかの行動である。廃墟から我々が自ずと想起したことには、いろいろな行動のメリーゴーラウンドが復活されている。建築作業員の引き締まった筋肉がここに見えるかと思えば、あそこには鍛冶屋の昔の道具が見える。半裸になったレスラーや、頭上に土器を載せて歩くヴェールの女、その他の多くの場面が瞥見される。しかし思索する哲学者の顔はない。どうしてだろう。昔の人はあまりものを考えなかったのか。古い絵画や歴史描写になぜ当時の人々の心を占めていた観念が何も示されていないのか。ラファエルの「アカデミー」においてさえ、若き思索者（ミケランジェロ）の肖像は見る者になぜ漠然とした不安を呼び起こすのか。その最もはっきりした現れにおいてさえ、回想の過程（それもまた思考することであるが）は、その結果だけを復活しているが、それは行動だからではないのか。

退行した精神のトラックは我々の周りに静かに層をなしており、生きている思考（検索する自己）が新しい過去を達成しようとする努力を凍結している。それは古代の町の立派な廃墟となり、息づく現実の不在に静かに沈んでいる。我々の心は記憶の溝に落ちた蓄音機の針のようなもので、我々に夢を見させどれほどの未来を蓄積してきたかを思い出させる古いメロディーを奏でている。思考は過去にのみ宿っている。過去のみが思考をもっている。第三の媒介する意識のみが、経験を集め保存することができる。現在は、凍結した解釈の連鎖を保持するクリシェの集合体に向けられる一瞬の閃光を表す。何かを予想しようとするとき我々にできることと言えば、反復可能な過去の経験に基礎を置くことだけである。蓄音機の針が既知のトラックに置かれたならば、同じ昔のメロディーが聞こえることを確信している。「未来」と呼ばれているものは、過去の時点が語り始め、関係と比較の体系を生み出し始めることの期待に他ならない。もちろん、それは我々の注意というレーザー・ポインターに当てられた過去が我々に向かって語り始めるのである。注意を喚起するということが、理解の第一歩である。これは未だ第一次性である。そこには連続性の要素はなく、意識もなく、ただ隙間がちょっと開いただけである。光を当てられる対象とは無関係に光を当てるということは無知であり、もう一つの第一次性である。対象を「他」と考えることのみが、第二次性の状態を表す。これが知的な心が未知の対象に直面し、その抵抗を経験するときである。それとの関係の始まりが第三次性の仕事を明確なものにする。連続性をもち習慣をつくる知識の過程が始まる。それ以降、我々は既に存在したことを……と「予測する」のである。

さて第三次性について。我々は目を覚ましている間、何らかの予測をせずには五分としてすぎることはない。そして大抵、予測は出来事として実現するものである。しかし予測は本質的には一般的な性質のものであり、完全に実現されるはずはない。予測は達成される確固たる傾向があるということは、未来の出来事はある程度法則によって実際支配されているところがあるということである（CP 1.26）。

物理的時間はじっと停止しているのでもなく、過ぎ去るのでもなく、我々の方に向かってくるのでもない。それを初めと中間と可能的終わりをもつ過程というカテゴリーに入れて考えることは、すべての惑星は地球の周りをまわっているというコペルニクス以前の考え同様、真実ではない。我々は既に通り抜けてきたイメージとのみ決着をつけるのである。これらのイメージは常にあたたかく親しいものであるが、それは我々自身の意識と対話をしてきたように感じられているからであるが、我々自身の意識はその私的な「我」しか知らない。記憶や夢や今すぎたばかりの時に身を沈めれば、意識は我々が個人としていつも身につけている真実には無関心である。なぜなら記憶、夢などは我々自身の感情の領域であり、他の感情や他の思考とぶつからない限り我々が間違っていると伝えてくれないからである。古代の町の廃墟、我々の想像のそぞろ歩きからの壮観な眺め、我々を驚かせる情報——これらはすべて、生きている精神のレーザー・ポインターがそこから過去の調和的あるいは対比的な知識を引き出す退行した精神というディスクのトラックである。

タイム・カプセル

右に述べてきたことから詩的な部分をすべて剝ぎ取ったとき、何が指摘されているのか考えてみるとよい。すべての考えを〔問答という〕対話とみなして、どのような慣習がそれを支配しているか見ることにしよう。また、私の考えに揺さぶりがかけられることになるのかそれが生き延びることになるのか見るために、クリシェと独創的思考のパースペクティヴをさらに逆にしてみることにしよう。

まず第一に、それが自明なことであるかのように語られている「我々」とは誰なのか。言い換えれば、これまで論じてきたことは誰が理解できることなのか。「過去」とか「現在」と言うとき、それはさらに詳しく説明する必要のない用語であるとみなされているのか。既に見てきたように、パースにとっては未来は意図や期待という精神的現象と結びついたものである。時間という連続体を認識するには、これしか方法はない。彼によれば、過去と未来は、一種の野蛮な力によって知識を与える記憶によって媒介されている。記憶はこのことを「何の推論もせずに」おこなう（この媒介的記憶は、我々が前に「検索する自己」とか「生きている精神」と呼んだものである）。過去は、まったく推測することができない。時間が真の連続体であるからというのみならず、その特性は媒介されている記憶に基づいているからである。パースはまた、我々の未来の知識はすべて他の何かを介して獲得されると主張している。しかし真の連続体について言えば、過去・未来・現在について我々が言うことは同一ではないのか。もう一歩前進して、言語について問うてみよう。言語そのものが一つの巨大な慣習を表しているので、「過去」や「現在」のような用語もまた慣習ではないのか。我々は過去・現在・未来を知覚しているだろうか。

パース哲学では、物理的時間は非物理現象を扱う彼のカテゴリーに常に結びつけられている。我々は思考の結果を見ることができるだけで思考そのものを見ることはできないという彼の主張によって、このことは容易に説明できる。思考の結果は思考ではないが、それは思考を知るための唯一の拠り所である。第一次性は、考えることのできないものである。それについてのいかなる考えも、それとは別のものである。思考はその結果に埋め込まれている。

精神における時間の流れにおいては、過去は直接に未来に作用を及ぼすように思えるが、その作用の結果は記憶と呼ばれる。一方、未来は第三のものの媒介を通してのみ過去に作用を及ぼすことができる。……感覚と意志においては「自我」と「非我」（非我は多分直接意識の対象であろう）との間に第二次性の性格を有する相互作用がある。

意志においては、行為に至るまでの一連の出来事は内的なものであり、そしてそこでは我々は受動者であるより以上に能動者であると我々は言う。感覚においては、先行する出来事は我々の内部にはない。その上、我々の知覚の対象（それは神経に直接作用する対象ではないが）は、我々から何らの感化も受けない。したがって、そこでは我々は受動者であって、能動者ではないと我々は言う。現実性の観念においては第二次性が顕著である。というのは、現実性とは、自らの存在を、人間の精神による創造物「以外」の何ものかとして認めさせるように、外から強要するもののことだからである（CP 1.325. 米盛裕二訳、一部訳語表記を変えて引用）。

この引用から明らかなことは、今ここと呼ばれるようなものがほとんどありえないということである。このことは、「過去―未来」の時間軸およびそれに伴うすべての結果とともに、図7・1において示されている。

しかし、この図式は時の流れ全体のモデルというよりはむしろその一断片を示しているわけだから、この図式だけでは不完全である。結果は時間軸で表される時の流れとは相違しているとすれば、結果は時間軸と平行しないそれ自体の想像上の線を形成することになり、想像上のカーブを形成することになるだろう（もちろん、ここで「線」「カーブ」「軸」というのは、発見的な手段としてのみ用いられているもので、まったく恣意的なものである）。流れを表すモデルとなるためには、「過去―未来」軸とそれに伴うカーブは回転させられねばならない。したがって、「過去」「未来」「現在」という記号は、もはや名辞的―類似的とか名辞的―指標という部分的なものにとどまるのではなく、残余のものと結びつけられて、名辞的―類似的―個物記号とか名辞的―指標的―個物記号とか、おそらくは名辞的―指標的―法則記号となるだろう。さて、我々が目にするのは、現在が外側を周り、未来と過去はそれらの結果である球体の内部で……軸を形成するというものである（図7・2を参照）。

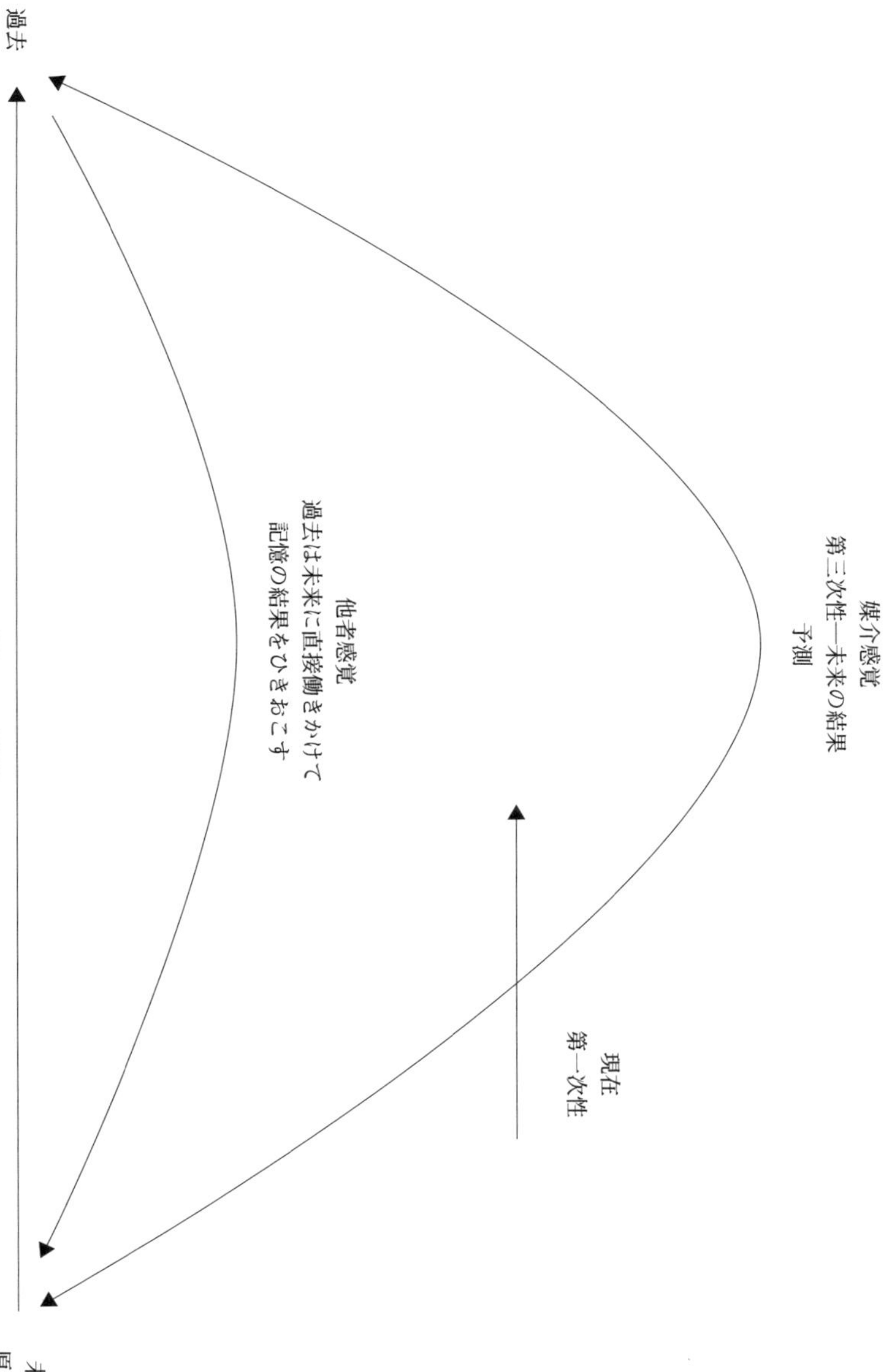
媒介感覚
第三次性—未来の結果
予測
他者感覚
過去は未来に直接働きかけて
記憶の結果をひきおこす
現在
第一次性
過去
未来
原感覚

図7.1　時間軸

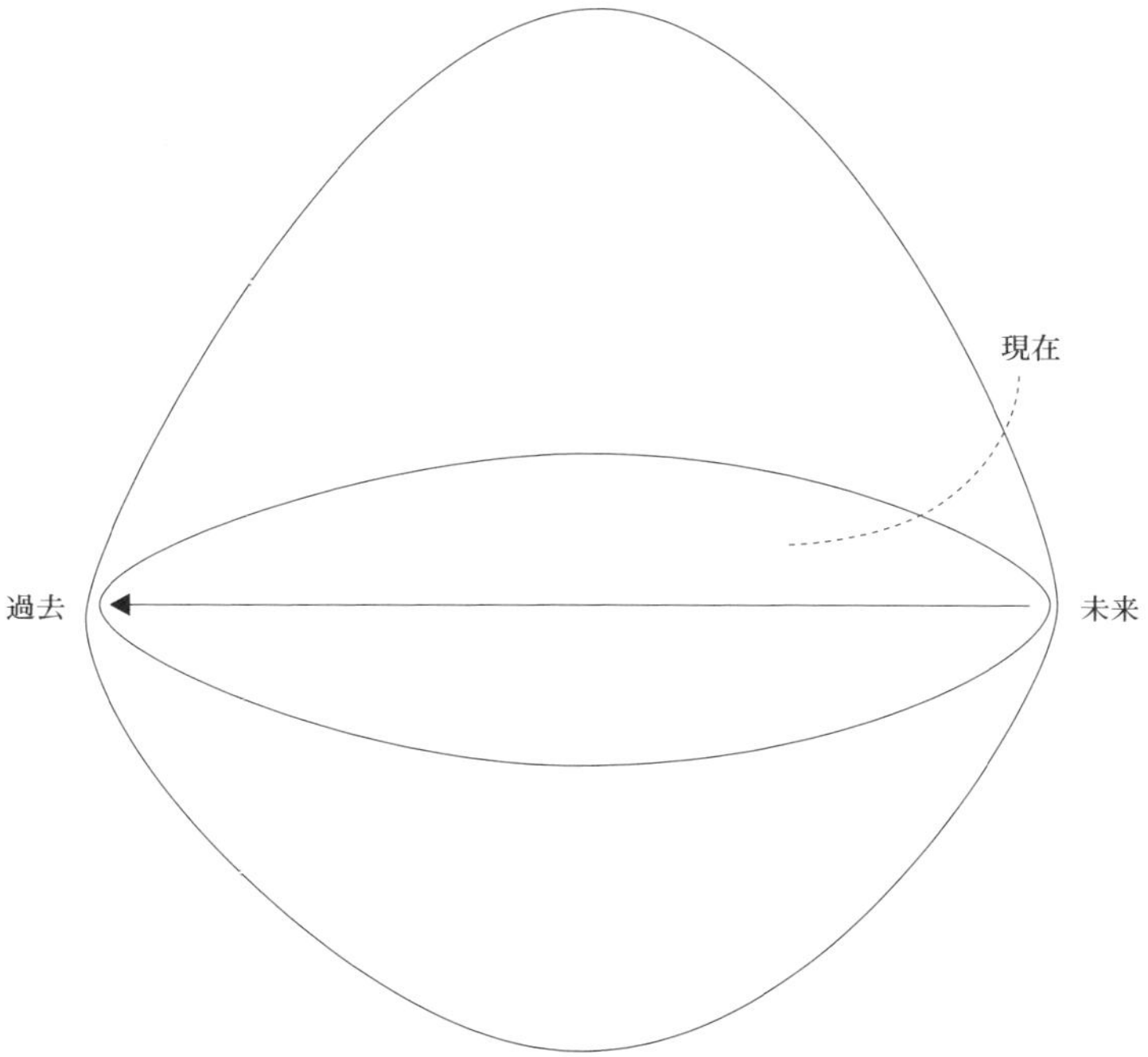

図7.2　時間軸の結果

これは、カテゴリーとその記号対応関係においてパースが時間について考えることができたのではないかと思われるものを格段に正確に図式化したものである。そこから見ることができるのは、我々には進行する現在による時間の効果だけしかわからないということである。なぜそうなのか。それは、現在は第一次性のようなものであるからに他ならない。まさにそれは球体の周りをそっと動き、リアルであるとか客体であることを主張しない。それは何も強制しないので外側にあり、記憶を押しつけたり呼び出そうとはせず、過去と未来の間の媒介をおこなう。この質において、それは第三次性であり、あるいはパースならきっと少なくとも第三次性の第一次性と呼ぶことを好むに違いないものである。概して、それは連続性を与えるものであり、それ自体、連続体である。

実際、我々の記憶の全体は我々がまるでスペース・カプセルの中にいるかのように流れている。そこでは、我々が過去に行こうが未来に沈もうがたとえ将来について夢見たり話したりしようが、我々の記憶の全体はいつも「今」「そこ」にある。我々は無意識が知っている唯一の状態である進行中の現在にいる。その現在は、この五年間あるいは五〇年間何が起こってきたか知らない。それは流れるのでなく未来と見せかける過去に向かって動いている……我々の生のまさに「今」「ここ」にある。五年前の我々は今とは相違した人間であったが、まるで少しも変化していないかのように潜在意識は我々を知っている。潜在意識が知っているのは、常に変化しつつあり一瞬として固定して認識されることのない個人としての我々である。潜在意識、無意識、超意識が我々について本当に知っていることは、記憶・幻想・夢の浮遊する断片である。すなわち、ますます成長増大していく過去である。その「記憶の結果」は、変化し続ける現在として意識化される一つ一つの別個の事例において考えることのできるものである。

ここで重要な唯一のことは、次のような誰もがよく知っているメタフィジカルな現象である。すなわち、過去は努力のためのものでなく知識のためのものであり、未来は我々がそれに影響を与えたいと望む対象であるが、予期することによる以外、我々がそれによって影響を与えられるはずのない対象であり、現在は、その限界として、過去と未来だけがそれを通じて相互に働きかけることのできる無限小の時間である（CP 8.113)。

これに対する非常に強い反論は、いかなる瞬間の結果も即座に過去の結果になるのだから、現在の瞬間の直接的結果というようなものはありえないということである。これがなぜ「現在」が、「客観的実在」を検索し見つけるという不確かさを取り巻く球体のようなものであるかという理由である。これは過去の結果の別称に他ならない。この客観的実在だけが認識できるものである。「あなたや私がどのように思おうとそれとは独立した」もう一つの客観的実在があることを我々は皆知っている、……。この実在は人間にとってはとても耐えがたいものであるので、そうであることを我々は知りたいと思わないというのが真相である。知ることのできる唯一の実在は過去に生きているが、それを実際我々が経験することができない「現在」と呼ばれるものの中に隠す方がいいと思っている。そのような擬似実在は、真の第二次性に他ならない外部の実在から我々を保護する「シールド」のようなものである。我々は実在をあたかも外部にあるかのように、よく知っている第三次性であるかのように、「提示」しようとする。だからこそ、過去や未来に行くときにも、進行する現在というカプセルと静かな第三次性というシェルを必要とするのである。

音楽を考えることについて

どのようにしてこのことがおこなわれているか見ることにしよう。現在だけにあって他になく、復活するたびに違ったものになるような現象について、検討してみなければならない。このようなものはたくさんあるように思われる。たとえば、テクストがそれである。テクストは一定しているが、その読み・解釈だけが相違する。その上、テクストは理解と関係しており、理解はさらにより一層大きな解釈の自由を前提としている。一曲のクラシック音楽は何にそして誰に関係しているのか。その音は、楽譜が同じであっても、演奏のたびに相違している。もちろん、それは録音できるが、それぞれの演奏は、テクスト同様、相違したものとして認識される。しかし、テクストは言語に関係があり、そのため理解に関係があり、したがってその普遍性において意味を求めるものであるが、音楽は沈黙に照準が定められ、したがって個別性を目指すものである。ロシアの作曲家ムソルグスキーは「音楽は組織化された沈黙である」とかつて語ったが、これはうまい表現である。音楽は沈黙を理解させる。人々はいつもこのことを知っているようだ。極東に起源をもつもう一つの賢明な言葉がある。「沈黙を損なうものは雑音、沈黙を強めるものは音楽、と呼ばれる」、と。

私はここで音楽の意味を調べようとか、その組織が自己中心的なものかどうか検討してみようとは思わない。指示対象の外在性について問うてみようとも思わない。思考・音楽・時間の相違を見ようとする私の試みはまた、音楽内部のスタイル・コード・拍子とは何の関係もないことをここで指摘しておかねばならない。スタイル・コード・拍子の相違は社会的につくられた意味のみならず技法的特徴を伴う慣習の固まったものから発達したものである。後者はそれ自体の表現手法を確立して、それを社会の変化と関係づけてきた。音楽がどのように考えられ、時代の思考とどのように関係があり、そして沈黙の論理というようなものがあるのかどうかということについて説明してみたいと思っている。

他方、音楽の「中で」「見たり」「感じたり」するということは何を意味しているのか。音楽は何よりもまず第一に、知性すなわち思考に影響を与えるものである。パースは音楽についてどのように考えていたか想起してみよう。

音の高さは次々と耳に届く連続的な振動の速度によるもので、その振動の一つ一つが耳にインパルスを生み出す。そのようなインパルスの一つを耳に与えてみよう。すると、実験的にそれが知覚されることがわかる。それゆえ、音を形成する一つ一つのインパルスが知覚されていると信ずる十分な理由がある。またそれに反するいかなる理由もない。したがって、これが唯一の許容可能な想定である。それゆえ、音の高さはそれによってある印象が連続して精神に伝えられる速度に基づいていることになる。これらの印象は、いかなる音にも先行して存在しているに違いない。ということになると、高さの感じは先行する認知によって決まることになる。しかし、このことは、その感情についてただ沈思黙考するだけでは決して見出されることはなかっただろう（CP 5.222）。

たとえば、パガニーニのヴァイオリン・コンチェルト第一番ニ長調作品六というようなクラシックを聞いているとしよう。主旋律が聞こえ、次の有名な巨匠の音を待ち受けているとしよう。この作品を暗記していると考えてもよい。音楽は鳴っている。これは「進行中の現在」と呼ばれる状態に我々がいると言えるだろうか。あるいは同じ作品を家のステレオで聞いていると想定してみよう。これで我々はその状態に到達したと言えるだろうか。このような問いは、明らかに適当ではない。なぜならば、どのような種類の例でも取り上げて繰り返し問うことができるからである。音楽は奏でられるたびに相違する思考や感情を引き起こすべく復活され続ける訴えかけである。しかし、バレーや演劇という他の多くの芸術も同様である。そこで、「音楽の向かう方向はどこか」という点に絞ってみよう。一つの答として考えられるのは、聞き手の内的沈黙である。そこで我々の付随的自己によって、無限に解釈されたり、相違する感覚で感情的に分岐されたりすることが可能である。ここでジョン・ケージの作曲になる音楽作品の意味深い沈黙を想起してみよう。彼は弦を鳴らし、それからリズムによって規定された沈黙の中で、非常に長い間何も聞こえない状態が続く。聞き手は自分の中に聞こえる自分自身の作品を奏でるよう求められているのである。

一日一日の一般的予測性についてのパースの例において、その全体が時間や秒に分けられた場合と同じように全体として予測することができないものであることがわかるが、それと同じように、クラシックの一作品が我々にもたらす方向性も、そのいかなる一音におけるのと同じように一般的に認識できるものではない。常に新しい音楽の解釈が沈黙において生ずるが、それはその都度我々が私的な過去を訪れる進行中の現在の「カプセル」である。我々がこの想像上の過去にいることがわかる固定的な瞬間は存在しない。そのようなことが起こるのは、音楽の奏でられている間あるいは後である。音楽が知覚されている間だけ我々の思考は影響を受けるので、そのタイム・カプセルの性質は音楽的である。矛盾は圧倒的なものに思われる。すなわち一方では、我々はいかなる現在ももたない（それを捉える意識のいかなる質も存在しない）。他方では我々は過去と未来について考えることのできる進行中の現在のカプセルだけをもっている。この矛盾は、同時に解決される。すなわち、連続体のことを言っているのであれは、その現実の事例に他ならない現在にいるだけで、どうしてそれが現在であるということがわかるだろうか。どうしてそれが連続体であることがわかるだろうか。それは、わからない。なぜなら、「現在のカプセル」はメタファーにすぎず、「過去」と「未来」も同様だからである。我々は時間を知覚するとき、時間のことを考える。時間を「見たり」「感じたり」することはできず、「聞く」ことができるだけである。沈黙のとき、沈黙の中で解釈し認知するとき、時間は聞こえてくる。このことが音楽を知覚することについてのパースの考えとどのように関係しているか見ることにしよう。

ある私の友人は、高熱の後、聴力をすっかり失ってしまった。この不幸な出来事が起こる前、彼はとても音楽が好きであった。そして語るも不思議なことであるが、その後でもよい演奏者が弾くときには、彼はいつもピアノのそばにいることを好んだのであった。そこで私は彼に言った、結局のところ、少しは聞こえるんだね、と。すると彼は、全然聞こえないさ――でも全身で音楽を感じることができるんだ、と答えた。私は驚いて叫んだ。二、三ヵ月の間に新しい感覚が発達するなんて、どうしてそんなことがありうるのだろう、と。それに対して、彼は答えたのであった。それは新しい感覚ではない。聴力を失った今となってわかることなんだが、前からいつもこのような意識のあり方があったんだ。ただ以前は、他の人たちと同じように、僕もそれを聴力と誤解していたんだ、と。同様に、死んで肉体の意識がなくなると、私たちはそれまで違った何かと混同していた生き生きとした霊的意識をそれまでずっともっていたことにすぐ気づくことになるだろう（CP 7.577）。

パースの友人の言ったことは、友人のものというよりパース自身の言葉のように聞こえるが、習慣獲得性について自分が述べたことにそれが一致しているため、その友人の言葉を高く評価したに違いない。彼の友人は自分がよい演奏者の傍にいるとわかるたびに、きっかけが与えられて音楽を知覚する習慣を発達させていたことは明らかである。その友人が語った「意識のあり方」は、他のいかなるものとも混同されてはならない。それは沈黙における音楽の解釈である。換言すれば、彼は自分個人の過去をめぐって音楽を考える楽しみを味わっていたのだ。

心が音を解釈する能力は音楽の理解においては必須のものである。おそらく音楽の感性をつかさどっている脳の特別の神経中枢があるに違いない。音楽が奏でられているときいつも何かはっきりと見えたり感じたりするという広く受容されているクリシェは、我々がそれについて推論するときにはほとんど役立たない。音楽の「他者」は、また音楽であるというのでもなければ、いかなる特定の感情でもなく、エコーであることであり、そこにおいてその音楽の解釈が絶対的沈黙の中で生ずるのである。音が連続して知覚されている間にそれは生ずるのであるから、沈黙は絶対である。撞着語法を気にせずに言えば、一つのメロディーの二つの音の間の響き、パースの言う二つの音の間の「メロディー」に現れるのは、他でもないこの沈黙である。この解釈力は音に対する反応を表している。思考することは反応することである。だからそれは対話的なのである。しかし一連の音の直接知覚は何に反応しているのか。純粋な感情への反応であるとか、複数の音にコード化された一種の思考への反応であるというような浅薄な答が返ってくるかもしれない。エコーが反応しているのであり、この場合、それはこの契機となっている状況と同じような感情的状況において耳にした他の反応を想起することによって引き起こされるもう一つのエコーに反応しているのである。思考が媒介なしに思考に反応する。これが音楽の重要な効果である。音楽が聞こえている間、我々の検索する自己は普遍的自己に統合されているのだ。

音楽にのみ生きているこの思考は、ずっと変化し続ける現在の音によって伝えられる。それは記号を剝ぎ取られているので、それ自体は記号ではない。調子や音というような記号媒体は、それらが働いている間は思考不可能なものである。音は意識にじかに働きかけさらなる解釈を求める。もちろん、それは感情もまた思考であるというパースの意味での思考である。そしてもう一つのパースの意味において、以前に存在している思考は以前の思考に反応している。

音楽作品には切り離された別々の音があり、メロディーがある。単一の音は一時間だって一日の間だって引き伸ばすことができ、それは全体にあるのと完全に同じように各秒に存在する。それゆえ、それが響いている限りそれは感覚に現前しており、そこには未来そのものが不在であるのと同様に過去も完全に不在である。しかしメロディーはそうではない。その演奏にはある一定の時間が必要であり、その部分にはその部分だけが演奏される。メロディーは別々の相違するときに耳に聞こえる一連の音の秩序ある配置にある。そこでそれを知覚するためには、時の経過という出来事を現前させる意識のある連続性がなければならない。我々はもちろん切り離された音を聞いて、メロディーだけを知覚するのであるが、それでいて、それを直接聞いているとは言えない。なぜならば、我々はその瞬間に現前するものだけを聞いているのであり、継起の秩序は一瞬には存在しえないからである。我々が直接意識するものと媒介的に意識するものという二種類の対象が、あらゆる意識に見出される。それが持続する限り各瞬間に完全に現前する要素（感覚）もあれば、始まり・中間・終わりのある行為として精神を流れる感覚の継続との一致に存在する（思考のような）ものもある。それは我々に直接現前することはできず、過去または未来のある部分をカバーしなければならない。思考は継起する感覚の中を通り抜ける一筋のメロディーである（CP 5.395）。

音楽は最も純粋な思考であると言わないまでも、最も純粋に知的な作品に似ている。テクストとは違って、音楽は新しいリアリティを生み出したり捉えようとはしない。我々はテクストの中に生きるようには音楽作品の中に「生きる」ことはできない。テクストでは我々は新しいリアリティに生きることができるが、音楽ではそうではなく、思考の中に生きるように生きる。音楽は沈黙の応答、エコーを目指しており、エコーは音が微妙なハーモニーと対位法という静かな解釈に薄らいでいった後鳴り響く。そのような沈黙の中で、我々は音楽の始まる前に陥っていた感情と思考を調節したり転移したりすることができる。

建築は凍れる音楽であるというゲーテの有名な言葉のように、音楽の効果は外的なかたちをとることもある。実際ヴェルディの「レクイエム」の演奏の半ばには、聞き手は目を上げ視線を卵形のバロックのオペラホールに、そしてボックス席の濃いビロードを見渡し、貝殻のような飾りのプリーツの上に静かに落ち着くに違いない。そのような音楽には大柱、柱頭、金色プレートの額縁に入った大きな鏡が必要である。そのような音楽は現実性を克服してテクストが生み出すようなリアリティを生み出そうとするため、現実の中断が必要になる（ところで、ちょっと好奇心だけから言えば、現代のポップ・ミュージックにはどのような建築様式がお似合いだろう。失望的な答を先取りして、もう一つ問うとすれば、今日の音楽は沈黙の理解から沈黙の脱構築に目的を再定式化してしまったことから、とりわけ、痛手を蒙っているのではないのか。現代音楽は「連続的な沈黙」ではなくリズムをぶつけることに変わってしまって、思考が思考を解釈する沈黙の連続体であろうとすることを止めている）。それと同様なのが……

時間の他者性……

……思考である。時間の行為はやはり時間であって、行為ではない。思考の行為はやはり行為であって、思考そのものではない。それは信念を生み出すことによってリアリティを捉えようとする努力の継続になる。音楽はそのような行為の最上のメタファーであるにすぎない。それは始まり動き、そこには相違するモティーフとテーマをもつ中間と終わりがあり、それは新しい感覚を呼び起こす。テクストとの相違は、その解釈のされ方あるいはむしろ解釈の生起である。テクストには媒介という記号行為が必要である。音楽では、一音一音が打ち鳴らされることによって、「時間の経過という出来事」を占める一連の思考が生ずる。この思考の網が、我々に現前して生起する音を集めて組み立てる。「瞬時の思考」から構成された連鎖によって、全体が知覚でき、連続して継続的秩序が進行しているという幻影がつくり出される。この多くの部分からなる思考は、コンピュータの描画に似ていて、最初のイメージはヴァーチュアル・スペースにおいて次々と無限の再生が可能であり、ますます小さく漠然としたものになっていく。記号行為（記号の成長）はなく、むしろ記号は沈黙していく。一音の解釈項は無数の鏡に映った像であり、その影は見えるがかたちは見えない。音楽の解釈は、外に繁殖せず、内に繁殖する。この意味において、パースの思考と音楽の比較は訂正可能である。それはあまりにもテクニカルなので、嘘のように聞こえるのかもしれない。パースは、「音楽作品においては、切り離された音（notes）があり、メロディーがある」、と言う。音ではなく音質（tone）という

「第二」（First）が奏でるのであり、これは大きな相違である。演奏中、曲は真の連続体であり、二音の間すなわち沈黙における「メロディー」にさえ知が含まれている。音楽は、その絶えざる過去への流れにおいて時間と張り合う必死の努力である。それは、また、あらゆる他の時間を訪れるための完全なタイムカプセルでもある。音楽は、時間を「思考する」ことはできないが、時間に並行して流れることによって時間をエコーする。この点において、時間の他者は思考であって、音楽ではない。我々の図式において他の時間の周りをまわる現在と同じように、音楽は沈黙する自己の周りをすべるように動くものである。

沈黙する自己

どのような点において、思考は時間の他者なのか。有名なバフチンの他者・他者性という概念は、彼の対話論に基づいており、その視点は人間どうしの対話から始まっている。次に挙げるのは、「一九七〇〜七一年の覚え書」における彼の言葉である。

反復でき認識できることは、どれも、それを理解する人の意識によってのみ十分溶かされ同化吸収される。その人は、他者の意識に自分自身の意識だけを見て理解するので、その人自身は決して豊かになってはいない。他者のものに自分自身のものだけを認める……私は他者の言葉の世界に生きる。そして私の生の全体が、この世界における適応を示しており、他者の言葉への反応である……（1986：143）。

これは言語中心的な見解である。時間を心理的に理解することを考える限り、このように考えることができる。それによれば、思考は実在を捉えようとする努力であるという意味において、思考は時間の他者とみなされる。時間は、過去としてしか認識されない。しかし最後の引用で既に示され確認されているように、「それ自身以外のもの」は、「現在」とか「未来」という大きな慣習的用語とまったく同じように幻想を表している。確かに「それ自身以外のもの」というようなものはある。ある程度それに近づくことはできるが、私がこのものになるのは不可能だ。私がそれをすっかり「私以外のもの」として認めることはできない。私ができることは、タイムカプセルの内側の表面の周りをすれすれに滑走するだけ、無音にされた音楽の解釈でそれを「きく」だけである。言い換えれば、私は沈黙に沈むことができる。上に述べたように、これは音質とハーモニーがだんだん聞こえなくなって無音になる沈黙である。それらを聞くことはできないが、それらについての自分の思考を聞くことはできる。それはあのパースの友人の特別の意識の様相に似ている。

この見解は、より完全なものになるためには、現象的な見解と組み合わされねばならない。よく知られているように、我々は絶対的な沈黙に耐えることはできない。完全に音が遮断された状態がほんの二〜三分続いただけで、健康が害される。外界から隔離された静けさの中では、自分の生体の音が聞こえる。沈黙の中で何かを認知することは、予想外の感覚によって個人の自己にアプローチすることを意味している。楽曲の切分法によって、最初の音が生み出される拍子に先行する拍子以外、沈黙の中には動きは皆無である（この拍子も、指揮者によってのみ徴しづけられるもので、これもまた無音でありうる）。指揮者は次の楽器が入るまで、それを徴しづけている。指揮者は拍子にしるしをつけ、フレーズが息づいている間、それに音楽を歌わせる。音楽は、ゲーテのメタファーのように、石に刻まれたものではない。それ自体が、刻み込まれた沈黙なのだ。音楽を知覚することは、思考に沈黙を刻むことである。沈黙を知覚するためには、音楽にある沈黙を説明しなければならない。この沈黙は思考と多くを共有しており、それゆえにこそ音楽を知覚することと音楽を思考することがほとんど区別されないのである。これまで見てきたように、思考することは時間の他者である。音楽を聞くことは、それ自体の最終的または論理的解釈項をもっており、それがその中に隠されている沈黙である。

我々は演奏に先立つ沈黙について語るが、それは音より先に我々のところに届く漠然とした影のようなものである。これは指揮者が指揮棒を振り上げるときに初めて現れ、最後の音が聞こえなくなってからすぐ後に再び現れる知的なところのある沈黙である（どのような種類の記号がそのような沈黙を表すか、定義づけることはおもしろいだろう）。それは自己に訴え、我々を自分自身に向かわせる。自己がその最終的解釈項である。音楽を聞くことは、自己中心性を目指すことである。解釈が何か外のものだけを指し示しているなら理解が可能であるテクストの場合（バフチンの対話の概念）とは違って、音楽の解釈は、ただ付随的自己のためだけに生じている。音楽を聞くことは自己の漂流を止めることを目指している。それはもはや比喩ではない。それは自己中心的意味に変わるのである（この点で、それはもはや「意味」ではなく、意味しているのは沈黙である）。テクストの解釈は絶えざる前進を表すが、音楽の解釈は永遠の後退である。テクストの解釈は習慣獲得性へと我々を方向づけるが、音楽の理解はそのような傾向を破壊しようとし、我々の自己に第一次性の感覚を得させようとする。

人間にとっての沈黙の意味を強調するために、バフチンは静けさと沈黙を区別している。「静けさにおいては、何も音をたてない（何かが音をたてることはない）。沈黙においては誰も「話さ」ない（誰かが話すということはない）。沈黙は人間世界においてのみ（そして、人にとってのみ）可能である。もちろん、静けさも沈黙も両方とも常に相対的である」（1986:133-134）。

音楽は、我々以外の誰も話さない沈黙の中で解釈される。この沈黙は我々自身のものである。沈黙は我々に「話し」かけるが、この沈黙に耳を傾け反応する唯一の方法は、音楽を聞くことである。そこで我々自身の沈黙は応答し理解することが「できるようになる」。すなわち、音楽を「考える」ことができる内容のある沈黙になる。まさにこの「学習された」沈黙こそ、パースによればいかなる音にも先行する不思議な音の高さの感覚である（このような印象は、どのような音質にも先行してあるに違いない。それゆえに、高さの感覚は先行する認識によって決まる）。おそらくこれが、我々の暗い現在の認識であり、静かな自己の感触である。音楽は自己を黙らせる。

第八章　静かなディスコース——パースの「意識」概念における表象の諸相

本章では、ホログラムとアート・インスタレーションとポール・セザンヌの絵画を見ていたときに思い浮かんだ一連のメタファーを概念化する。この分析によって、メタファーを概念化する方法についてのすべての要約をおこない、たとえばウンベルト・エーコのいくつかの初期の作品に素描された類像理論やヨーロッパの（ソシュール）記号論のアプローチとの比較をするつもりである。最後に、用いられた概念の方法から得られた結果を三項モデルの表象で整理してみたいと思う。

パース、バフチン、ボードリヤール

このテクストを書くことになったのは、ある展覧会に出かけたときの経験によるものである。そこには、窓からの光をさえぎって暗くしたいくつかのホールに置かれたあのポストモダンのインスタレーションがあった。作品は何もなくて、そこを訪れる人「自身」が芸術の対象となっていた。複雑なヴィデオ・システムによって、誰であれ、その人のイメージがいろいろな角度から再生されていた。誰もが話したり笑ったりしながら部屋に出入りし、ホールを横切って自分「自身」に出会いあるいはそこから立ち去る、その姿の数が増えて拡大されるのを大きな壁面のスクリーンに見ることができた。

そのとき心に浮かんだのは、次のようなパースの有名な考えであった。

しかし我々自身が現存するということ……から、我々に対して現前するものはすべて、我々自身の現象的な顕示である、という帰結が出る。だからと言って、それが我々の外部にあるものの現象であることが妨げられるわけではない。虹が太陽と雨の両方の顕示であるのと同じである。その瞬間現にそうであるものとしての我々自身は、考えるとき、一つの記号として現れる（CP 5.283. 内田種臣訳、一部訳語表記を変えて引用）。

私は記号として記号過程に入り、記号として行動し、そして私の三項性はどこにあるのかと自問し、自分は生きている記号であると感じた。それからさらに深刻な問いを発し始めた。もし私が解釈の連鎖に関与する記号であるとすれば、私の行動の結果としての新しい認識をどのようにして予見することができるのか。私はそれ自身を映す鏡にすぎないのだから、そのようなことができないことは明らかである。さもなければ、私は自分のことを究極の記号内容として、すなわち十全に最終的に現前する超越的な記号内容とみなさねばならない。私の推論の外で動いているものは、私の誤謬の結果としての記号過程である。可能な解釈のパースペクティヴを見るために、私は記号の連鎖に入りそれを壊す。もう一つの次元の自分自身を感じるために、私はその断片を増やす。私はすべての断片の総計であり、それは私の部分プラス私の行為である。そこで生ずる問いは、記号としての私の解釈項は何かということである。

私の意識を解釈する「第二の意識」とは何か。「第二の意識」というとき、私はパースとバフチンの思考の驚くべき類似性を心に描いている。パースの記号の定義では、記号と対象との関係は「それ自体以外の何か」と述べられている。バフチンはその著『後期論文集』において、芸術家の意識と沈黙の内的対話に永遠に関与している意識としての他者の意識である「第二の意識」について、次のように述べている。

第二の意識とメタ言語。メタ言語は、単なるコードではない。それは記述し分析する言語と対話的な関係を常にもっている。量子論における実験者と観察者の位置。この行為的位置における存在は全状況を変えるのであり、結局のところ、実験の結果を変える。いかに遠く、閉じられた受動的な観察者であろうとも、観察者をもつ出来事は既に相違する出来事である……人間科学における第二の意識の問題。問われる個人の意識を変える問い（アンケート）。理解し反応する人の意識という第二の意識の無尽蔵さ。ここに、応答・言語・コードの潜在的無限性がある。無限に対する無限（1986：136）。

一連の問いが進むにつれて、私は思う。記号過程における私とは何か。インスタレーションの部分としての私とは何か、あるいは薄暗い大寺院において、インターネットのホームページにおいて、幕が上がるあるいは下りる寸前のオペラ・ホールにおいて、私の自己意識が沈黙しているあらゆるところで、私とは何なのか、と。私の類像的イメージの絶対的現前に囲まれて、それはどのような種類の記号を生み出すのか、と。芸術におけるそのような諸状況間のいくつかの類似性について検討してみよう。

ポール・セザンヌの絵画「水浴する女たち」において、同様に、画家の目は絵画の中に入っている（図8・1を参

図8.1　絵画の内側

照)。画家の目は絵画の内側にあり、その目が見るものは、何もかもその目が見られるものに囲まれているかのように立体的である。これは遠近法の観察者の位置より一歩進んでいる。この一歩によって、観察されるものすべてが違って見える。そしてここにジャン・ボードリヤールの有名な用語「シミュラークル」についての私の論点がある。彼の「第三階のシミュレーション」あるいは「ハイパー・リアリティ」は、進行する記号過程すなわちそれ自体の外で行為する記号を生み出すことはできないだろう。

ボードリヤールは、ハイパー・リアリティはコンピュータ・コードのヴァーチュアル・リアリティのようにアルゴリズムによって(数式によって)生み出されるという。すなわち、ミメーシスと表象という考えから離れ、たとえば数式の世界の中に含まれて(Lane 2000:86)。

一瞬無限のシミュレーションの世界に足を踏み入れたかのように感じたが、これはそれだけの世界であるというボードリヤールの想定とは違って、私は無限の記号過程の領域と考えたいと思った。私の魂（と私の観察の正当性）を救ったのは、決して満たされないものとしての記号というパースの考え――記号は表象される対象を決して完全に尽くすことはないというもの――であった。

記号が別の記号においてそれ自身の解釈を決めるとき、結果を生み出す記号はそれ自体存在する対象ではなく単なるタイプにすぎないが、それはそれ自身の外に物理的な結果を生み出す。それはこの結果を、あれやこれやの形而上的な意味においてではなく、議論の余地のない意味において生み出す（CP 8.191）。

この引用は、西洋哲学についてのデリダの批判についても論じている。デリダは述べているのであるが、言語は不安定なので意味は話しことばや書きことばにほとんど生ずるや否や消えてしまう、あるいは常に新しい意味へと変化し続ける、はかないものである。彼がさらに主張するところによれば、あらゆる西洋の哲学は言葉の十全な意味が話者の心に「現前している」という前提に立っている。そして、それがいかなる重要なずれもなく聞き手にコミュニケートされうる、と。デリダにとっては、これは「幻想」である。「西洋の歴史と同じように、形而上学の歴史はこれらのメタファーとメトニミーの歴史である。その母体……は、この言葉のあらゆる意味において「現前」としてあることの決定である」（1978:281）。「十全な意味」というようなものがあり、それがコミュニケーション行為に生ずることができるということをデリダが疑っているのは正しい。もしそのようなことが生じているならば、コミュニケーションの過程はそれによって停止することになるだろう。なぜならばコミュニケーション過程もまたはかない現象だからである。コミュニケーション行為の完全性についてのこの信念のことをデリダは「現前の形而上学」と呼んでいる。

この点についてのパースの見解は、意味の安定性は全体としての安定性というようなものによるのではなく、さらに次なる行為へと影響を及ぼすことになる生み出された結果によるというものである。デリダが、言葉の十全な意味が大して何も失われずに心から心へもたらされるという西洋哲学の批判をおこなったことも、おそらく正しかったと言えるだろう（東洋の哲学ではどうだろう。そこではコミュニケーションの経路について何も考えられていないというのは明らかなようだ）。パースにとっては、言葉の十全な意味は、人の精神にあるのではなく、むしろ、それは外部の物理的（形而上学的ではない）結果を引き起こすものである。

ボードリヤールが考えていたように現実感覚が制御できない記号の流れを生み出すヴァーチュアルな「独我論的独り言」の世界に我々は生きているのではなく、変化が起こり知識が増える物理的世界に生きている。確かに世界はCNN（アメリカ）化しているが、これによってさらに知りたいという渇望が消えることがないというのも事実である。我々は位置を変え、自分が所有していると思われる知識を自己制御することによって見る（あるいは考える）という能力を未だ保持している。

既述のインスタレーションでは、私は記号経路の真っ只中に自分がいるのに気づき、思考そのものに向かって（あるいはシミュラークルに向かってと言うべきか）一歩前へ踏み出した。「一歩前へ」という表現に騙されてはならない。それはただもう一つの（リオタールの意味での）「言語ゲーム」あるいは（ボードリヤールならこういう言い方を好んだであろう）「ポストモダニスト・ゲーム」であるにすぎない。ということは、それは何かもっと多くのことを学ぶことであり、常にそこにあったものではあるが今それを知ることになったものに気づくということである。思考記号にな

図8.2　橋

ることによって、私は記号過程の要素である単純な記号の三項関係に入る。これは新しい認知のパラダイムではないか。何か新しい経験を意識するために思考そのものに入るようにと駆り立てているのは、我々の時間ではないのか。私が思考の内側から何か新しいことを示すことができるだろうか。さて、何よりもまず言えることは、思考の過程はほとんど私の助けなしに進行しているということである。

既にバフチンが示しているように、記号はその特性によってのみならずその位置によっても意味作用をおこなっている。さて、パースにおける同一の問題について、研究者たちがどのように考えているかということを見て驚くことはない。「パースの記号概念についての最も重要な特徴は、その位置の特性である」(1993:63) とヨルゲン・ディネス・ヨハンセンがパースの記号概念について言っていることに全面的に同意したいと思う。

パースの初期の哲学についての私のクラスで、たとえば下に題辞の記されたパリのポン・ヌフの写真はどのような種類の記号であるか定義してみなさいと学生に問うと、彼らは普通それは命題的・指標的・個物記号（個物記号）であると答える。それは現実に存在する対象を表しており、「そこから情報が引き出せる（類像というような）記号と

図8.3　美的対象

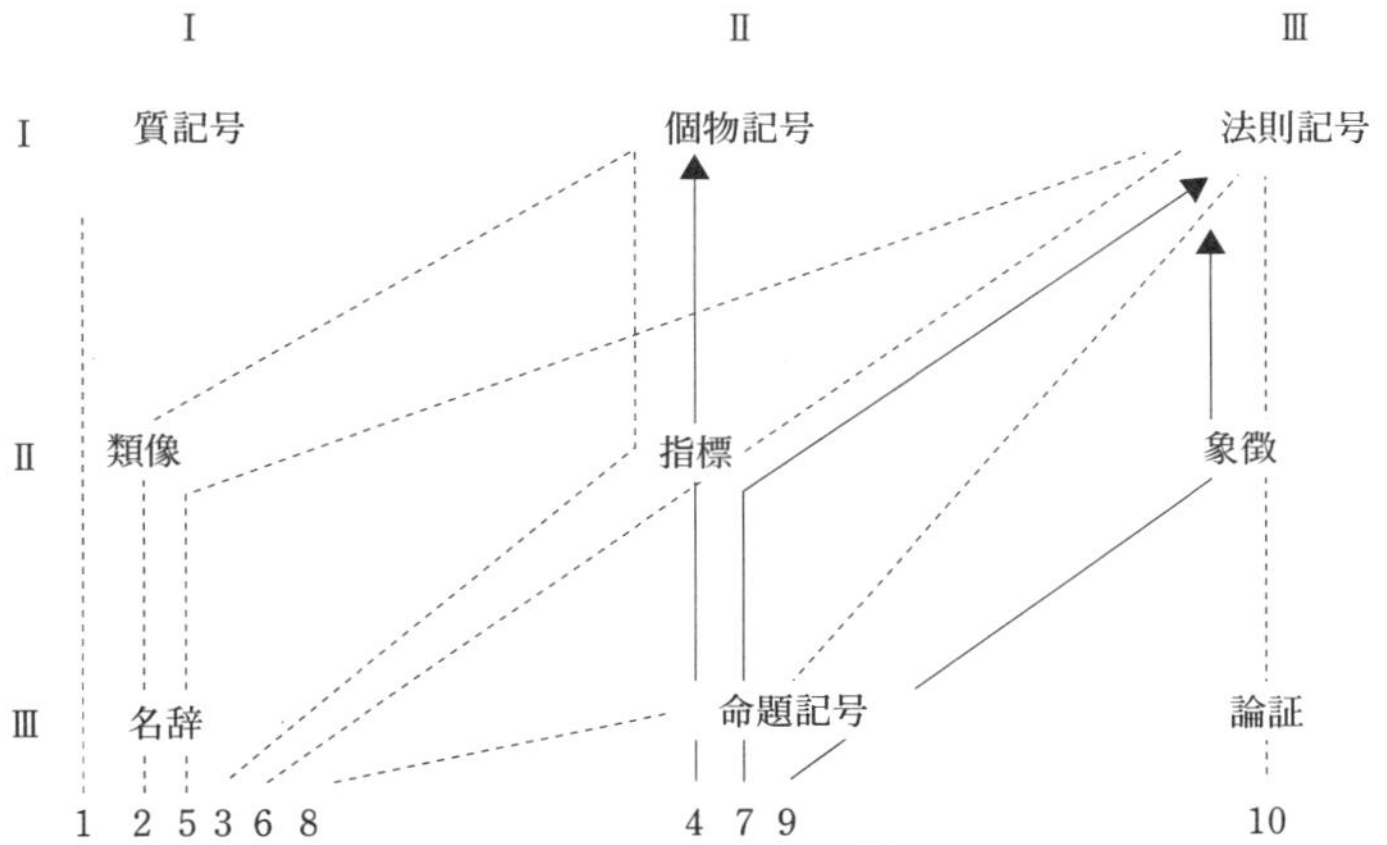

図8.4　事実から象徴へ

の対比において、情報を「伝える」記号である」（CP 2.309）ので命題的である。それは直接特定の人工物を指しているので、指標的である。ある存在物について何らかの情報を提供するものとしてその最終的解釈項（学生）によって解釈される。「そのような記号は、真か偽でありうる」（CP 2.310）。

そこで我々は何かの両端を結ぶものとしての橋として、ポン・ヌフを思い浮かべてみる（図8・2を参照）。この場合、それは結合、接合、あるいは関係というような意味さえ習慣として含むことになる。この新しい点からすれば、それは命題的・指標的・法則記号である。それは世界のどのような橋とも同じような、ポン・ヌフについての情報を与えるものと解釈される（すべての記号クラスは、より低次のクラスを含んでいる。たとえば象徴的・法則記号は実際レプリカ（トークン）のクラスに入るが、いかなるレプリカの限られた集合もこのクラスを尽くすことは不可能である）。ことごとくの思考は法則記号である。ことごとくの法則記号は、その適用の事例を通じて、そのレプリカを意味する。

さらにいくつかの見方を試してみよう。そこでブルガリア出身の前衛芸術家クリスト作の包装されたポン・ヌフ（図8・3）を見てみよう。そこでは橋は美的対象に変化し、命題的・象徴的・法則記号となる。そして、ここで学生たちはいささか混乱する。通常彼らの考える比喩「象徴」の意味は、文学的なものである。詩人の魂の象徴としての白鳥など。しかしパースの主張によれば、象徴は規則や習慣という法則によってその対象と関係づけられる記号である。記号と対象の両方が象徴的に関係づけられ、それら自身、法則あるいは習慣であるような記号関係であることを強調すると、それははっきりしてくる。最後に、論証的・象徴的・法則記号であるような絵画としてのポン・ヌフを見てみよう。すると新しい議論は、パースが「真実」として指し示すものに向かう論理的論証という哲学の法則にしたがうことになる。ここで見えてくるのは、（現実の存在物という）野蛮な事実から象徴的意味へと向かう過程、既にパースとバフチンの章で論じた沈黙を成長させること、沈黙に内容を与えるのと同じ過程である。この特性は実在の声（記号）が薄まっていくことである。図8・4の図式にはこの現象が示されている。

他者を見ること

パースは、表象を認知過程および学習一般と関係づけている。この問題についての稔りある議論が、パース批判が消え失せた最近になってなされている。パースは非難されていたように知識を反射光学的な（鏡、「視覚的」）メタファーとして見ていたのではない。その上、表象を類像性と同義的なものではないと理解していた。ここでローティのパース批判に対するスタンリー・ハリソンの傑出した答を思い出すことができる。

パースが人間の探求の進歩について語るとき、我々の象徴による表象が文字通り事物の「イメージ」であるかのようなオリジナルの「コピー」の構築として、知識が徐々に進歩していくと言っているのではない。むしろいかなる所与の問いについても、予定された見解に到達することは、その見解の対象（独立して実在的なもの）を我々の表象を「通して」我々に現前せしめることである。しかし表象のコンテクストは、第三次性としての性質において独立して実在的で「ある」（1986:178）。

我々はパース自身の思考により密接に近づいて、この陳述を単に力動化（活性化）してみることができる。目の網膜上の盲点と楕円形についての彼の例は、今ではよく知られている。このような生体の特徴を与えられると、我々に直接見える空間は「独立したリアリティ」というレッテルを貼られたものとはあまりにも共有点が少ないことになるが、それは知性の働きによって絶えず「コンテクストを与えられ」ている。我々は第三次性としてのリアリティの「存在」を意識しているが、「意識」が構成しているものが第三次性であり、それは再調整されたリアリティであり解釈項として働いている記号である。この「鏡像的な」リアリティは非常に特別な種類の類像性に基づいており、それは類像的解釈を前提としており、換言すれば、リアリティは人間の意識に現れるたびにもう一度知られねばならない（recognized）。そして解釈項の位置が変化するたびに、解釈者が相違するたびに、意味は相違してくる（意識とは、一般化された感情に他ならない）。

バフチンにおいて、同様の考えを（相違するパタンにおいてではあるが）見出すのは驚くにあたらない。彼は、（「他者」の）知識を得る過程を他者の意識の鏡像としてではなく、（コンテクストとして解釈される）沈黙において他者の声を聞くこととして理解する。これが彼の有名な「異言（heteroglossia）」（マイケル・ホルクィストが「多言語 many languagedness」と訳したもの）である。彼にとって考えを理解できるものにするために単一の意識に沈むことは、パースにとって一つの意識の修道院に思考を閉じ込めることと同様の誤りである。パースなら、思考を街路に放置してそれ自体の真実のためにそれに闘わせることを薦めるだろう。そしてここにバフチンの「沈黙の」真実がある。

何でも単一の意識にしてしまい、何でも（理解される）他者の意識に溶かしてしまうという誤った傾向。（空間的、時間的、国家的に）外部にあることの最も重要な利点。自己を他者の立場に（自分自身の立場を失って）置くという感情的共感（Einfühlung）として理解というものを理解することはできない……他者の言語から自分自身の言語への翻訳として理解というものを理解することはできない（1986：141）。

バフチンは意識というものを「心」の概念を含むものとして、より広義に理解していた。文学的哲学者として、彼は文学テクストにおいてそれ自体鏡像的な実在を表象する沈黙の変形により大きな関心を示した。意識における沈黙の瞬間はメタファーとして現れ、それはもう一つ別の実在を映すものであり、あるいはそれ自体を映す鏡である「テクストの実在」となる（他のところでボードリヤール（1988）は、スクリーンとネットワークが場面と鏡にとって代わると言って、実質上同じ考えを発展させている）。しかし彼が心に描いていたのは未来の寂れたハイパースペースの倫理的な側面であった。

他方、心的表象は、それが表象するものを映さず、むしろ実在の断片から擬似鏡映的にそれを「再構築する」。このことは、表象は想像上の目の「背後に」あるものを表象することができるという驚くべき事実によって証明されているが、何よりも第一に、鏡映的実在をつくり上げる知性の働きによって証明されている。意識は記号が完成されさらに加工されるために心に伝えられる記号行為の真のコンテクストであるが、心的表象は意味そのもの「である」。そのような意味は表象されたものの鏡映によってではなく、それを心に写像することによって生み出されてきたものである。このようにして、各切片が表象された対象のそれ自身の「コピー」に光を当てている（ボードリヤールのアメリカのイメージを用いるなら）砕けたホログラムを想像することができるなら、パースのモデルに最も近い心的表象をもつことになるだろう。各切片は心に層をなしているものと同じ対象を映しているが、その大きさ・ニュアンス・量は相違している。これは類像性と意識の関係のモデルであるが、意識の方から見た場合という逆の側からのモデルである。

深みにおいて見ること

専門的な意味では、パースによれば表象は記号をその直接的・力動的な対象に関係づけることであり、それは感情的・力動的・論理的（あるいは、最終的）な解釈項という三種類の解釈項によって媒介される。この過程について現代の視点からさらに述べるためには、新しい見方とより高次の抽象化が必要になる。「人間に要求されるあるいくつかの能力についての問い」において想定された知識の表象性についてのパースの啓発的な考えについて検討してみよう。「問三」において、彼は次のように述べている。

どのような認識にも、表象されるもの、すなわち我々が意識していること、およびそれによって表象化されるようになる自己の行為、あるいは感情が含まれている。前者を認識の客観的要素と名づけ後者を主観的要素と名づけよう。認識そのものは、その客観的要素の直観、つまり直接的対象の直観である（CP 5.238）。

「表象されるもの」および「我々が意識していること」という表現に焦点を当てるならば、それらのどちらにも自律性が認められていないことに気づく。それらは、文の後半のことすなわち「行為あるいは感情」という必要条件が達成されるならば満たされるべき条件である。誰の感情か行為かということには答えられていない。個人あるいは解釈項にとってである、とわかっているように思われるが、パースはそのような条件を決して明記したり強調したりしたことはなかった（それゆえ、ウンベルト・エーコは解釈者と解釈項の相違について議論することができたのである）。

慣習性は、表象の非鏡像性を証明するもう一つの特徴である。それは（後で考察することになる）ある種の記号クラスに必要な部分であるが、ある程度、それはいかなる記号クラスの特性でもある。規則や習慣同様、慣習をつくり出すことは、意識（さらに正しく言えば、そこにおいて意識が連続している退行した精神）の本質そのものである。たとえば法則記号に特有なものである慣習と規則は、表象の複合的な性質を説得的に明示することができる。法則や習慣は、法則記号とその対象の関係を支配する。しかし同じことは、類像的な記号にさえ言えることである。パースによれば、「……類像的記号は、それが目的の概念に関係しているときにのみ、そのように働く」（in Johansen 1993:117）。あるいはヨハンセンが述べるように、「指示対象の適切な枠組みを明記する慣習は、類像的記号を支配する」（1993:117）。類像性は意味作用（すなわち、意識的な過程）の一部でなければならないものであり、（既に示したように）非鏡像性をもっているので、適切な理解の枠組みを明記する意識は記号過程の真のコンテクストであると結論づけることができよう。ダグラス・グリーンリーが言うように、「解釈の規則という慣習は、類像の表象（したがって意味作用）の基底を確立しているに違いない」（in Johansen 1993:117）。

これでさらに一歩進んで、心の認識の潜在的可能性および記号過程の類像的結果をもたらすのは何かということを問うことができる。これは、認識過程に付随的に生ずる我々の検索する自己であろうと思われる。芸術作品においては、それは特別な種類の沈黙、観察と内省を方向づける「注意を喚起する」効果として現れる。バフチンと共に、これは人間に特有の沈黙であると言えよう。それは退行した連続体（特別の環境）から意味を引き出させる。「沈黙は人間世界において（そして個人にとって）のみ可能なものである……沈黙（知的に理解できる音（語））と休止が特別の言語領域を、統一された連続的構造を、開かれた（最終的でない）全体を構成する」（1986:133-134）。

思考する眼差し

ここで明晰さの段階というパースの考えを思い出して、それを表象の概念に適用してみよう。明晰さは、鏡映することではなく、「感ずる」こと（「意識」の仕方）を目に教え「見」方を意識に教える過程である。このような問いをさらに深く考えるならば、たとえば頁の二つのパラグラフ間の空所というような無と純粋に類像的な記号の等しさについても問うことができるだろう。さらに進んで、視覚世界の類像性が聴覚世界の沈黙と等しいかどうか問うことができる。そのような関係の論理はどのようなものだろうか。文学における類像性とはどのような種類のものか。そこには音楽や絵画における類像性と何か共通点があるだろうか。意識における類像的効果のみを明らかにするよりも、むしろ表現形式の相違（音、語、色）を決定的に重要なものとして掘り下げて考えるべきなのか。知識に到達する過程について、パースは次のように述べている。

意識の中にはぼんやりとして明晰でない観念が非常にたくさんあるので、過去の経験全体のほとんどは薄暗がりの深淵に沈んではいるが、我々の経験全体が意識の中に連続してあるというのは本当かもしれないと思う。私の考えでは、意識は底知れぬ湖のようなものだと思う。その水は澄んでいるが、はっきり見えるのはほんの少しだけである（CP 7.547）。

表象を通じてより多くのことを知るという同じ問題について語るのに、二人の思想家がどちらも詩的メタファーを用いているのは単に偶然のことだろうか。ジョン・シェリフが指摘するように、「宇宙的な現象として意識を客観的に焦点化することによって、意識―感情は我々の中にあるのみならず、我々がその中にあることが強調される。我々がそれをもつのではなく、それが我々をもつ、それが我々である」（1993:44）。次の章で問いを逆にするという同じモデルにしたがって、我々の検索する自己について同一の結論が当てはまることがわかるだろう。

多くの哲学者は、すべての観念は既に巨大な遊園地の彫像になってしまっていると信じている。しかしそれでも、我々が遊園地でできることはたくさんある。たとえば照明と背景を変化させることによって彫像を再配列し、新しい場面が現れ新しい役割が観念に与えられるように（多種多様な多くの解釈項が現れるように）することができる。遅かれ早かれ、観念の解釈項もまた観念に変化する。おそらくこれが思想家に与えられているすべてである。しかしこれは不平を言うことではない。というのも、すべての観念は我々の周りに層をなしていて、パースが宇宙の「退行した精神」と呼ぶものを形成しており、それは生きている精神に光を当てられるといつでも新しい意味を生み出すことのできる眠れるディレクトリの巨大な蓄積なのだから。この創造行為は、ポストモダンの人々が寛大にも我々の心に認めたものよりもずっと大きなものである。

ここで私が歩きまわっていた展覧会の場面に戻るとすれば、新しく到達したこの見地からどのようなことが言えるだろうか。まず言えることは、間違った見方をしていたということだろう。自分たちが記号過程の外のどこかにいるかのように、どのようにして記号を生み出すかと問うている。新しい問い方はパースの考えに含まれる多くのヒントによって彼自身によって示唆されたものであるが、それは次のようなものとなるだろう。記号はその対象としての我々をどのように生み出すか、そして我々の意識は外界の事実のモザイクを再配列することしかできないのに、どのように我々は記号で「満たされ」るのか。また、人間の受動性を誇張することなく、我々は記号の中におり、記号は我々であると言うこともできる。我々は位置を変えることしかできないが、誤りをおかすという特権を得る。無限の記号過程の謎解きとしての我々の生を生きることができる。パース哲学の精神によってなされたこの考えは、アブダクションの方法である「沈思黙考の遊び」についての彼の記述を記憶に呼び起こす。それは完全にポストモダンの見方と言ってよいだろう。

暗闇のダイアモンド

『レオナルド』誌の一九八九年号の一つを見ていたとき、いくつかのホログラムの写真に注目した。その一つは人間の頭脳で、見る角度を変えると、脳と脳膜が見えた。もう一つは素晴らしい青を背景にした自由の女神像であった。第三のものは、実際それが何かよくわからないもので、もう少しのところで見過ごしてしまうところであった。しかし後になって何度もそこに戻ってみることになったのは、この作品であった。第一印象としては、それは蜘蛛の巣のようなもので、緑がかったハエがそこにかかってキラキラ光っていて未だ生きているというものであった。図書館の光は人工照明だったので、それを窓際にもっていって自然光の中でそのかたちを見ることができたが、最初チラッと見たときには、自分が見ているものが何なのかよくわからなかった。何にせよ、デリケートな青い薄い膜に囲まれたいくつかの幾何学的な構造である。キャプションを見ると、「ケプラーに敬意を表して」とある。作者は、シュンスケ・ミタムラ（三田村畯右）となっている。メッセージは、芸術専門誌に掲載されているので、芸術的な解釈を要求しているのだろう。さしあたって言えることは、これだけである。

そこで初めに戻って、ケプラーとは誰のことだったのか。しかし、これが初めではない。実際、ホログラムを見てから、キャプションを見ているのである。したがって、初めは「キャプションを読め」というメッセージを伝える「注意喚起」の記号である。実際、私はキャプションを読んだ。しかし、「ケプラーに敬意を」というのは理解できかねたので、またホログラムに戻ったのである。そこで目にしたものは、私には謎であった。テーブルのようなものがあり、その下にピラミッドがあり、その内側に輝く球体がある、ということが私に理解できたことである。すべてのかたちは、上半分が除去された卵の殻のようなものの中に置かれていた。より正確に言えば、目は殻を心的に通り抜けていたのであったが、殻はそれにもかかわらず存在しなくなっていたのではなく、一瞬の間それは透明になっていたのである。その頁に（光が当たらず）中立の状態に置かれると、コンポジション全体はムラサキガイの中を思わせた。頁を動かすと、ホログラムの中心から色のついた光線が燃え上がって、失ったダイアモンドが暗闇の中にあるかのように見えた。私の心に未だ届いていないものが何か他にもあったが、それを何と名づけてよいかわからなかった。さらに情報が必要であった。

シミュラークルへの一歩

数式と幾何学図形を用いないで言えば、ケプラーの考えとはおよそ次のようなものである。彼はユークリッド空間というユークリッド平面の射影幾何学的補集合の考えに立って惑星運動のモデルを提出した。これは平行な二直線は無限遠において交わるという推定である。ユークリッド平面の射影幾何学的補集合は無限遠の多数点を加えることによって得られるもので、それは無限遠のすべての点からなる無限遠の直線を結果として生み出す。そこで、この射影平面は、どの二点も一本の直線と結合され、どの二直線も共有の一点をもつという特徴をもつことになる。これは、後年フランスの数学者ポンスレ（J. V. Poncelet 1788-1867）が科学的に精密化した「双対の原理」である。

ケプラーがやり遂げたことは、単純で機能的で美しい。リアルな射影平面という射影においては平行する二直線は共通の一点で結ばれるというような一文は、単に真であるというだけではなく、美しくもある。なぜならば、それはファンタジーの世界のものをリアリティに近づけているからである。互いに類似して見えるものが計算できるものとなり、それらの「魔法」が証明できることがわかるのは美しい。それでも「新しい天文学」の数多くの幾何学図形の一つを色づけするだけでは、とても芸術作品にはならないだろう。

もう一度ホログラムに戻ってみよう。この頁のどれもがもっと詳しく綿密に調べて欲しいとひそかな訴えを発していた。楕円型のホログラムの周りには、沈黙の点のような二つの大きな白い点があった。ホログラムはこのシートの中心にあり、まるで人間の目の中心のようであった。それを覆うシルバー・グレーのやさしさは、そのすべての上に視線を注いで眼差しの愛撫をしたいという欲望を起こさせた。紙が動くたびにまるで愛撫で目を覚ましたかのように色がキラキラと光り始めた。

「ホログラム（hologram）」という語の語源は、「全体」（ギリシャ語の holos）と「書かれたもの」（grapho—書く）の両方を指し示している。イメージが美的メッセージを発していることは明らかであるが、このメッセージの知覚は大いに妨げられている。幾何学図形が非常に鋭くはっきりと浮き出すのは、ほんの一瞬である。それは非常に鋭く強く鮮明に浮き出すので、ちょうど温度計のガラス管の気がかりな燃えるような赤が目盛りのつけられた穏やかな背景の調和を乱してそれ自体に注意をひきつけるように、全体の流れるような調和を乱している。より美的な知覚を求めるのは、この一瞬の不調和である。これこそが、説明を求め、違った種類のコミュニケーションを求めているのである。その困難と不調和をのり越えるためには、芸術家には知覚する人と共有できるメタ言語が必要である。補足的なディスコースを必要とするのである。そして本能的に目は説明的なキャプションに説明を求める。しかし、そこには答はなく、新たなる謎として、「ケプラー」という謎を見よというクロス・レファレンスに直面する。

気がついてみると、作者名とキャプションよりずっと下の方に、一見したところまったくテクニカルなものにしか見えないもう一つのテクストがある。それは、このホログラムのタイプ（カラー、コンピュータ合成のグラフィック・イメージ）とサイズを記したものである。次に一文があって、「このホログラムのデザインはヨハネス・ケプラー（1571-1630）の「宇宙モデル」に刺激を受けたものである」とある。この文に続いて、「作者は表明したい……」という次の文があり、読者は「作者の……についての考え」を期待するのであるが、「この浮き出しホログラム再生の技術的財政的援助に対してトッパン印刷会社に感謝の意を」と記されているだけである。

この第二の文の冒頭は、それを読む者の心にこだまする——「作者は表明したい」と。コンポジションの中の主要なかたちは深部に置かれた立方体で、そのイメージは平面ではなく三次元であるというイリュージョンを創出している。この立方体は、コンポジション全体の楕円形と著しく調和を欠いているが、イメージ全体を収めている白いシートと調和した関係になっている。立方体の位置とシートに欠けている相互に関係のある線の位置づけもまた、テクストを要求し、読みと概念化を要求している。

双対の痕跡

そのために、この作品のコードについて語ることができるかどうか見るために、これまでに確立された相関性を整理してみよう。第一のサブ・グループにおいて、「記号表現—記号内容」の語りのコードの原理によって、相関性を設けることができる。これはコンポジションの幾何学的なかたちとケプラー・モデルの構造の相関性である。第二のサブ・グループには、「モデルの形式—作品全体の楕円形の外観」あるいは「数式—暗闇のダイアモンド」という種類のパラディグマティックな（メタファー的な）相関性が含まれる。後者の関連性は、「主意—媒体」として知られるメタファーの関係原理にしたがっている。第三のグループも設けられ、それはホログラムに用いられた材料による相関性から成るものであり、特別のレーザー技術によってでき上がった色の組み合わせ、シート上のホログラムの位置づけ、コーティングされた紙のシルエットと作品の輝く表面などの相関性がそれである。これは美的次元であり、より一般的な象徴化と関係している。このようにして、我々は複雑で見事にコード化されたメッセージをもつそれ自体のテーマの言語（個人言語）をもつ作品と向き合うことになる。

知覚過程においては、既知と未知の相互作用が重要な役割を演ずる。外と内のコードのそれぞれについて、外と内の相関性について語ることができる。外はホログラム自体が発展させるコードで、それはその独創性であり、解読へのそのアピールである。このコードには前もって文化的含蓄の入っている角度、カーブ、円弧の相関性の複雑なゲームが包含されている。違った見方においてそのホログラムを変化させるのは、イメージの対象ではなく、むしろこの対象についての我々の見方である。我々は幾何学的な美しさを突き抜けて数の調和を予測する機会に恵まれる。

ここに挙げた三つの下位グループから、高次の情報コードを確立することができる。そこには既知―未知の比較が含まれ、直接的コミュニケーションの要素と文化的慣習の要素が含まれる。このようにして、芸術家は、コード解読法を学ばねばならない作品鑑賞者とコミュニケートすることができる。先に挙げた下位グループが関係するグループとして、この比較を定義することができる。

類像的コードは、さらにより小さな単位である図、記号、記号素に分解することができる。しかしこの分解可能性は、知覚のシンタグマティックな順序という連続的な非分解可能性と弁証法的に関係している。ホログラムは十分に固定した写真像ではなく、刻々と変化して記号として働き、さまざまな色の出現と消失を示す。そのイメージは、スチールが凍結して順次重ねられてどのスチールの後にも次のスチールを見ることができるような映画の一場面のようなものである。全体を調べる唯一の方法は、それを概念化することである。キラキラ光るパースペクティヴに沿って目を動かし、パラディグマティックな軸の類像的な表現―記号素をつくり出す。

この芸術家は作品に新しいコードを埋め込むと同時に、既知の他のコードを知覚するよう感覚に導火線をつけている。ケプラーのモデルを「視覚化」するとか、よりわかりやすいものにするというのではない（その場合は、芸術家と作品鑑賞者のコミュニケーションは科学者と学生のようなものになるだろう）。シュンスケ・ミタムラは鑑賞者を納得させるのにモデルの美しさをも用いている。この日本の芸術家が用いたコンピュータは、望遠鏡を覗く目が天体の動きのカーブを心的にトレースするように、そのカーブをトレースしたようである。コンピュータはまた、その画像を「振動」させ、惑星の調和の意味を生み出させることによって画像を活性化している。

混成ディスコース

それとともに、このホログラムはそれ自体を単に解釈させるのみならず、そこには意味を「発散している」という感じ、その説明的テクストよりも前に見られることによって、意味を生み出すという感じが強くある。議論の余地のある科学的価値とは別に、書き記されたイメージあるいは見られる物語というのが、この場合適用したい必要条件である。最初、見る者は何のイメージもはっきり見えないという印象をもつ。いろいろと角度を変えてみて、自分に見えるものを比較し、よく考えてみる。このようなことはすべて、学習過程に似ている。見ること自体が意味あることとなり、意味を生み出し、そのようにして見られる対象の意味を変える。見ることと考えることが並行しているのは、明らかである。それに対応して、視覚的ディスコースと物語的ディスコースは混じり合う。両者のディスコースはそこに不在のものを……増大させる。「理解できないもの」という最初の視覚的ディスコースの印象は、「ケプラーに敬意を」という簡潔なテクストによって補足される。二つのディスコースの交点は、見られたイメージについて目が形成する三角形の頂点である。

しかし研究者（科学者）の視点は知覚者の視点だけであるはずはない。ホログラムの中心から視線が動くにつれて、視覚は知覚するものをテクストに翻訳しようとする。しかしホログラムは言葉の世界の「外」でつくり出され、言葉の世界とは何か異なるものとして振る舞う。だからこそ、記号論的アプローチは、そのコードと言語をミクロな物質構造のレベルからそのメッセージの分析的・推論的レベルに至るまで必死に求めるのである。

分析されたホログラムでは、紙が振動するとき、そのやさしい色をした表面に向けられた眼差しによって「ハーモニー」が形成される。言葉のテクストは、決まり文句、定式、カギでしかない。それは最終目的地のわからない道の出発点である。このテクストは、美と我々の無言の対話の間、目覚めている沈黙という透明なラティスに積み重ねられた層の一つにすぎない。このキラキラと光る沈黙は退行した精神の構造に似ており、見る者の眼差しを誘う多くの魅惑的なカーブとやわらかな表面は我々の検索する自己に訴えかける。

さて、これで本章の本質である分析—ディスコースという最後から二番目の比較まで到達したことになる。ここで論じられるべき主要な問題は、新しい芸術現象を記述分析するのにどのような言語が用いられるべきかということである。既にコンピュータ芸術という「データ主義」と呼ばれる流れがある。データ主義の作品は、独立した芸術作品ではなく、複雑な象徴記述体系をもつアルゴリズムの手順とデジタル・コンピュータ・データである。早くも一九七〇年には、フランスの科学者ブノワ・B・マンデルブロの「フラクタル幾何学」が現れた。コンピュータ芸術を生み出す分析言語は皆無であったので、マンデルブロはそれを「新しい自然の幾何学」とか「新しい幾何学言語」と呼んで、いくつかの選択肢を自ら提出した。このような現象は、それら「自体」、自らのコードによって発展した一種の言語であるという反論は、ほとんど何の役にも立っていない。あらゆる場合において、コミュニケーションのメタ言語が必要とされている。

概念美

既に述べたように、テクニカルな面の記述はあまり役立たないだろう。伝統的分析（そしてコンピュータ芸術については、このことは記号論的分析にも当てはまる）は、なおアプローチを探し求めている。感覚をつくり出す観察は、知る過程においてますます重要な働きを割り当てられている。目が「学習する」ことは、「意味ある」観察が先行する美的経験と統合されるという独立した情報レベルにおいてはっきり識別される。これはまた、機械（コンピュータ）がつくり出したものが、芸術的メッセージの原理にしたがって、「二重化される」契機でもある。ホログラムでは図式の精度は、知覚者の多数の感覚を目覚めさせる意味の視覚化という不思議なゲームによって「二重化される」。ここでの逆説は、未知の解釈コードと未確立の比較体系によって言語を詩的なものにするために、新しいスペースが開放されているということである。

パースの用語において、引き出された関係は質（Quale）・関係（Relate）・代表項（Representamen）という彼の最初期の関係分類にしたがって分類することができる（表8・1を参照）。射影幾何学について可逆的なある一定数の陳述をすることができる。たとえば、「二点は二直線によって定まる」は、「一つの直線は二点で定まる」と同様に真である。しかし、シンセサイジング・コンピュータには、芸術家としての手腕に特異な特質とみなされているメッセージを二重化するということができる。すると、表現と精度の間の素晴らしいゲーム設計は明白なものとなり、それは文学作品を芸術的に描いた肖像画を思わせる。この効果は「メビウスの帯」を想起させる。このかたちには二つの面があるが、一つの面しかないように見えるのである。それゆえ片側のどの点からでも反対側の別の点に端を通り過ぎずに行き着くことができる。言い換えれば、この「リボン」を完全に調べるには二周しなければならないということである。

コード	比較と対立	例示	関係のタイプ
情報レベル1のコード（質タイプの関係）ホログラムの質の直接的知覚	1．記号表現―記号内容 2．記号―対象 3．主意―媒体	ミクロな物理レベルの関係（芸術素材の構造―文化的慣習の要素）	シンタグマティックな関係
情報レベル2のコード（対応関係）観察と内省によって質を引き出すこと	1．視覚的―物語的 2．（描かれた対象の）存在―不在 3．観察―美的二重化	コンポジションのダイアグラム―ケプラーのモデル	パラディグマティックな関係（置換）
情報レベル3のコード（統合と解釈）質と場の意味の結合	1．数式―メタファーの概念化 2．分析―ディスコース 3．解釈項―詩的言語化	幾何学的図形―暗闇のダイアモンド	象徴関係（退行した精神）

表8.1　二重と三重を合わせたもの

沈黙の構造

さかのぼって一九七〇年代、世界中の科学者集団は創造的精神が提出した一つの概念に夢中になっていた。そして著名な学者間の議論が詳細にメディアによって伝えられていた。まるでその議論に普遍的意味があるかのように表現された。哲学的論証は過剰に解釈され、その結果、研究者の誰かの答に世界の運命がかかっているかのように見えた。技術の進歩は美しく適切な概念で装われる必要があるという幻想があり、何十年も持ちこたえるためには、その概念はうまく賢明に工夫されねばならないと信じられていた。

そのような時代は突如として終わった。二一世紀の最初の数年に、技術の進歩は人文科学の発達に追いついた。その上、技術の進歩はそれ自体の領域を越え、気がついたときにはボーダーレスなところに達していた。いまやそれは方向も目的ももたずに続いている。困ったことには、この「スペース」は、無形で空っぽである。未来の発展がどのようなものか、示すことができないのである。世界規模のｗｗｗというウェブによって、今日、知識は世界中の誰の手にも届くところにある。欠けているのは、それを人々に役立つように体系化し概念化するための十分な図式の精密化である。しかし、現実の問題は、人々に起こっていることである。生活と仕事の場は、取るに足りないものとなった。人々は場所の感覚から切り離されている（コンピュータと携帯電話をもっていれば、一ミリだって動くことなく、技術的に言えば世界のどこででも仕事をすることができる。また、自分の仕事の性質を変えることなく、世界のどこへでも移動することができる）。人々は徐々に「自分の言葉だけを記録する人間（独我論的な独り言を言う存在）」になっている。

コンピュータ言語の普遍性はしっかりとそのクライマックスに到達しつつあり、その頂点が無（no-thing-ness）（その内側に無意識に入ることによって、自分「自身」（ourSelves）を独我論的な独り言に変化させる原子）と呼ばれる単一の原子でできているのを遠からず発見することになるだろう。人々の相互の関係はより稀薄なものになり始めるだろう。これはこの種の進歩のもう一つの結果である。我々は新しい発見を記述するメタ言語をもたなくなるのみならず、媒介なしのコミュニケーションという習慣を失っていく。新たに脱人間化した社会に着実に近づいている第一のしるしは、コンピュータ学者が今日用いている言語である。それはイディオムとしての美しさや感情表現をもたない暗号のような死んだ言語である。

地球上にはびこる独我論的独り言では、「クリック・コミュニケーション」のノイズしか聞こえてこない。この新しいコミュニケーションがどのような結果をもたらすことになるか、誰にもわからない。一つの可能性としては、見た現象にさらにテクストを加えるということかもしれない。読んでいるときには、画像を見ている場合とは違って、受動的に記号を知覚しない。退行した精神に戻って、凍結した感情、意味、切望というクリシェの塊からできる限り多くを「掘り起こさ」なければならない。しばしスピードを落として、耳を傾けることを始めねばならない。このような見捨てられた考えと感情から、おそらく新しく構造化された沈黙が生ずることになるのだろう。この沈黙のお陰で、独我論的独り言の殻がカチャッと壊れるのが聞こえてくる。

本章は、この問題を例示したものである。それはこの問題の分析あるいは記述となっているだろうか。

第九章　一人で踊るタンゴ

第三次性の結果を検討し概念化したので、この章では他者についての今日の見解を概説するための出発点として、パースの第二次性—他者性のカテゴリーについての研究に移ることにしたい。そして、この見解を心理—記号論のコンテクストというより大きな枠組みの中に位置づけようと思う。第二次性の考えは、パースのカテゴリー論の不可欠な部分として、彼の関係の理論において実質的に変化していない。

夢の記号過程と自己制御

前章では、人はどうやら「独り言を言いながら」生きている存在ではないかという結論に到達した。すなわち、誰もが地球規模のメディアによってつくり上げられた巨大なイメージ・バブルの中に生きているということである。大抵の人は、自分が耳にしたことのあるいろいろな場所に実際に出かけていったことはないし、映像で見たり活字で読んだりしたことを実際に経験したことがない。要するに、メディアがどんどん与え続けるものとのリアルな接触を何もしていない。そのような場所や出来事を、いつでも開くことができ（願わくは）意味を生み出すことのできる蓄積されたファイルのように、我々は想像の中に貯め込んでいる。

潜在意識においては、あたかも自分というたった一人の登場人物が主役を演じている同じ映画が上映されているかのようである。この最下層から他の意識層はその退屈さの影響を受け、外部からの「映像」によって楽しませてもらいたいというむなしい望みに襲われている。しかしながら厚く無慈悲な他の層のフィルターは、我々の検閲された知識を通ったものしか外部からの侵入を許さない。夢の中では、外部からの単なるシルエットとしてのいくつかの架空の登場人物が多くの想像上の役割において我々を表すことを「内部の自己」の権限が許している。それはやはり我々である。それは行動において見られる我々の分散した自我にすぎない（もちろん、このはっきりしないイメージは、正統的フロイト説が考慮に入れられる場合にのみ有効である）。

まず第一に「夢を見ているとき考えることができるか」という問いから始めよう。最初に出くわす危険は、心の中に「層をなしている」潜在意識とか超意識というように既に表象されている空間的イメージによるものかもしれない。メタファー的な記述に誤導されて、相違する層は相違する「所産」を「生み出す」のか、このような所産（イメージ、思考、感情）は層から層へとどのように飛び移るのかというようなことが問われるかもしれない。しかし神経中枢は脳全体に断片化して行き渡っている。それゆえ、別の方法をとった方がいいだろう。夢の中では我々は映像を「見」、ことばを「聞き」、正しい「行動をしたり」間違った「行動をしたり」、現実にしていることは何でもしているように見えるが、我々はこの夢の記号過程をコントロールできているのだろうか。目が醒めたとき、未だ夢をはっきり憶えているなら、夢で見たことすべてに順序をつけようとする。要するに、失われた（と考えられる）コントロールを夢にあてがおうとする。夢に意味を与えようとし、夢を「概念化」しようとする。この操作はうまくいくこともあれば、うまくいかないこともある。それは何によってそうなるのか。結局のところ、このことによって自己と他者の性質というさらに一般的な問いに光が当てられることになる。

驚くべきことに、夢についてのパースの理解は、上記のものよりずっと革新的なものであるようだ。そのように現代的である理由は、私の考えるところでは、「現実の経験」と「リアリティ」を彼が結合していることにある。

夢は、現実における経験となかなかよく似ているので、瞬間的にはそれらが同じであるかのように錯覚されることが多い。しかも夢といえども観念連合の法則にしたがい、以前の認識によって限定されるのだということは一般の認めるところである。そういった錯覚に対する弁解として、夢と現実的経験を直観的に識別する能力は、夢の中では眠っているのだという言いのがれがもち出されたとしても、私は、そんなものは何の裏づけももたない単なる仮定にすぎないとして拒否しよう。私たちは、夢の中でだけどころか、目覚めているときでさえ、夢とリアリティの違いを、一方が他方ほどは鮮やかではなく、どちらかと言えば断片的だという「特徴」を除いては、見出すことは難しいのである。きわめて鮮やかな夢の場合、そういった夢の記憶が現実の事柄の記憶だと錯覚されてしまうことは決して珍しくないのである（CP 5.217. 上山春平訳、一部訳語表記を変えて引用）。

夢が現実の経験であるとみなされるとしても、我々が経験することができるのは、やはりリアリティの全体ではない。何かがリアリティとして知覚されるためには、それが認識されるように意識において分類され順序づけられていなければならない。なるほど夢の中では、自己意識がリアリティの断片を生みだすが、自己意識はこの「リアリティ」から何も「学習」しない。その断片は日常生活の生き生きしたイメージのように変動するが、意識に知識を与えることはない。断片は経験の源でなく、むしろリアリティと取り違えられた、砕けた経験である。夢の内容は、先行する認識によってもいかなる認識によっても決まらない。実際、それは少しも決まっていない。いくつかの散発的な関係がほんのしばしの間でき上がることがあるが、思考という一連の解釈項を生み出すほど長く続くことはとても不可能なことである。だからこそ、「夢の知識」は退行した精神になることができないのである。再概念化や再使用されえないからである。夢の中で眠っているもの（欠けているもの）は、認識の働きではなく、認識の働きを方向づける自己制御である。

ここで反論が出て、言葉のある夢や全体が言葉でできた物語の夢を見ることもあると言われるかもしれない。しばしば話の筋は論理的であり、起承転結がある。しかしそれでもなお「我々はそこから何も学ぶことはできない」。すなわち認識や経験を得ることはできず、ちょうど心理分析のセッションのように、夢の背後にあるもう一つの物語を推測することができるだけである。そこには退行した精神の溝（groove）が欠けている。

夢の中の話の筋が「論理的」に見えるのは、言葉だけが（擬似）論理的に構造化されており自己制御されているからである。夢とは切り離された部分として、言葉は絶えず砕け散っていく一種の意味体系を維持している。それでは夢の意味をなぜ「もっと」コントロールする必要があるのか。断片的な夢の筋を再構築しなければならないからなのか。その答は単純で、夢の中ではシンタグマティックな順序がめちゃくちゃで、パース風に言えば、より低「次元の鮮明さ」につなぎとめられているからである。解釈項の連続性が乱れているので、言葉の意味はわかるが、特定の意味が別の特定の意味になぜ影響を与えるのかわからない。夢の命題、夢の論証（または三段論法）を作成することは不可能である。夢の中では、思考の本通りを歩いていくことはできず、そのどれもがよく見えない行き止まりになっているいくつかの小路を横切っていくことができるだけである。

思考の本通りにおいて我々に方向を与えてくれるのは、思考のコントロールである。そのコントロールが強ければ強いほど、その道は広く見え……そして他者の観念がより近くなる。

独我論の罠

我々は他者性の考えにどのようにして到達したのか。独り言の危なっかしさでパニックになって？　思考世界はこれまで常に荒々しい独我論のまったき奈落の底に滑り落ちる脅威にさらされてきた。それ自体の死に向かって人間の思考をひきつけるのは、一人でタンゴを踊りたいという誘惑である。推論の終わりはこのタンゴの始まりであり、それはすべての還元過程が自我をそれ自体との……相互作用の唯一の源として自我を指し示し始めるときである。他者性が自我に還元されるなら、魔法の輪は閉じられ、ダンスのすべての動きは自我のダンスを映し始める。意識と自己意識と自我の相違は何なのか。どのようにしてこの独我論的な罠を避けることができるのか。

パースは自己意識についての理解を自己認識と関係づけ、知ること一般とさらに関係づけている。

ここで使用される自己意識ということばは、もちろん普通の意識から区別されねばならないし、内観や純粋統覚からも区別されねばならない。一定の対象についての意識はどれも一つの認識である。したがって自己意識は私たち自身についての認識である。自己意識は意識の主観的なさまざまの状態についての感じではなく、人格としての自我全体についての感じである。純粋統覚は「一般的な自我」による自己統合である。しかしここで言う自己意識は、私一個の「個人的な自我」による自己認識である。私は、単に「一般的な自我」だけではなく、他ならぬ「この私」が存在することを知っている。そこで問題は、私がどのようにしてそのことを認識するのかということになる。その認識は特別な直観的能力によるのだろうか、それとも先行の認識によって限定されるものだろうか（CP 5.225. 上山春平訳、一部訳語表記を変えて引用）。

これはパースの反直観論である。ある感情とある感情があるという本能的信念を混同する危険についてはっきりと語っている。彼によれば、意識がかなりの鮮明さに達するとき、リアルな感情、意識される程度の感情に達する。それを見つけ解釈する記号に注意が向けられるとき、認知される程度の感情が達成されている。パースはさらに、「反射的意識または自己意識が属する上層の意識」について語っている。意識の「上層」とか下層というこの注目すべき考えは、精神分析が現れるよりも何十年も前になされたものである。さらに驚くべきことは、意識の鮮明さの程度と自我（または自己意識）の現れを平行したものとして捉える独創的なアプローチである。これが独我論を逃れる彼の方法である。対象の認識は、直観的に知覚されたものとしてではなく「表象されたものとしての」この対象について反省することから始まる。パースの主張によれば、対象と直接関係づけられるいかなる知覚も証明することができず、それは独我論へと追い込むものである。

直観の否定はパースをいくつかの反論に直面させる。その一つは、それよりも「前」には対象を認識していないというときがあるに違いないということであり、この対象を知り始めるときがあるに違いないということである。したがって、その対象を認識する過程がこれら二つの時点のどこかで始まるに違いないということである。この議論に対するパースの答は、三角形を水につける有名な例によってはっきり示されており、先行する知識によって未だ決められていない知識は水面よりも下の部分として三角形につけられた水平線によって区切られたものとして表されている

(CP 5.263)。

マリー・マーフィーはこの点についてなるほどと思われる反論をパースにおこなっており、直観の否定一般から、自己のあらゆる種類の直観、認識の主観的要素の否定がすぐに出てくると結論づけている。彼によれば、「我々は、実際、内的世界の知識をもっているのは確かであるから、パースはそのような知識が外的事実から推論できることを示すか、あるいは、そのようなものを説明する内省の力を仮定しなければならない」(1961:111) ということにもなる。

我々の目的にとっては、マーフィーのもう一つの問いが重要である。それは、パースの主張が一貫性をもつためには、(いかなることも直接知ることはないのであるから) パースは「自己意識が仮説的な推論の所産としてどのようにして生ずることができるのか」(1966:111) 説明しなければならないということである。パースは、「意識における観念の立ち上がり」の過程として他者性の現れは説明できると論じている。「上方へ」の動きによって、観念は自我と違ったものあるいは対立さえするものについての知識、すなわち他者と他者性の知識を生み出す。このことを明らかにするために、パースは非常に幼いこどもにおける意識の最初の顕われを例としてあげ、外界の事実に基づいて仮説をつくる成熟度と能力によって自己の概念ができ上がることを説明している。マーフィーにとってこの自己の説明は、「無知と誤りを説明する仮説とみなされ、これらの質がそこに内在する自己を想定しなければならない」(1961:111)。これ以降については、他者についての新しい仮説を立てなければならないことになる。

内省意識あるいは自己意識が属するいわゆる上層の意識というものがある。ほんの一～二秒、適度の注意を向けると二～三のことが上層意識に入ってくる。しかし、注意が続いている限りずっとその間、いわばさまざまな程度の意識の深さにある何千という他の観念が、すなわち文字通り多様な鮮明度を示す何千という観念が、上方に動いている。これらの観念は上層の内省意識に到達するよりずっと前に他の思考に影響を与えているかもしれない。ぼんやりとしかわからない鮮明度の低い意識にはそのような観念が非常に多数あるので、過去の全体が、その大部分は茫漠としてよく見えない深淵に沈んでいるが、連続して我々の意識にあるということは、(私の実験の必然的結果としてとにかくほぼ真実である) 本当であるかもしれないと私は考えている (CP 7.547)。

自己意識と相違するものを意識することは観念を明らかにすることに関係していることをここで私はパースと共に結論として述べることができる。他者の意識は、存在論的存在をもたない。それは自己意識から「上層意識」へと特質が派生し派遣されていく「過程」であり、その上層意識において、自己意識が成熟してこの新しい現象を認識するようになるまでその過程は「連続している」(たとえば、児童心理学における母子関係の最も重要な時点は、自分が母親の身体とは相違していることが徐々にわかるようになるときである)。ここで重要なことは、意識において連続しているものとして、過去の経験を表現していることである。意識の成熟は、過去の経験と関係づけられている。言い換えれば、「退行した精神に気づくようにならねば」ならないのである。

パースによる意識の構造図はいとも鮮やかで、いくつかの層からなるものとしてメタファー的に描かれている。制御された努力によって意識の下層から観念を呼び起こし、それを上層にもたらすことができる。パースによれば、上層は観念を直接扱うことになる。

メタファー化して言えば、退行した精神は意識の最下層にある。心の「階層性」は、認知的価値とは無関係な単なるメタファー的表現であることを忘れてはならない。本書の他の章では、それは「眠れる精神」「蓄積されたファイルのディレクトリ」「連続した精神」「凍結した記号過程」「弱められた思考」というような多様な名前で呼ばれている。しかし、それは意識の最下層の見捨てられた概念から意味を掘り上げて上層にもたらすという同じ考えである。この過程は、我々の検索する自己が退行した精神の使い古された溝に光を当てるときに始動する。すると、目覚めさせられた思考は、古い真実を求める新しい記号と適合したものになる。

本書が完成したときには、私は（精神をメタファーとして表象するという）以前の主張を訂正して、このイメージはメタファー的である「とともに」概念的であると言うことができるかも知れない。その場合、意識にははっきり区別された別々の「レベル」がないという点において、それはメタファー的であり、我々の心の中の観念の「動き」について述べていることは確かであるという点において概念的であると論ずることになるだろう。たとえば単に上とか下というようなこの動きには確かに何の法則もありはしない。パースの見解では、この動きは明晰性の段階と結びついており、我々の知識の成長の本質を表している。下方の段階は純粋知覚の支配を受けているのに対して、上方の段階は強化された意識の制御を受けている。意識の上方では、自我を超えたものの感情、自我に絶対的に対立する他者性の感情さえ現れる。

他者としての第二次性

右の分析は、自己意識すなわち「意識する私」がどのように現れるかということについてのパースの考えを明らかにすることによって、その前提として彼が他者性についてどのように理解しているか考えてみたものである。他者性についての考えは、さらに彼のカテゴリー論に統合されている。パースが他者について語るとき、「第二次性」について理解しており、それぞれを記号の切り離せない部分として理解している。それを「推論関係」と定義することで、パースはその性質を力動的なものと特徴づけなければならない。このようにして他者性は、自己の特性を、そしてそれ以上に、検索する自己の特性を映し出している。

他者性は「このもの性（hecceities）」に属する。それは自己同一性と切り離せない相棒である。自己同一性のあるところには、必ず他者性がある。そしていかなる分野にあっても、真の他者性のあるところには、必然的に自己同一性がある。自己同一性は今ここのものでしかないので、他者性もまた今ここのものでしかない。それゆえ、それは単なる推論関係ではあるが、ある意味において力動的関係である（CP 1.566）。

カテゴリーとして、他者性は力動的関係に必要な第二の部分として理解されるべきものである。それは相互性の概念であり、影響を与えぶつかる野蛮なものの概念であり、そのようなものとして認められるために他のものに向かって叫ぶものの概念である。この点において、それはまた自己同一性の概念でもある。なぜならば、二つのものの相互作用の結果が、それらについての我々の知識だからである。ここでもパースはそれを存在論としてではなくヴァーチュアルな過程として理解している。それは結果を引き起こす信号である。この点において、それは付随的自己の特性に匹敵する。次の例では、パースはそれを意欲という意識的努力のレベルに見出している。他者は、その野蛮な性質をもつ感覚との関係において次のように述べられている。

私が意欲と呼んでいるものは、神経細胞が筋肉などへあるいは他の神経細胞へ放電する意識である。そこには時間の感覚は含まれず（すなわち連続性の感覚は含まれず）、含まれているのは行為、反応、抵抗、外部、他者性、一対性の感覚である。それは何かが私にぶつかったとか私が何かにぶつかっている感覚であり、衝突とか対立の感覚と呼ばれるようなものである（CP 8.41）。

しかしながら、そのような理解は我々が究極的に目指しているパーソナリティの考えにはほど遠いように思われる。パースはここで人としての他者について語っているのではない。彼は意識と自己意識の関係というより大きなコンテクストにおける他者性の考えについて要点的に述べているのである。他者性の考えを論理学に適用して次のように述べている。

しかし、すべての論理形式は推論の概念と他者の概念と特性の概念の組み合わせに帰すことができることをいつでも詳しく示すことができるし、また実際これまでそのようにしてきた。これが単に第三次性と第二次性と第一次性の形式であることは明らかであり、その中の後の二つは知覚によって与えられていることは疑う余地がない。したがって、思考の全論理形式はその要素においてそのように与えられていることになる（CP 5.194）。

このように多様な思考を三つの要素の関係に還元することは、宇宙をパースの三カテゴリーに三項的に解消するのに似ている。知覚から上層の解釈項へと刺激が動くのは、観念が明確になり知識が成長することを表している、という彼の考えをこれにつけ加えておかねばならない。興味深いことは、この過程を具体的に示すために、パースは心理的な例を用いていることである。「与えることは、三項関係である。愛することは二項関係である。愛されていない者を愛することには他者性が含まれている」（CP 3.341 脚注2）。さて、パーソナリティと切り離すことのできない部分としての他者を論理的にはっきりと理解するためには、いまやメタファーの深みに潜っていかねばならない。

マルメロの庭……

さて、それでは我々の意識的な経験に目を向けて、夢見ることと想像すること、見ることと読むことの間にどのような対応関係があるか見ることにしよう。昔こどもの頃、マルメロの芳しい匂いの濃く立ち込めた素晴らしい庭で一日を過ごしたことがあるとしよう。そこでなんとも言えない楽しいひとときを過ごした、と。そのときの具体的な状況についてはぼんやりとしか憶えていないが、何か特別の気分に浸っていたこと、その記号を今でもチラッと見たりかいだりすることがある、と。このような記号は人生の日々から多くのわくわくするような思い出を引き出すものである。我々はこのような場面の原風景を復活させようと不断に試みる。あちこち歩きまわり、新しい場所、動植物を目にし、いろいろな人に出会う。そしてあの遠い昔に見たこと、かいだ匂いをそのまま取り戻そうとして、マルメロの種類について調べたりすることすらあるかもしれない。

そのようなことをしても仕方がないとわかっていながら、そういうことをするのである。誰にでも一生のうちにはそのような魅惑的なときがあるものだ。そしてそれはもうすぎ去ってしまって取り戻せないが、ときに我々ににっこり笑いかけて、失ってしまったものを、あるいはなおこれから失うことになるものを想起させるあのこどもの頃の不思議なこと、という説明で済まされる。同じ種類のマルメロを見つめたりその不思議な芳香をかいだりすることがどうして心をかきたてるのかと不思議に思うことがよくあるものだ。初めの「段階」にはあったものを忘れてしまったのではないかと自問する。それから、あの日、あの陽差し、木の葉のきらめき、ミツバチの羽音、のどの渇き、あのときの満ち足りた気分などを想起し始める。次第に思い出と想像の境目が溶け合って、方向を失っていく。

確実にわかっているのは、それがうまくいく見込みがないということである。そこで、そのようなことが再び起こるのを待つ。重要な唯一のことは、我々内部の自己からの何かに出会ったという不思議な感情である。この稀なる心理体験が、意識の塊の中からの自己の現れを徴しづけている（「自分たち」は誰なのかというめったに問うことのない興味深い問い）。この経験は個人のものであるが、それでいてそのような記憶は我々の自己と宇宙を調和させているように思われるのである。この調和をおぼえたときには、宇宙の特質との共振にゾクゾクする。我々は世界全体と一つになると同時に、自分があらゆるもの、あらゆるところ……そして自分自身であることの喜びを経験する。そのような気分を表すのによく用いられる詩的なメタファーは、飛翔であり、不可能なことができるという感情である。もう一つよく用いられるメタファーは、パースの「安らいだ思考（thought at rest）」と何か似たところのある平穏と静けさによって特徴づけられる至福（ニルヴァーナ）の状態というメタファーである。そのような状態に達する（「匂いをかぐ」）最も直接的な方法は、詩を読むことであり、とりわけ私的な記憶についての詩を読むことである。そのような詩の例は数え切れないほどあるが、筆者はブルガリアの人間であるので、ブルガリアの作品を挙げることにしよう。

……そして眠れる湖

ヒューマニストで詩人で哲学者であったペンチョ・スラヴェイコフ（一八六九―一九一二）は、ドイツで教育を受けブルガリア文学の最初の近代主義者となった人物である。すなわち国際的な運動とより直接に連携した最初の文筆家であった（興味深いことは、一九一二年彼はノーベル賞候補となり、そのための会議は十月に開催されたが、彼は五月に亡くなっていたということである。受賞していたならば、わずか第十二番目の受賞者となっていたはずである。（Damianova, jivka, 1980:199-225））。彼には美学と評論の仕事のみならず驚くべき温かさと憧憬に満ちたいくつかの短詩作品があり、ここではそのような短詩作品のいくつかを見ることにしよう。最初に挙げるのは、一八九九年の作品である。

湖は眠る——白いオーク
螺旋なす枝　水面にかしぐ
陽射し届かぬ　静かな深み
螺旋の影は　動きて撚れる
ささやき震える　オークの木々
静寂乱す　ものなきて
あるはかすかな　かすかなさざ波
起こせし花びら　水面に散りて

水は昔から智恵の象徴であり、このブルガリア詩人もその意味を当然考慮に入れている。静けさを表すもう一つよく用いられる象徴として私もニルヴァーナを挙げたが、「ニルヴァーナ（至福）の水」は波立たぬ湖のイメージよりももっとよく知られたものである。

パースもまたこの広く用いられているメタファーを見逃していないが、そればかりではなく、方法論上の手段として用いている。

意識は底知れぬ湖のようなものだと思う。その水は澄んでいるが、はっきり見えるのはほんの少しだけである。しかし、この水の中にはさまざまな深さに無数のものがあり、ある力が働くと刺激を及ぼし、ある種のものを上に押しやり、その力が続いて、目に見える上層まで押しやるほど強いこともある。その刺激が止むと、それらのものは下に沈み始める（CP 7.547)。

意識のさまざまな鮮明度について述べるとき、彼はこの過程を文字通り観念の上下の動きとして見ているのであるが、こうしたことはすべて夢を見たり詩を読んだりするのに似ている。唯一の相違は、夢の中とは違って、上に述べたように、この有名なイメージから学ぶことが「できる」ということである。それをコントロールし、過去の経験として注意深く観察することができる。

ペンチョ・スラヴェイコフの詩の場合も同じである。このブルガリアの作者は、描いた風景を楽しむというよりは、むしろそれについて内省的に思いめぐらしている。我々は智恵・永遠・美・などという湖についてよく知られた象徴の意味を心に抱いて、彼の考えたことについて思いめぐらしてみることができるだけである。しかし、彼が自分の「見た」ことや夢見たことだけを、ただ鏡のように映し出そうとしているのでないことは明らかだ。彼は、考えているのである。この詩が美しいかどうかということは美学や詩学の問題であるが、それはこの研究の領域を越えたものである。そのような類似性は、水のメタファーは当時一般的であったので生まれやすかったということは言えるだろう（二つの例は、年代的に接近している)。他者の問題を論ずるのに、なぜ私はこの例を必要としているのか。

イメージとその意味の両方に焦点を当ててみよう。この詩では湖とオークの木という二つのものが詠われていて、湖はオークの木を映している。最初の一行において、ただ一度、湖は眠っているとしか述べられていないが、その他のことはすべてオークの枝がおこなっている。枝は静かに揺れ、水に姿を映している。しかし、まるで湖の視点から見たように、湖が枝を我々に示すかのように「見える」のはなぜなのか。木を見上げているのは、湖の眠っていながらパッチリと開いた目である。視点は、第一行の「湖は眠る」で定まっている。この視点は、底から上方にオークの木に向かい、その後、我々に「見える」ものはいずれも湖の視点から見えるものである。疲れた湖に何が「見える」のか。それは、動きて撚れる影のある震えるオークの木である。湖はその陽射し届かぬ静かな深みを開いて、何かを映しているのではなく、何か（あるいは誰か）を見せている。打ち消しがたいこの考えは、次の行によって確認されることになる。オークの枝は、「ささやき震えている」。枝枝は湖の鏡に見ているものを怖れ、それに誘惑されているのである。枝枝は何を見たのか。「それ自身」というのは混乱した答であり、それで正しいという感じはしない。「湖の深み」はもう一つの答としての可能性であるが、これも特に説得力がない。それらが「見ている」ものが、それらを悩ませ震わせている。

最後の節で、「あるはかすかな　かすかなさざ波／起こせし花びら　水面に散りて」以外に湖の静けさを乱すものはありえないことがわかる。変化しうることはことごとく水の中で起こっており、木々の枝にはそれが見える。湖の静けさを乱すものは、その木が予想することのできる変化である。変化から生じること、何か他者から生じること、他者性から生じること。それは湖の深みから浮かび上がってくる——もう一つの孤独。

メタファーを概念化すること

一八九四年に書かれ一九〇七年に同じ詩集『幸せの夢』に発表されたもう一つの美しい作品の例を取り上げてみよう。

あなたが残せし　ちいさき花束
ちいさき部屋満つ　よき匂い
想いにふける　あなたのことを
愛しい人よ　このよき匂い

してあなたが想いは　私のことを
憂いの影さす　あなたの顔（かんばせ）
あなたが残せし　ちいさき花束
ちいさき部屋満つ　よき匂い

一見したところ、この真珠のような詩は、一息でやすやすとつくられたように見える。生まれては消え去る一瞬の夢のほか何も本当に起こりはしない心地よい小さな部屋を示しているだけである。ところで、この詩には心地よさを指すことばは何もないのに、なぜ「心地よい」部屋と言ったのか。そう、この部屋を魅惑的なものにしている何かよいことが起こったのである。何かがそれを変えたのだ。そして、それは「よき匂い」である。いい匂いが、花束から漂い立ち上っている。変化を起こしているのはこの匂いである。その他のことはことごとく、まるでそれ自身の目「を通して見られた」かのように、その匂いを通して「見られている」。その匂いは、どうやら、詩人を夢見させるほどに「甘い」夢をかきたてる力をもっているのだ。その芳香はあたり一面に漂い、はかなくしかもいつまでも続く効果を生み出している。それだけではない。そのために、明らかにその夢はますますはっきりとしたかたちをとり、詩人の憧れは強くなる。ほんの少し思いをはせれば、詩人とその恋人の姿の二つをありありと目の前に浮かべることができる。

詩人に見えるものの中に、その詩人の姿が見える。恋人を夢見ているのは詩人であるが、今度は恋人が詩人のことを想っている。そしてまた今度はその詩人が……自分のことを想っている。それは、自分自身についての彼の「自己」の夢想である。そしてその夢想はとても芳しいが、それは、そのイメージが想像の他者を通じて彼自身に憧れるこの自己によって完全につくり上げられているからである。その夢は、非常に生き生きとしているため、透明なものになっている。他者の不思議な物質化がその小さな部屋で起こっているように思われる。特定の姿で彼のことを想っている彼女を見たいと思っているこの詩人のイメージと（同じではないにせよ）似ていると思われるその恋人のイメージに、我々はこのことを見ることができ、感じることができる。そのハーモニーは非常に深く、「音楽—匂い」はとても芳しいので、変わらぬ昔の「一人で踊るタンゴ」という懐かしいイメージが目に浮かぶ。夢の場面であるとか痛々しい不在の場面であるということには何も触れられておらず、不在とはまったく反対に、芳香を放つ花束という存在の記号が示されているのであるが、それにもかかわらず、この詩には深いノスタルジアがどこまでも漂っていて、そこに描かれているのはあふれる喜びではないようだ。

ここで表現されようとしていることは、自己が想像することから他者の観念が現れてくるということである。詩人のあたたかく美しい独我論的な独り言から顕われ出るのは、他者のイメージである。これが、他者の出現を認識する学習過程についての詩的レッスンである。

この新しい知識が保存されるためには、それは個人の自己組織の全体に統合されねばならない。それは自己意識の一部となり、間主観的可能性という非心理的特性を得なければならない。他者の感覚は、自己のヴィジョンの焦点をぼかすことによって生ずる。この拡散によって意識の最下層が活性化され、新しい知識によって満たされることになる空っぽの記憶装置が引き上げられることになる。そして、新しく現れた「野蛮な事実」が記憶の空の容器に合うように入れられねばならない。

退行した精神の貯蔵ファイルに入れて、何かをいったん記憶すると、我々はそれを意識するようになる。現実を記憶につなげる過程は、連続して流れていて、退行した精神の秩序ある経験に「蓄えられる」。他者をそれにアプローチする無限の過程として見ることだけが、「それ自体のゲームにおける」観念的な見方をうちやぶる唯一の方法である。パースのことばでは、次のようになる。

我々は我々自身の観念を時間の中の流れとしてのみとらえる。そこで、未来も過去もいかに近くにあろうとも、それは現前するものではないので、我々の中を通りすぎていく知覚を概念化するのは、外部の知覚を概念化するのと同様に困難である（CP 1.38）。

これは三角形を水に浸す美しい例と矛盾するように見えるいささか奇妙な主張である。なるほど観念は「時間の中の流れ」ではあるが、観念は限定された時（過去、未来）においてのみ理解できるということは、時間には初めや終わりという存在論的な意味があるという誤った考えに導くものである。我々の自己が知覚していることは、我々が自己を反映している時点での我々の状態であり、そのとき、我々の自己は物質的な状態と付随的因果関係にある。ロナルド・G・アレクサンダーも述べているように、検索する自己は、内的自己の比喩であるということができるだろう。そして検索する自己を通して知覚された情報を我々は概念化している、とさらに言うことができるだろう。それは退行した精神から掘り起こされたものである。検索する自己は、パースの見解における「現前する」ものを仮定している。それは単なる内的自己のイメージでなく、むしろ、それが退行した精神と出会った後、検索する自己によってなされたその時点における結論である。この点において、現前するものは、複雑で一般的である。それゆえ、直接的な現在は、外的知覚を概念化する困難に似ている。直接的現在は、ある観念の単一の明確なイメージではなく、この観念についての一組の結論である。このイメージに相違する段階の明確さがあるのはそういうわけである。

概念をメタファー化すること

ペンチョ・スラヴェイコフの詩からもう一例、一九〇一年の作品を取り上げてみよう。

若き日　陽の光は　黄金色
胸こがす憧れは　黄金色

若き日　いと軽やかにすばやく駆けて
世の悩み　いと軽々と投げ捨てて
若き日　やすらぎ来る　いとやすく
悲しみの影ひとすじ　知ることもなく
生まれ来るは　悲しみの清き喜びばかりにて
若き日　そは若き日ばかりにて

ここで青春について詩人が言っていることは、今日の現実の欲望を表している。詩人の望みは、現実がそこに帰されている純粋なフィクションである。青春の日々は無限の喜びを表すものではない。それは困難な日々でもありうる。そして、それは意識の奥深く沈んでいる。ここでもまた、これに続く場面の「在り処」が「若き日」であることが、冒頭で舞台設定されている。「若き日」という繰り返しは、詩人のその観念を執拗に想起させるのではなく、詩人の「望むところである在り処」の隠れたテクストを執拗に指し示す働きをしている。そして次のイメージは、失われた若さを切望するもう一つの自己と重なった自分の自己を見ようとして彼が用いている手段である。この新しい二重のイメージが彼個人の自己を十全に構成していると考えられている。ここでも我々が目にするのは、二つによって演じられた一つの光景である。

しかしなお主要な問いが残っている。舞台として設けられたこの魔術的な記憶、そこでは役者は我々だけ、そして「観客」は……同じ退屈な自己、そのどこで自己は演ずるのか。自己は活動的で多様で他の何かに変形することができるということが、答の一部として可能であるかもしれない。これらのゲームのすべては、それ自身を他者に物質化したいという切望に他ならない。そこには何らかの知覚できる質とか物質があるのだろうか。そのマルメロの庭で私の現前がそんなに強烈に感じられたとすれば、十年後、霧と靄の立ち込める日に自室にいる私は何なのか。この日、私はとても疲れていて、マルメロの芳香を——いと軽やかにすばやく駆けし若き日を、誰かの花束のよき匂いを——探すことはできないことに気づいている。こうしたことすべてを私はかすかに憶えているが、本当にそのようなことが存在したという確信すらもてないでいる。

それでは、私の身体にあったのは誰の自己だったのか。問いを逆さにして、こんなふうに問う方がよくはないのか。私の身体はそのとき誰の自己の中にあったのか、今誰の自己の中にあるのか、と。私の自己はいまや薄れつつある詩（メタファー）の芳香を表象しているのではないのか。私の自己とは、私が概念化した他者のメタファーだったのではないのか。あるいは、再び反対方向から問うとして、私は他者についての漠然とした概念をメタファー化して、遂には私の自己がそれを表す適切な象徴となっているのではないのか、と。そうであるとすれば、その特定の時点における私の自己全体が、他者のすべての記号の総計となる。換言すれば、私の自己の全体が他者を認識できる私自身のすべての記号となっている。私の自己の性質は記号の性質である。その実体は、「自然」そのものがそうであるように、関係的でありメタファー的である。

力動的説明

古典的な哲学の伝統では、自我と非自我の関係は自我の行為能力との関係において説明される。自我の総体は、行為を方向づける思考によるその行為からなる。認識されるためには自我は行為しなければならないが、この行為は、他者すなわち非自我との関係においてのみ生ずる。自我は、存在するためには、それ自身以外の何かとの関係において行為しなければならない。自我をそのように理解することは、フィヒテとヘーゲルの特性であるとともにフッサールやハーバーマスのような現代の哲学者の思想を貫いているものであるが、パースもそれを放棄してはいない。ここでパースの初期の論文「人間に要求されるある能力についての問題」を想起してみよう。この論文で、パースはこどもの行為と熱いストーブについて述べている。彼は自己が現れてくる二つの条件として「無知」と「誤謬」をつけ加えている。

しかしながらこどもは、物体が動き出すのはその物体が、人からウィリアムちゃんとかジョンちゃんとか呼びかけられるこの大切な身体に触れられることによってであるということを、まもなく発見するであろう。こういった発見の結果、こどもは、自分の身体を徐々により大切なもの、より中心的なものと考えるようになる。というのもそういった発見を通じて、物体が動くということと動く前に自分の身体がその物体に触れたということとの間に、一つのつながりがつくり上げられるからである（CP 5.231. 上山春平訳、一部訳語表記を変えて引用）。

そしてこどもは母語を憶えるのであるが、このことを説明するのにパースは今日のどの記号論の教科書にも書いてあるような対象指標についての論を用いている。こどもはコミュニケーションの手段を獲得し、自分の苦痛と欲望と他者という他の誰かの苦痛と欲望とを識別することができるようになる。これは未だ他者が愛されたり憎まれたりするほど明確なものとなっている段階ではない――それは喜びを得るもう一つの手段である。

こどもはことばを理解することを学ぶ。これはある音声とある事柄とのつながりがこどもの心の中でできたということに他ならない。こどもはあらかじめ音声と、自分の大事な身体によく似た他人の身体の唇の動きとのつながりを認める。こうしてこどもは、自分の手でその人の唇をおさえてみると音声が出なくなるということを発見する。そしてこどもは、ことばと、自分の大切な身体と類似した他人の身体とを結びつける。やがてこどもは自分でそういった音声を発することを学ぶ。その場合についやされる努力は大したものではないから、その努力は意図的というよりは、むしろ本能と言うべきであろう。こうしてこどもは会話ができるようになる（CP 5.232. 上山春平訳、一部訳語表記を変えて引用）。

こどもは、また、経験を積むようになる。コミュニケーション能力の発達のごく初めの頃は、この経験がこどもの意識のすべてである。それは、未だ薄ぼんやりしたところに沈むことなく、過去に変身してもいない。新生児は自分自身を母親の身体とは相違するものとみなすことができないので、「独立した」自分自身というものを知らない。こどもの意識がコミュニケートできるようになると、まさにこうした過程がその初期の成長において生ずる。コミュニケーションは、自分自身を認めるということ、それで他者を認めるということという二つのことを同時に表すものである。「このようにして、こどもは自分の無知を思い知らされる。そして当然、この無知が所属するところの「自己」というものの存在を想定せざるを得なくなる。こうして他人の証言というものが、自己意識の発生の最初のきっかけをつくる」（CP 5.233. 上山春平訳、一部訳語表記を変えて引用）。

他者の現前の最初の明白なしるしが立証されているということの理解が、こどもの始原のコミュニケーション能力の未決定の塊から顕われ出てくる。他者は、こどもの無限の知識に抵抗するものであり、つまり、それはこどもにその限界を初めて思い知らせるものである。自己意識は限定され位置づけられることを常にすり抜けようとするのであるが、この「なにものか」は、こうして、こどもの生の全体性に疑いを呈するものとなる。「我々の私的な自己を純粋統覚の絶対的な「自我」と区別するには、無知と誤りがありさえすれば十分なのである」（CP 5.235.）ということを認める人はごく少数である。

このようなことがすべて正しいならば、あるいはパースの言い方で言えば「とにかくほぼ正しい」に違いないとすれば、他者の出現は超越的な過去の経験と結びついていることになる。他者を認めるためには、我々自身の過去の経験を他者に帰さねばならない。それは、意識が過去という連続する経験を包含しているからである。その驚くべき結果として、他者を生きている意識としてではなく退行した精神として見ることになる。すなわち他者は我々の心のレーザー・ポインターによって未だ照らし出されていない過去の経験を表象する。我々はある意識の段階においてそうすることができるが、それは経験を積む前にはできることではない。ということは、成長の初期の段階にあっては、我々は他者を多くの類似した特性をもつ自分により近いものとして見ているということを意味するのだろうか。そしてそのような多くの類似性はゆっくりと過去へと沈んでいって、相違性によって置き換えられるようになるということを意味するのだろうか。このような陳述の背後には大きな独我論の影が生じている。

他者に気づくようになるということをどのように定義することができるだろうか。他者があるという本能的感情ではなくて、それは他者なのだということを、どの程度我々はリアルに認めることができるのだろうか。その現前はただ明白であるのでこれはナイーブな問いであるという常識にあまりにも大きく依存してはいないだろうか。他者を認識したと思うとき、どれほどの「他者性」が関係していると認めているのだろうか。他者を認識し他者を武装解除するために他者に投げかける言語と思考の網目はどれほどの大きさのものなのか。この常に現前する独我論的な罠をどのようにして我々は乗り越えているのか。我々は非常に個人的な詩の何を好んでいるのか。それはメタファーをかきたてる詩人の自我の輝きなのか、それとも我々の検索する自己がさらに多くの退行した精神を求めて掘り起こすことのできる記憶に新しい場所を見出す機会なのか。他者とは、何なのか。新しい意味、新しい感情、新しいメタファーなのか。他者の感情はどこにあるのか。我々の知覚に、超意識に、あるいは自己意識にあるのか。他者を認めることによって我々の心のどの層が影響を受けるのか。上層なのか最下層なのか。

パース哲学に基づく研究によれば、他者に気づくことは我々の検索する自己の明確さの段階と共に生ずるというのがその答であると言えるようだ。個人の自己の観念がはっきりしていればしているほど、他者の考えはより詳しく見える。生き生きと鮮やかな自己意識は、他者に向かって開けることができる。生き生きしていればいるほど、さらにもう一つの他者に向かって。他者性を知ることの終わりのない過程。より多く知るということは、より多くを学ぶという「一人で踊るタンゴ」を続けながら他者に近づいていくということである。

謝　辞

すべての詩作品のブルガリア語から英語への翻訳は、ソフィア大学のエヴゲニア・パンチェヴァ教授によるものである。

第十章　意味はいかにして可能か

本書も終わりに近づいてきたので、メタファーを概念化することが適用できるより遠く離れた領域からの証拠をつけ加えて、いくつかの未解決の問題を扱っておかねばならない。ここで提示した方法が日常生活のメタファー、さらには我々の共有する遺伝的経験から生ずる多くのクリシェにも妥当なものであることを示しておきたいと思う。そして競合する他のいくつかのアプローチとの顕著な類似性についても考えてみる。

使い込まれた古色の意味

メタファーを概念化することは日常生活においていつでも起こりうることである。それはどのような行動や思考にも含まれている。「それだけの」独立した解釈というようなものがないのと同様、その対象を十分汲み尽くした概念や言葉というものはない。記号や意味を理解するということは、その全体を明らかにすることではなく、その意味の一側面に光を当てることである。メタファーを概念化するという方法では、記号のこの特質が最重要視されている。

たとえば質記号というような最も単純な記号といえども、いかなる解釈によってしてもそれを汲み尽くすことは実質的には不可能である。どの解釈もそれに関連するたった一つの可能なアプローチを表すだけだからである。最も単純な記号といえども、それが感情に訴える行為となるためには、概念化されねばならない。記号構築の足跡の後には、行為のためのコード化された（認識されうる）指示が続く。いかなる記号にもその創造の跡が含まれている。すなわちメタファーの仕掛けのようなものの結果が表れている。どの記号にも何か一般的なものがあり、それによってその読みが可能になる。そこで、（たとえばメタファーというような）記号体系の概念化は、アプローチの度ごとに到達される結果は同じではない。

このことをいくつかの相違する見方から証明してみよう。まず最初に、奇妙ではあるが蓋然性のある反論について論じてみよう。コンピュータの操作では、ある一定のキーをたたくと、ある一定の反応が起きる。これは、記号としてのキーが人工的につくり出された環境において働いているからである。しかし、この場合ですら、よく似た現象についてパースが一世紀も前に述べたことを示すことによって、解釈の無限性と概念化の必要性をさらに深く擁護することができる。すなわち「いかなる定式を適用するにも、いかなる機械を使うにも……精神が必要である。そこで、この精神がもう一つの定式であるにすぎないとすれば、それを操作するにはその背後にもう一つの精神が必要であり、等々と無限にそうなっていく」（CP 5.329）。機械の背後にある精神は、どのキーをたたいても表れる最終的解釈項である。この巨大な解釈項はキーをこのように一回たたくことで決して十分汲み尽くされはしない。自然と生命においては、二つの等しいアプローチによって二つの同一の結果に達するということは決してない。

解釈と概念化の相違とは何なのか。概念化はもう一つの理論的手段として必要とされているのか。我々の想定の一つはこうであった。解釈は多かれ少なかれ意味を求める読みや自由連想に似ているが、概念化は柔軟性のある科学の方法として定義づけられるものである、と。その核心には、いかなるメタファーからも展開する「退行した精神」の探求がある。我々は退行した精神を直接指し示すことができるし、あるいは、概念を案出して過去の経験のどの層にもそれを検索することができる。どちらの場合でも、心的実体ではなく信号あるいは刺激を我々は扱うのであり、それは意識の中の感情の集合体を活性化し、そこから象徴化（メタファー化、概念化）された反応を受けとる。メタファーを概念化するということは、蓄積された経験から自己の検索によって意味を表象し、指し示し、呼び起こす方法である。このように、それは説明し意味を引き出すことのできる過程モデルを表しているが、とりわけ日常生活から象徴を解読するいろいろな状況に適用できる過程モデルを表している。

この点において、概念化は、メタファーを生み出す不活性の退行した精神の検索を表している。「退行した精神は、行為のためのパタンを提供する」。このパタンを心にもたらすにはもう一つの活動的な要素が必要であり、これが「検索する自己」である。ここで要約しているのは、概して思考の過程モデルであり、それはどのようにして知識が成長するかを示すものである。それは、既知のことをさらにはっきりさせることによって何か新しいものを学ぶという基本的な主張に基づくものである。同じことは、他者へのアプローチの仕方についても言える。自分自身の意識をより深く覗き込まずしては、他者の意識を知ることはできない。

同じ仮説を言語学の見地から表明することができる。言語の表面には、思考のクリシェの流れがあり、それはしばらくすると言語のより下層へと動き、さらに時が経つと、凍結したメタファーの山のようなものである言語構造に「固まる」。最も見事なメタファーは、パースの有名な底知れぬ湖のメタファーのように、この湖の底の「使い込まれた古色の意味」に触れてから上方に引き上げられねばならない。パースが「退行した精神」という未開発の概念をつくり出したとき、これと同じように考えていたのかどうか確かではないが、私に言えることは、本書はパースが見捨てたこの考えについて述べたものであること、そして「日常生活のメタファー（*Metaphors We Live By*）」から意味を引き出す新しいアプローチをめぐって発展したものであるということだけである。しかしながらレイコフとジョンソンによる有名な本（一九八〇）とは違って、本書はメタファーを対象としたものではない。両著者との共有点は、メタファーは単に詩的手段ではなく我々の考え方・感じ方・行動の仕方に影響を与える日常言語の一部であるという基本的主張である。メタファーを概念化する方法は、この詩的比喩から飛び立って、心の働きというその対象にアプローチするものである。

もう一つの奇妙な問いである「なぜコンピュータはつくり出されたのか」ということに答えてみよう。それは過去と現在のギャップを埋めるより効果的な方法がどうしても必要だったからではないのか。今日の最新のテクノロジーは、人間が学習する方法に劣らないよう、それに匹敵しようと努力している。最新のロボットは、学習したことを記憶し蓄え適用することができる。こうした機械は、記憶を蓄え、誤りをおかし、それを繰り返さないようにすることによって学習する。近い未来には、最も進んだコンピュータは、「直接的な過去——純粋な退行」を生み出すものとなるに違いない。

それは、検索する自己の針が退行した精神の溝に触れるたびにその過去を生じさせることのできるコンピュータである。そのとき、活性化した過去は生きている現在によって無効にされる前に踏み出された一歩となるだろう。このことがどこに向かうのか、未だよくわからない。ヴァーチュアルな過去とリアルな現在の組み合わされたところに行くのだろうか。そのように実現されるためには、過去はリアルな時を占めねばならないので、それら二つが溶解することはできない。現在について言えば、その概念を我々はもつことができず、我々は単に現在の中に生きているだけである。過去は未来に概念を用意することができ、それがその主要な働きである。しかし過去は未来を訂正することはできず、これが現在をコントロールできない理由である。現在にあって、我々は過去の概念化によって押されて行動し、それは我々の行為に反射している。

いまや思考の無限性とその概念化の必要性について新しい説明を提出することができる。実在から切り取った行為を意味するいかなる記号も、それを解釈するもう一つの記号によって汲み尽くされることはない。このことが真であるのは明らかである。解釈は過去の時点を捉えるが、行為は現在の時点を占めるからである。行為はまた無数の原子的切片に分割され、それらはまず初めに過去において理解され、それからそれに続く現在の時点において実現される。行為と思考行為は互いを映しあうが重複することのない連続的な現象である。これによって知識は連続的な過程になる。これら二つの過程を媒介するのは我々の力動的な自己であり、それは両方の時間的特性に付随して生起する(supervene)。行為によって、我々は退行した精神によって与えられたパタンにただしたがい、思考によって、行為から認められる痕跡をメタファー化（または概念化）することによって蓄積する。我々は過去によってつくられた概念によって前に押し出され、未だ経験しない未来の到来を夢見るのである。

見えない自己

思考を書き記すことによって、認識できる痕跡のネットを生み出す。次にそのネットを、あたかもスクリーンであるかのように、絶えずすぎてゆく意識の流れに投げかける。無秩序な思考の流れにかけられたこの織られた「思考ネット」によって、書いている間に生じた思考をそのまま再現し復活させようとする。そして、我々は後になって再現できたこと以上のことを常に意図していたこと、考えていたときにしようと思っていたほどのことをいつもしていないことを発見する。コンピュータは書かれた心と復活された心の間の距離を縮めるふりをしてこのゲームに参入するのであるが、うまくいかないようである。どうしてなのか。ただ、「機械の背後に……」であるからである。すなわち（思考ネットから）織られた意味と生きている過去の間の媒介をするのも、やはり我々個人の検索する自己だからである。外的記号としての人間についてのパースの有名な考察は、このことを支持していることがわかる。

なぜなら、すべての思考は記号であるということが、生は一連の思考であるということと一緒になって、人間は記号であるということを証明するように、すべての思考は「外的な」記号であるということは、人間は外的な記号であるということを証明するからである。つまり、人間と外的な記号とは、ホモ・サピエンスと人間という言葉が同一であるというのと同じ意味において、同一である。こういうわけで、私の言語は私自身の総体である。というのは人間は思考であるから（CP 5.314. 内田種臣訳、一部訳語表記を変えて引用）。

織られた思考と「生きている過去」は互いに平行して流れているが、決して二本の同じ長さになることはない。前者はいつも後者より一歩遅れている。同じ方向に進み続けて、次のように問うことができる。それでは、人間（または、その自己）はどこに位置するのか。「外部の記号」に位置づけられるのか。あるいは、この記号のもともとの母体である「一連の思考」に位置づけられるのか。その答は明白である。どちらか一方だけにではなく、同時に両方に、なのだ。ここでもまた自己についてのパースの「進化的な」理解は助けになる。

そこで、ことごとくの実在は、自己である。そして複数の自己は連続体をなしているかのように密接に相互に結ばれている。各々の自己はいわば一つの線描写であって、……不適当なメタファーかもしれないが数学的真理を用いて言えば、各々の自己は、ヘーゲルの絶対観念あるいは神とも言えるそれ自体が一つの自己であるすべての自己の有機的集合体の写像に似たものである……複数の自己が集合体をなしているとすれば、各々の自己はそれ自身の自己意識の点によって区別されることがわかるだろう（CP 8.125）。

さて、ここでかつてウィトゲンシュタインの定義した「世界が私の世界であることは、（私だけが理解している言語である）言語の限界が私の世界の限界であることを意味しているという事実に示されている」（1961:5.62）という問題を論ずることができる。織られた思考ネットという見方をすれば、その問題は私の仮説には妥当しないように思われる。第一に、このネットは「弾力的である」。なぜならば、それは退行した精神から出てくるその下に流れる思考全体の解釈を表象しているからである。第二に、それは我々の傍を流れていくあらゆる思考の流れを捉えようとするたった一つの言語の網の可能態にすぎないからである。その上、このウェブはまったく人工的で、我々のつくったものであり、そこには自然の中の思考に似た過程を表す記号は含まれていない。正確を期すとすれば、ここでの我々のメタファーはウィトゲンシュタインのメタファー同様、誤解を招くようなものであると言わねばならない。彼が「思考の世界」について語ったとき、いかなる限界も予想していなかったのかもしれない。

そこで、この検索する自己の性質はどのようなものかという問いに答えてみよう。今日の見方による自己は、力動的なものであるに違いないことは明らかである。だからこそ私はロナルド・G・アレクサンダーの定義の方を好むのであり、彼は自己を「人間を構成している雑多な特質から生じ、それに基づく付随的抽象的特殊あるいは比喩」(1977:10）であると見ている。彼の定義の最も重要な点は、そのような場合、いかなる身体的心理的特徴の究極の集積も所与の人間を構成することはできないということである。人間の個人としてのアイデンティティは、いついかなる瞬間においてもいかなる個人にとっても変化することのできる無数の要素に基づいている（あるいは、付随的に生起する）ものである。自己の性質の基本的なものに達することはできないようだ。しかし、そのような基盤があり、それは……比喩としてのその性質でできている。自己——検索する自己と我々が定式化しているもの——は、「退行した精神との意識的反応の総計である」。この反応の結果が、概念あるいはメタファーに埋め込まれている「論理的自己」である。

ディスコースによる説明

プログラミング・モデルを技術的に洗練しても、それは一貫性のある意味の理論と合わないことを見てきた。象徴記号の使用が急速に増加しているにもかかわらず、意味はいかなる象徴記号の理論によっても依然として汲み尽くされない状態にある。意味の翻訳可能性の理論は、その「翻訳可能性の程度」を示すだけである。最近の心理学と認知科学の発展には、今日の社会的文化的状況における人間の生態学的価値についての要求に遅れをとらないようにとする姿勢が見られる。心理学における伝統的な説明の考えは、予想できる条件と測定できる結果を結びつけて法則のような予想を与えると想定されるモードとモデルに同化したものとなった。数学的定式・刺激パタン・より単純な有機体によって検出可能な反応というものが、人間に適用できるモデルとして役立つと考えられた。すべてこのようなことは、役に立たないことがわかった。

この失敗から出てきた驚くべき結果の一つは、これまでよりも多くの伝統的諸科学が新しい心モデルの研究に介入してきたことである。いろいろと相違する理論の境界が混じり合っており、そのことは本書についても言えることである。我々が問題にしていることは、記号論や哲学であるのとまったく同様に容易に文学理論としても見られるものであるが、心理学が「人間科学」の項目の中に入るとすれば、とりわけ心理学のように見えるものである。このことは間違っていないが、新しい方法をつくり出そうとしているのだと主張し続けることの方がより一層正確であると言ってよいだろう。メタファーを概念化する方法は、人間行動をモデルとして意味を引き出すアプローチを提出しようとする最近の認知科学の行き方に合っていると思われるが、このことによって我々を取り巻く「記号圏」の記号と象徴の研究の必要性が正当化されることを望んでいる。

さて、ここで多様な社会科学の領域から出されている我々のアプローチに似たいくつかの今日のアプローチを明らかにしておかねばならない。「心の哲学」の下に発展した創発的進化論、形式主義、自己認識、その他多数の学説と共に、近年の学問分野である「ディスカーシブ心理学（discursive psychology）」は人間生活における象徴使用の遍在的な役割を扱おうとしているものである。アレとジレによれば、ディスカーシブ心理学は「ジョージ・H・ミードとL・ヴィゴツキーの仕事にさかのぼって」（1994: viii）独立に発展してきたものの総体である。それは一種の言語心理学の理論で、出来事と対象は心におけるその一連の出現（ディスコース）によって意味づけられるという考えを提出し、歴史的文化的状況における規範と規則として役立つディスコース行為のパタンとして、心理現象を力動的に説明しようとするものである。

たとえばコンピュータで使われているような日常的に使用されているメタファーと象徴記号の世界は、規範と専門的規則で組織化されている。我々の生きている世界は、因果関係の過程で構造化されている。これと同じように、ディスカーシブ心理学者のアレとジレは、「言語は象徴記号の世界で生き抜くための主要な手段であり、手と脳は物質の世界で生き抜くための主要な手段である。これら二つの世界で生きることは、人間の特徴である」（同書：100）、と驚くべき主張をしている。著者は二元論を否定しているが、この陳述は、ほとんどデカルト流の完全な二元論に見えるもので、意外である。しかし彼らが手とともに脳を物質界に入れていることを心にとめるならば、それは完全に受容できるものである。象徴とメタファーの世界において、手は脳の延長であるにすぎない。

その見解を要約して、著者たちは誰もが自分の生活と合わせなければならない三つの相違する条件を挙げている。さらに興味深いことは、各条件について、「日常生活の状況を概念化すること」について述べていることである。さらに興味深いことは、第三の条件からの主張として、「［自己は］各々それ自身の意味作用の束をなす多くの相違するディスコースに生きている」（同書：25）と述べていることである。著者たちが自分たちの見解の支持を求めて、「象徴記号の世界とその働きについて物理的過程によって説明することはできない。哲学者はこの過程を「付随性」と呼んでいる」（同書：100）と、「付随性」の考えに訴えていることもまた重要な意味を示唆している。さらに彼らは、「主観性の固定した役割でなく流動的位置づけ」（同書：36）について語り、最後に「自己の感覚は経験である」（同書：111）と主張している。彼らのディスコース論による見解によれば、自分自身を経験する必要条件は、他者との関係である。

「感情を伴う経験」

一見したところ、メタファーを概念化するという方法の最大の弱点は、科学的アプローチと通常関連づけられる客観性に欠けていることであるように思われる。しかし意味を引き出す多くのすぐれた方法が否定されている一つの理由は、間違いのない客観性を求めているためであると私は思う。生活がめまぐるしいスピードで変化する今日にあっては、古典的な哲学的説明に求められてきた客観性はもはや必要とされておらず、その代わりに、必要とされているのは、許容できる誤りのバーを我々の判断が飛び越えられるようなしなやかな棒高跳びの棒のようなものである。今日の学界では、多くの人々がこのように考えている。たとえばユージーン・ジェンドリン（Eugene Gendlin）がほぼ同じようにこの見解を述べているのを見ることができる。

経験は、概念がそうであるように、直接指し示されることができるので、概念化の歪曲力をもはやおそれる必要はない。概念は経験の代用でなければならないと想定するのでなく（したがって、必然的に、なんと貧弱な代用であるかと嘆くのではなく）、むしろ、我々は概念「と」経験の直示を用いることができる（1997：18-19）。

ジェンドリンは、いったん定められると検証可能な命題として役立ちうる効果的なオブザベーショナル・バリアブル（observational variable［観測に対応する規則的に現れる現象上の変数］）の必要性について、説得的に擁護している。そうすれば、「正統的な科学の方法はそこから変数をとることができる」（同書：20）、と。彼の主な考えは、我々は現象を理解するために絶えず経験に関係づけることによって、生活現象を果てしなく象徴化し続けているということである。そこで、経験と象徴化の間をめぐる場において意味が形成される。「象徴化されない感情は盲目であり、感情を伴わない象徴化は空虚である」（同書：5）。ジェンドリンは「前概念的経験」という表現を用いているが、それによって彼は文化、経済、生物学的衝動、心理的必要性のようなこれまでに人間がつくり出してきたもの全体を理解している。この考えはパースの「退行した精神」とほぼ完全に同じものである。ジェンドリンは、「感情を伴う意味（felt meaning）」という用語によって、概念化の過程を説明している。それは、我々は自分の考えることを感じているという主張であり（感情は思考であるというパースの主張とそれほど隔たりのないものである）、概念化がうまくいく条件は、感情を伴った意味が表れていることである。

ジェンドリンが現実の現在においていかに思考が生ずるかを描くとき、その理論はメタファーを概念化する方法に似たものとなる。彼によれば、直接的思考は、それと感情を伴った経験の総体である論理パタンにしたがう。このような推論の方法は、相違する思考を形成することができる。

現実の思考における概念には、所与の時点における論理パタンと含意のみならず、感情を伴う意味の経験も含まれている。そしてそのような意味の経験は、次の瞬間には、まったく相違する概念、新しい意味の分化、論理的に矛盾していても人間行動として「予想できる」ものになることができる（同書：6）。

この説明では、思考過程において積極的に働いているのは何であるのかよくわからない。しかしこの理論は、「感情を伴う意味の経験」の創造性を認識しており、これは我々が「退行した精神」と呼んでいるものの特徴と酷似している。ジェンドリンによれば、「感情を伴う意味」の性質は、ただ注意をそこに向けるだけでそのたびに引き起こされる内的特性であるため、誰でもいつでも用いることのできるものである。このことは、現実の（特定の）観念、願望、感情、知覚、言葉、思考を我々の内部のより一層広い概念に関係づけるとき、いつもおこなわれていることである。「それは、『そこに』いつでもあるという意味において、具体的な集合体である」（同書：11）。感情や意味などのこの集合体を言葉にすることはできず、その集合体の全体ではなく、ある一定の側面だけを明らかにする象徴を用いて認識することができるだけである。

この陳述には、メタファーを概念化する方法で略述した退行した精神の特質が認められる。そこには退行した精神の特質でありえないようなものは何もない。この理論について問題が生ずるのは、著者がその働き方について次のように述べるときである。

経験について一つのきわめて重要な特徴を強調したいと思う。いかなる経験のデータも、それがいかに詳細に明記されていようと、そのいかなる側面も「さらにさらに」詳しく象徴化され解釈されることが可能であり、その結果、ますます多くの象徴化が可能となり、無限に「分化」していくことが可能であり、無数の意味をそこに統合していくことが可能となる（同書 :16）。

残された問いは、「その方法」である。このように途方もないあらゆる機会はいかにして可能になるのか。著者はその概念の力動性を主張しているにもかかわらず、その過程を何が動かしているかということについては、はっきり述べていない。しかしその周到で体系的なアプローチを見ると、この問いに対する答の手がかりとなるかもしれない結論が暗示されている。実際の思考の変化の概念化について著者が挙げる例を見ると、こうした変化が多くの場合、言語において生じているのがわかる。そして、著者によれば、論理的な概念もどれだけ多くの言葉も実際の思考の意味を十分に尽くすことができないため、直接経験を参照しなければならない。「その行為者」については触れられていないが、無限の記号過程という理論がここでは働いている――記号の働きの限界と検索する自己の役割。行為者の問題を示しているのではないかと思われる個所が一つあるが、それは他者との関係が強調されているところであり、実在の経験についてのすぐれた説明のあるところである。ジェンドリンは、注意を内部に向けてそれを呼び起こしさえすればそれは「そこにある」という意味において、彼の考えは力動的で柔軟で「変幻自在である」と主張している。換言すれば、この論について語るとき、我々は現実の前概念的経験を扱っているということである。「なぜならば過去の経験は、過去に起こった離散的な出来事として現在において機能しているのではない。離散的な出来事は過去であり、現在というものは、今の経験であり、過去の出来事がそれを今現在あるようなものとしているのである」(同書 :35)。

これは、これ以上何もつけ加えることのない洗練された説明である。たとえばコミュニケーションにおいて意味を創出するためには、経験によらねばならないが、それは象徴記号と対象の間のある一定の関係を経験することではない。この論によれば、人間が話したり考えたり読んだりするとき、意味を経験しているのである。「別の言い方をすれば、意味を「感じている」のである」(同書 :45)。もちろん、ジェンドリンの研究の最大の利点は、それを心理の実際に直接適用できることであり、そこでそれがなるほどと思わせるような「振る舞いを見せる」ことである。

余白に記されたいくつかのこと

二つの理論はジェンドリンがそれより以前に著した他の理論同様、私の方法に驚くほど酷似している。しかしながらメタファーを概念化する方法が他と違っているのは、退行した精神および付随的自己という考えを用いていることである。私のアプローチでは、検索する自己は「意味を生み出す活動的な要素」である。付随的自己は退行した精神に触れることによって、見捨てられた概念を呼び起こし、それは日常生活の象徴と直面することになる。手と脳の間に、自己が我々を方向づけるジャイロスコープとして付随的に働く。その結果、メタファー化された新しい概念が自

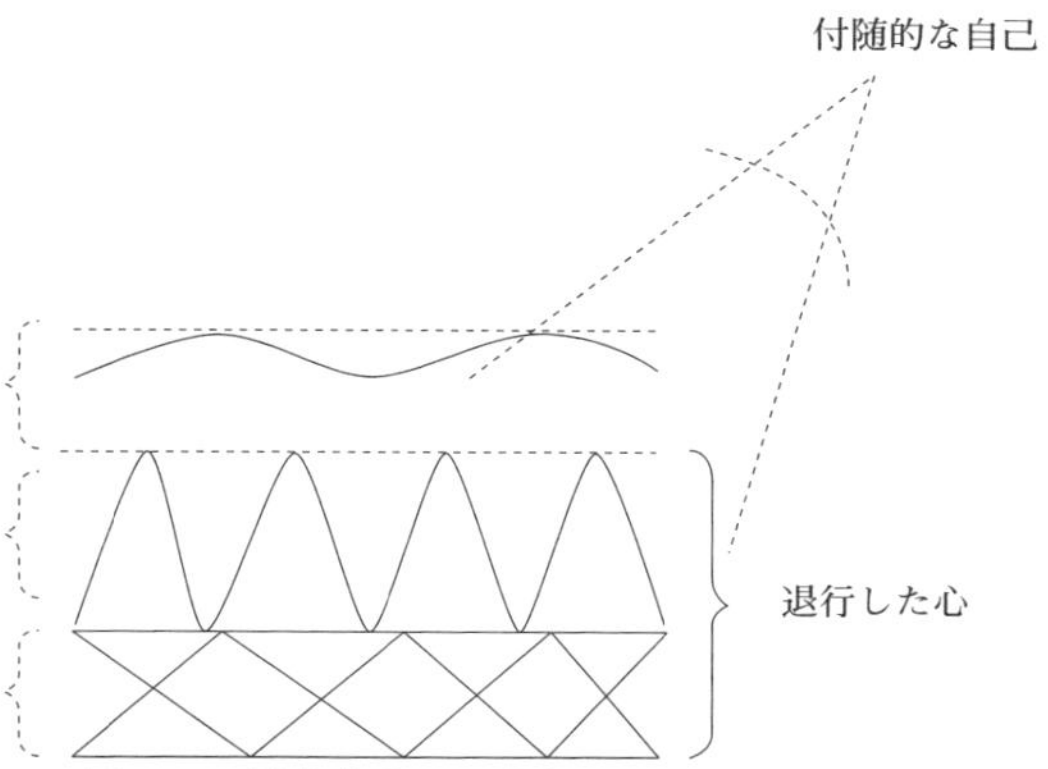

図10.1　概念化された退行した心

己に埋め込まれることになる（図10・1を参照）。我々の自己認識は他者との関係と密接に結びついている。しかしとりわけその認識は、それが退行した精神を求めて沈んでいく明晰さの段階と関係している。この潜行過程において、自己は他者のすべての記号の総体となるまで意識によって概念化された他者のメタファーになる。そこで、自己全体が他者を認識することができる意識的自己の全記号となる（こうなるのは、意識的な自己がいかなる他者の自己とも何らかの一般的特徴を共有しているからである）。「受動的な感情の集合体」からの他者の出現は、意識へと向かうその「上昇」運動とともに生ずる。

「受動的なクリシェ思考の集合体」について私はパースの「退行した精神」という用語を用いて詳しく論じたが、このことによる利点は、これを用いることによって分析された現象について力動的説明をすることができる大きな可能性が生じたことである。このように理解することによって、我々の考え方感じ方を視覚的に表すことができる。その結果として、経験という考えよりも多くのことがもたらされることになる。なぜならば、それは宇宙が成長変化して未来において結晶した精神になることを説明する概念として意図されたものだからである。退行したもの全体は、観念の目覚めによって上方に引き上げられる渦巻く考えの層としてイメージすることができる。

「退行した精神」を指して、我々はメタファー的な記述しかしていない。このような考えが何を表しているのか、はっきりと究極的なかたちで意識することはできない。それは抽象的ではあるが、仮説が成長し動き出すのを分析するための非常に力強い概念である。退行した精神という考えは、昔からの日常と哲学のメタファーに展開されてきた眠れる（そして「いつのまにか記憶から消えてゆく」）知識を覚醒させるために我々がすることのできる唯一の「クリック」である。退行した精神という考えによって、意識のいくつかの過程を文字通り「見る」ことができる。たとえば、（一種の統合失調症である）「多重人格障害」として知られている精神状態は、その人が一つ以上のアイデンティティをもっているという信念とそれに関係する行動にある。文化的に最もよく知られているその例は、古典的なヒッチコック作品「サイコ」の殺人犯ノーマン・ベイツで、その二つの人格はモーテル経営者と母親というかたちをとっている。二つの要素がこの病気において決定的な役割を果たしている。その一つは患者の心の複数のアイデンティティの間に頻発する記憶喪失であり、もう一つは、別の自己をもっているという感情を呼び起こすもう一つの中枢細胞の活性化である。そこで問いが生ずるのであるが、新しい自己（第二のアイデンティティ）はどこでその必然的に相違する経験・記憶・望み・欲求・動機といったものを受けとるのか。「退行した精神から」という答は、この場合、十分説得力のあるものに思われる。さらに同じ方向に進んで、「検索する自己の針」がこの場合、退行した精神の間違った溝に触れたからということもできる。この説明はメタファーのように聞こえ、病気の治療にはならないかもしれないが、なかなか精巧な説明である。

後の方の合理化は、人間を「一連の思考」とするパースの比喩とともに、もう一つのメタファー化をおこなうのによい理由になる。意識は、巨大な国際空港のようなものである。それは、ターミナル・ビル、離着陸用のビル、格納庫というような多くの相違する階層からなる建物で、我々の記憶はそこに蓄えられ、離陸を待っている。飛行機と同じように、思考は離着陸する。そこで、もし誰か（検索する自己）がそこで時刻を調べるために十分な時をもつならば、ほとんどどのフライト（思考）についても正確な時刻を記憶することができるだろう。しかしそれでもなおかつ、ときには間違いが起こることは免れない。天候状態や事故は予告できないからである。思考によっては、自分のいる階に飽きて別の階に上がったり下りたりして移動するものもあるだろう。しかしずっと空港にいるために空港に来る客というのは、一人もいない。空港はより大きな秩序を与えるために存在している。しかし、しばしばカオスが、単なる絵空事ではなく、現実のものとなることがある。

さて現実に戻るとしよう。メタファーを概念化することは、たとえばクリシェのような受動的集合体に変化したものとして過去を説明する考えであるにもかかわらず、それは「変幻自在な」生きた概念である。検索する自己という「棒高跳びの棒」によって、世界についての科学的な説明をダイナミックなものにする。それと同時に、この方法のあらゆる要素はきわめて抽象的であり、そこにはあらゆる学説の深い理論的判断のみならず、急速に変化する日常生活の出来事が含まれている。提案された方法は、いくつかの昔からの論理形式に光を当てるとともに、新しい原理の生成モデルとしても役立つものである。ここに示したように、退行した精神との相互作用から受けとるメタファーの分析において、思考―行動の創造過程を調べることができる。この点において、メタファーを概念化することは、「方法論としての記号論」「記号論の記号論」「メタ記号論」などと呼ぶことのできる新しい認識方法に適用できる一種の記号論である。

ホワイト・クリスマスを夢見ること

概念化されていない日常生活の素材について、それがどのように概念化されるか、もう一つ例を挙げて示してみよう。これまで論じてきたことすべてを用いて、できるだけ多くの結論を引き出してみたいと思う。

クリスマスと言えば、シーンと静まり返った静けさの中、雪で真っ白に覆われた芝生、家々、森を思い描く。家族の再会、喜び、教会に行くこと、歌を歌うこと、心地よく安らかな気持を思い浮かべる。さらに深い層にはもう一つのクリシェがあり、それは誰かがどこかへ行く用意をする季節であり、大抵の場合、それは故郷へ帰る準備をする季節である。ヨーロッパにおけるこのクリシェは、木のそり（たとえば、そのロシア版は有名な三頭立ての馬に引かれた橇のトロイカ）での旅というかたちで視覚化されている。スカンディナヴィア・イギリス・アメリカでは、サンタクロースを乗せたトナカイの橇である。馬車やトナカイの鈴の音を我々は聞いたりいろいろなふうに「感じ」たりするに違いない。これは誰かが帰ってくるという楽しい記号である。

クリスマス・イヴには、「きよしこの夜」を歌ったり聞いたりして、一年中で一番大きな安らぎのときを過ごす。安らぎと希望――これがこの夕べを支配する二つの大きな感情である。そしてこれはいくつの年になっても、繰り返しいつも我々を待ち受けている感情である。それはあのこどもの頃の神話を祝うときである。自分たちが安らかに喜びの中に生まれ、成長し、やがてこどもをもち、この同じ神話で彼らを育てるという神話。我々は神話の層に戻り、しばしの間、悩みのない楽しい神話の世界に生きる存在へと変身する。

その昔、一八一六年、牧師のヨゼフ・モアの作詞、作曲家フランツ・グルーバーの曲になる、忘れられない

図10.2　概念化された希望

「Stille Nacht（きよしこの夜）」がつくられたとき、彼らは同じような気持に駆られていた。二人とも、当時は非常に貧しい地域であったザルツブルグにいた。人々は希望と喜びを待ち焦がれていた。その歌は、子守唄として歌えるようにつくられたものであった。神話というよりはアレゴリーであり、今は失われているが、やがてたっぷりと与えられるものについてのアレゴリーであった。音楽として概念化されたこの希望を視覚化してみよう（図10・2は、ザルツブルグのカロリノ・アウグスチノ博物館が所蔵する最古の四篇の楽譜の中の一つである）。作詞者も作曲者も、人間の遺伝的進化のための記憶を蓄える無数のセルでできた退行した精神の奥深くまで探求している。彼らの検索する自己は、希望と期待のまさに正しい溝に行き着いている。誰かが帰ってくることは、祝祭のクライマックスである。何か大切なこと、よきことが到来する。何かまたは誰かが家の戸口にやってきて、次の年まで、あるいは永遠にずっと滞在するだろう。その訪問者は、この家に何かよきことをもたらしてくれるだろう。それは、おそらく、神ではないだろうか。

何かということがなぜ「重要視されるのか」

意味は順序づけ、比較し、翻訳することに関係している。あるものは他のものより多くのことを意味している。意味は、また、階層・慣習・価値にも関係している。私はここで意味論・統語論・因果論というような古典的な意味の問題を扱おうとしているのではない。また真理条件や価値記述についての数え切れない多くの理論について検討しようとしているのでもない。ただ、なぜあることは問題となるのに他のことは問題にならないのか、という素朴な問いから始めてみたいと思う。

新生児にとっては、問題となる事柄はごくわずかである。成長するにつれて問題となることは増えるが、老年になると関心領域は自然と狭くなり、死の床にある人にはほとんど何も問題となることはない。しかし問題となる価値を定めているのは、誰なのか。たとえば、リアルなことは問題になるが架空のことは問題にならないという神話は、どのようにして生じたのか。遺伝子工学によって脳細胞の移植も可能となるような近未来には、この半人造人間にとって、これと同じ価値が問題となると確言できるだろうか。なぜそのようなことを問うのか。倫理と哲学の間に、何か明らかになってきた関係があるのか。これはとっくの昔に解決されたように見える古い問いかけであるが、やがて新たに問い直されねばならない問いである。

さて既に提出した問いである「退行した精神」と「退行」が何を意味しているのか、検討してみなければならない。それについてパースは説明していないということは、既に見たとおりであり、パースはこの用語を用いたが、明確に定義していない。この用語は、「知的に理解できる一つの宇宙論は、客観的観念論によるもので、物質は退行した精神であり、それは根深い習慣が物理的法則になるということである」（CP 6.25）という一見したところ漠然とした宇宙の概念にうまく用いられている。この用語は客観的観念論についての彼の初期の考えときれいに結びついたものであったが、やがてこの考えは用いられなくなり、後年彼がその考えに戻ることはほとんどなかった。この短い言葉の中にあって精密化することができると我々に思わせる核心とは、何なのか。さらに多様な精密化を促す潜在的可能性のある考えが、それである。そしてそれはパースが意図したように、一般的で漠然としたものでもある。「……根深い習慣が物理的法則になる」というたった一つの部分に、パースは莫大な意味を何とかうまく入れることができたのであった。物質は習慣に支配され、比較的秩序のない世界からより秩序だった世界へと、結晶化した心へと、発展するということである。

他の根拠に基づいて実際私が言っていることではあるが、このことによって、いわゆる物質は完全に死んでいるのではなく、習慣にかたく縛られた心にすぎない、とどうしても言わなければならなくなる。そこには、未だ多様化の要素が保持されている。そしてその多様化には、生命がある。観念が精神から精神へと伝わるとき、それはたとえば何らかの不思議な左右対称とか、やさしい色と上品な香りとの何らかの結びつきというような、自然のいろいろな要素の組み合わせという形式をとる（CP 6.158）。

これは、パースの見方がいかに我々と同じ見方であったかを示すもう一つの不思議な詩的な説明となっている。ともかく死んでいない物質というのは、一種の消耗した精神であり、過去の思考の堆積であり、それは退行した精神である。それは、我々の行動のモデルやパタンとなるものである。我々はどこからも完全な観念に到達するのではない。「対称、やさしい色と上品な香り」が感覚を創造する不思議な組み合わせに参与し、それは伝えられコミュニケートされるものとなる。検索する自己によって、我々は過去のこれらの痕跡を活性化し概念化して、自分自身の意味をつくる。

このような見解は最近の遺伝子工学の発見と呼応しているのではないだろうか。我々の細胞は（脳細胞でなくても）それが構成する「この特定の人体」についての他の「記憶」とともに、「人間の」器官としてのその起源についての「記憶」をもっていることが、今日ではわかっている。しかし、慎重でなければならない。我々が「記憶」と呼んでいるものは、物質である。それは触知できる痕跡ではなく、むしろ遺伝［コードの］情報である。しかしなお、我々の生命を支配する究極の法則、規則の総体、生命についての思考があるに違いない。意識のどこかには、生まれる以前からの思考の集積のようなものが存在しているに違いない。重要視される一つの非常に重要なことは、この「習慣にかたく縛られた精神」にすぎない退行した精神を絶えず参照するということである。

さて、一見とても答えられそうにないと思われる問いに挑戦してみよう。たとえばクリスマスというようなある種の出来事は、なぜその意味を失わないのか。我々は本当にアレゴリーや神話に生きることを好んでいるのか。詩的比喩の中で我々が安らぎを覚えるのはなぜなのか。その答は（もしあるとしても）、論理を「超えている」か、むしろ「論理以前」のものであるに違いない。意味よりももっと高度で重要なものがあるということ、あるいは一種の究極の意味があるということを受け容れなければならない。おそらくそれによって自分自身が救われることになる、未発見の神話のようなものである我々の集合的な心という、前もって存在している心的状態を我々は探し求めているのだろう。それは、今起こっていることごとくのことがそこでは既にこれまでに起こったことであるという退行したものの巨大な倉庫のようなものである。

後者の例について深く考える必要はない。それは形而上的な考え方において公然と示されているように、それ自体についてのいかなる推論をも否定するものである。パースの次のようなもう一つの言葉で閉じることによってのみ、重要な意味をもつことになる。

「事実でないことは、すべて、詩である」とあなた方が言うのが聞こえるが、それはナンセンスである。悪い詩は偽物であるということ、これは私の認めるところである。しかし真なる詩ほど、真理に近いものはない。そして、科学者に言いたいことは、芸術家は科学者が探し求めている特別の細部を除けば、科学者よりもずっと繊細でずっと的確な観察者であるということである（CP 1.315）。

我々はパースの差し出すどちらにも同意することができる。特別の細部を観察し続けることもできるし、古きよきメタファーにとどまることもできる。あるいは、検索する自己という考えのお陰で、さらにもう一つの選択肢として、それら両方に付随的であることもできる。今日ではこの同じ論題について、科学的発見の性質について何か相違することが言えるだろうか。偉大な科学者は、パースの言葉で言えば、特別の細部の中で発見をしてきたのであり、偉大な詩人は、常にそのような発見について知っていたのである。

そしていくつかの折衷的な見解

本書が約束を果たせなかったことがいくつかある。何度も主張していたのは、検証可能な命題を生み出す概念の大要を示し、日常生活によりよい方向づけを与える行動パタンを提供するということであった。しかしここにつくり出されたモデルはと言えば、それはどうやらフレキシブルな分析的な方法である。所期の目的がこのレベルのものになったこと、そのため、この理論は新しい学説というよりはむしろ適用可能な概念とみなされるべきものであることを認めるのがよいと思う。また放棄されたままになっている考えが少しあり、たとえば、退行した精神のより広い現象の具体化とみなされているものとして提示された基底効果という考えのみならず、「歩く独我論文字」としての人間という考えがそれである。パースその他の関係する哲学者によって案出された対話主義・他者・他者性・全体としての「主―客」関係という考えについては、未だ論ずるべきことが残されている。方法としてのメタファーと例としてのメタファーの関係が十分つりあいのとれたものとなっているかどうか、十分立証されているわけではない。しかしながら、それとは反対に楽観的な見方に立つとすれば、ここに提示された考えが今後発展していく可能性があることははっきりしていると言ってよいだろう。

補遺　イヴァン・サライリエフ
――ブルガリア・プラグマティズムの草分け

イヴァン・サライリエフ（一八八七〜一九六九）は、早くも一九〇九年の著作にプラグマティックな見解を表明したプラグマティズムのパイオニアである。父親は、セント・ペテルスブルグの弁護士であった。サライリエフはパリのベルグソンの下で研究し、一九〇九年ソルボンヌを首席で卒業した。流暢にフランス語・英語・ドイツ語をこなしたにもかかわらず、著作はほとんどブルガリア語に限られていたため、その仕事はほとんど知られていない。さらに悪いことには、一九四四年、共産党が政権を握って以来、彼の仕事には強い圧力がかけられた。

ソルボンヌを卒業するとイギリスで一年過ごし、そこでシラーと盛んに議論をする機会をもった（サライリエフ宛の何通かのシラーの手紙が保存されている）。ブルガリアに帰国すると、それから十一年間、ソフィア・ハイスクールでの教職につき、一九二〇年ソフィア大学の助教授となり、一九二七年には終身在職権つきの教授になった。一九二四年に著書『意志について』が出版され、同年イギリスに戻り、シラーと再会し、H・W・カーのベルグソンについての連続講義を受講した。一九三四年『論文集――ベルグソン哲学のいくつかのわかりにくい局面』という表題でベルグソンについての論文集を刊行した。

一九三一年、イギリスから帰って約六年後、ニューヨークに行き、コロンビア大学でロックフェラー・フェローとして一年間を過ごした。コロンビアではウィリアム・ペパレル・モンタギューおよびデューイとともに、パースについて論じ合った。日記の中で、サライリエフはパースの名前の発音について特別書き留めており、ブルガリアの専門機関誌『ウチリシュテン・プレグレド』(*Outchilisten Pregled*, Vol.32 June 1933, pp.725-736)に発表された「パースの原理」において、パースの名前の発音の仕方について読者に説明している。

その翌年三月、サライリエフはハーヴァードに行き、ラルフ・バートン・ペリー、アルフレッド・N・ホワイトヘッド、ジョージ・アレン・モルガン、ジェイムズ・ビセット・プラットとの出会いをもった。同年その後、いくつかの他のアメリカの大学を訪問した後ヨーロッパに帰還し、まずイタリアに行き、そこで何人かのイタリアのプラグマティストとの出会いをもち、それからドイツとスイスで二年間を過ごした。

一九三〇年には、宗教と科学の難問について高名なブルガリアの教授ディミテル・ミハルチェフと討論をおこない、ブルガリアの知識人の間で有名になった。サライリエフは、生命は物質的因果関係のみでできているのではないという自分の見解を擁護するのに、記号論の力をもつプラグマティックなアプローチを用い、我々は「前―思考」の世界に生きていること、物理的規則や法則よりも、「その前―思考の世界の」規則と法則にしたがって生きて行動していると論じた。そのような規則と法則は現代科学と矛盾せず、むしろその妥当性を完全なものにし証明するものである。パースをいささか思わせるような方法で、サライリエフは科学と宗教の思想を統合し、仮説的(アブダクションによる)推論を通じていかにして神を知ることができるか示そうとした。一九三一年刊行の二篇の「現代の科学と宗教」と「ある批評家への答え」において、科学と宗教についての持説を発表した。

しかしながら、一九四四年共産党の支配になると、サライリエフの仕事は突如として中断された。そして彼の広範な国際的活動に唐突な終止符が打たれ、国際的な学界から直ちに孤立した状態に置かれることになった。一九四六年六月、サライリエフはソフィア大学の学長に選出されたが、共産党当局に協力の姿勢を示さなかったために、その年の内に学長辞任を強いられ、それから、プラグマティストの思想を放棄してマルクス主義を教えるようにと言われたが、これをも拒んだ。ただ学者としての名声があったために、強制労働収容所行きは免れた。それからまもなくして一九五〇年、サライリエフは辞職させられ、その後の人生をほとんど完全な孤立の中に置かれた。著作の出版は禁止され、刊行された著作物はブラックリストに載せられた。その名前すら、機密扱いされた。一九六九年サライリエフはソフィアにおいて、安らかにではあったが、まったく人々に知られることなく、ひっそりとした死を迎えた。彼の生涯について信頼のおける記録はほとんど存在せず、今日なおその著書、論文など、いずれも入手することは難しい。サライリエフはほとんど歴史から抹殺されている。

イヴァン・サライリエフの生涯と仕事についてのこの話は、その著書の一冊にまったく偶然出会うということがなかったならば、語られることはなかったであろう。（ブルガリア語で）『プラグマティズム』という表題のついたその書物は、一九三八年刊行のものであった。その口絵に有名なエレン・エメット・ランドによるウィリアム・ジェイムズのポートレートのある『プラグマティズム』は、注目すべきものである。それは、プラグマティズムがヨーロッパに広がっていったことに彼が関与したこと、フランス、イギリス、ドイツ、アメリカと彼が広く活動したことを示す貴重な記録であり、ヨーロッパ史上におけるこの重要な時期におけるプラグマティズムを活写したものともなっている。

序論において、サライリエフは「いかにして我々の観念を明晰にするか」に言及して、パースをプラグマティズムの基礎を築いた人としている。しかしサライリエフはそれにつけ加えて、この論文は一八九八年ウィリアム・ジェイムズによる「哲学的概念と実際的結果」において、プラグマティズムの発見はパースであるとされるまで、顧みられることはなかったと述べている。サライリエフは、プラグマティズムがさらに広がり、ヨーロッパで初めて人々に知られるようになったのは、フェルディナンド・シラーのとりわけ一八九一年の『スフィンクスの謎』によるものであるとしている。

彼は最大多数のプラグマティストをイタリアに見出し、ジョヴァンニ・パピーニ、カルデローニ、ジョヴァンニ・ヴァイラーチ、ジョヴァンニ・アメンドーラについて論じている。ムッソリーニについても短く論じている。ロンドンの新聞「サンデー・タイムズ」(一九二六年四月)において、このイタリアの独裁者は、プラグマティズムが自分の政治キャリアに大きな助けとなったこと、いかなる行為も主義よりはむしろ行為の結果を通して検証されねばならないことをジェイムズから学んだことを述べて、プラグマティズムに感謝を表明している。ムッソリーニはさらに続けて、「ジェイムズは行為への信頼と生きて闘う意志を私に吹き込み、それによってファシズムが大いなる成功を成し遂げてきた」と述べている。偏った記述にならないように、ロシアの革命家ウラジミル・レーニンのような他の熱狂的なプラグマティズムの支持者たちの名をも挙げている。また、ファシストの拷問にかけられて死んだジョヴァンニ・アメンドーラの名を入れることも忘れていない。

プラグマティズムのヨーロッパでの広がりについての概観を続けて、ドイツ語圏での広がりについて述べ、それはイギリスやイタリアほどではないとしながらも、プラグマティズムの何らかの影響を受けた人々として、ゲオルグ・ヴォバーミン、ヴィルヘルム・イェルサレム、ユリウス・ゴールドシュタイン、エルンスト・マッハ、ヴィルヘルム・オストヴァルト、ゲオルグ・ジンメルを取り上げている。それから、プラグマティズムがウィーンの何人かの論理実証主義者にどのような影響を及ぼしたかということを示している。

サライリエフは最後にフランスにおけるプラグマティズムを跡づけ、そこではさらによく評価されたこと、そしてアルフレッド・ロワジーとジョルジュ・ティレルが始めた新しい宗教哲学の発展に力があったこと、そして一九三〇年代にモリス・ブロンデル、ラベルトニエール、ル・ロイのような思想家の貢献によって、これは「モダニズム」として知られる哲学と宗教の改革運動に発展していったことについて述べている。

序論の後に「チャールズ・サンダーズ・パースとその原理」という論文があり、他にもジェイムズのプラグマティズム、シラーのヒューマニズム、デューイの道具主義についての論文がある。また、イタリアのプラグマティズムについての論文、結論、そして補遺として「プラグマティズム」・その形容詞「プラグマティック」・パースの用語である「プラグマティシズム」という語の意味についての論文がある。最後は、プラグマティックな思想についての簡単な注釈つきの驚くばかりに完成度の高い参考文献で結ばれている。

プラグマティズムがヨーロッパに入ってきたことについてのサライリエフの説明は、信頼のおける綿密な調査に基づいた大変立派なものである。プラグマティズムは真理についての新しい理論として描かれ、その決定的に重要な点がはっきり示され、それは主要な代表的研究者の死とともに、次第に論じられなくなっていったと述べられている。

サライリエフは自らの仕事においても、パースの「科学の論理学」を例示する思考モデルにしたがい、『発生論的な考え』（一九一五）、『ソクラテス』（一九四七）、そして科学と宗教についての論議において、意味を明らかにするプラグマティストの学説にきちんとしたがったものとなっている。

もっと条件に恵まれていたならば、サライリエフはおそらく非常に大きな影響力を発揮することができただろうと思われる。しかし苛酷な政治的迫害のもと、社会的追放を強いられた。彼の思想は弾圧され、その後数十年にわたって理解されることのない暗黒時代に押し流されるがままになった。パースがあれほどよく理解していたように、思想は修道院のような一人の人間の意識に閉じ込められていてはならない。真理のためには、他の思想と闘うために街頭に出て行かなければならない。いかなる権威も真理を永遠に閉じ込めることはできないことを、近年発見されたサライリエフの仕事ほど強く確信させてくれるものはない。

訳者あとがき

本訳書は、Ivan Mladenov, *Conceptualizing Metaphors: On Charles Peirce's Marginalia* (Routledge Studies in Linguistics 4), London & New York: Routledge, 2006 の全訳である。タイトルを直訳すれば、『メタファーを概念化すること――パースの余白に』となるが、本訳書では著者の意図するところを一般的な言いまわしに変容させて『パースから読むメタファーと記憶』とした。

著者ムラデノフ氏は、一九五三年、ブルガリアの首都ソフィアに生まれた高名なパース研究者であり、現在、ブルガリア科学アカデミーの教授である。これまでヨーロッパ各地の研究機関で教育・研究活動を展開し、ヘルシンキ大学（フィンランド）、タルトー大学（エストニア）、ザルツブルグ大学（オーストリア）、パリ大学（フランス）、メトロポリタン大学、オックスフォードとケンブリッジ（イギリス）において、そしてアメリカのインディアナ大学、セント・トマス大学等において、パース哲学・記号論を中心に講義・講演等の活動をおこなっている。ブルガリア国内では、ソフィア大学とニュー・ブルガリア大学においても、一九九三年以来、パース記号論についての講義をおこなっている。著書としては、本書の他にブルガリア語による著書数冊、英語による共編著のほか論文多数と翻訳書がある。

本書において、著者ムラデノフ氏はパースの見捨てられた考えである「退行した精神」（Effete mind）から創造的な思考を展開することによって、今日の認知科学、心／脳の哲学、人工知能、文学理論、ディスカーシブ心理学とも接点のある意味の理論へとつながるパース宇宙進化論の興味深い一歩を踏み出している。そこには、意識、無意識、記憶、他者性、力動的な自己、遺伝情報、情報検索、感情を伴う意味というようなコミュニケーションの本質的な問題が意味を産み出すプロセスとの関係において論じられている。

本書の興味深い成果の一つは、コンピュータのような「人工知能」のおこなう解釈と自然とつながった肉体をもって「生きている人間」のおこなう解釈との共通性と相違性が描き出されていることであり、それによって未来のコンピュータの発展可能性と限界が同時に具体的に示されるとともに、生きている人間の日常的な解釈の過程モデルが示されていることである。

私たちは絶えず意味を経験している。意味を経験するということは意味を「感じている」ということである。しかし、コンピュータは意味を感じてはいない。このことは人間とコンピュータの第一の相違点である。人間の記憶には、その無意識の層にも感情が蓄積されている。コンピュータは感情を持っているかのような振る舞いをするときでも、それは象徴記号の演算による推論によるものであって、感情や欲望によって動いているのではない。

人間とコンピュータの第二の相違点は、記憶の質の相違であり、それを呼び出す過程の相違である。コンピュータの記憶は、機械的に検索されるプログラム化されたデータであり、「ある一定のキーをたたくと、ある一定の反応が起きる。これは記号としてのキーが人工的につくり出された環境において働いているからである」。しかし今から一〇〇年以上前にパースが述べたように、「いかなる機械を使うにも……精神が必要である。そこで、この精神がもう一つの定式であるにすぎないとすれば、それを操作するにはその背後にもう一つの精神が必要であり、等々と無限にそうなっていく」(CP 5.329)。「機械の背後にある精神は、どのキーをたたいても表れる最終的解釈項であり、この巨大な解釈項はキーをこのように一回たたくことで決して十分汲みつくされはしない。自然と生命においては、二つの等しいアプローチによって二つの同一の結果に達することは決してない」（本書二六〇頁）のである。

人間の記憶は朦朧とした無意識の深みに至るまで無限に続いているように思われる生物学的、社会的感情を伴った経験の記憶として、潜在的可能態として隠されている。そしてその都度の文化的個人的な必要に迫られてなされる検索は、蓄積された経験の意識の中の感情の集合体を活性化し、そこからメタファー化され概念化された反応が呼び起こされる。常に変化する状況に向かって、このようにして既知のものとして記憶の中にあるものの一部がある特定の視点から活性化されメタファー化されて新しい状況に適用される意味として生み出される日常生活における解釈の過程モデルが提出されている。

パースは物質と精神の関係について次のように述べている。「知的に理解できる一つの宇宙論は、客観的観念論によるもので、物質は退行した精神であり、それは根深い習慣が物理的法則になるということである」(CP 6.25)、と。これは、物質は習慣に強く縛られた精神であるという考えであり、物質と精神は連続しており、すべての物質は実在的には精神であるという考えである。「退行した精神」は巨大な思考の潜在的可能性であり、それは思考の物理的結果がそこに形成される経路のようなものであって、メタファーは「退行した精神」を源として生まれる基底となる思考に「付随する」ものであり、そこには、常に変化し続ける思考の胚芽、新しい文化環境に向かっていつでも展開することのできるコードが含まれている、と著者は論じている。

強く習慣化した行為の無意識化とその意識化。遺伝という物質化された記憶のパターンの活性化。他者に出会うことによって意識化がなされるというが、無意識の記憶はどのようにしてどのような他者に出会うことによって意識化されるのか。これは本書が取り組んでいる刺戟的な問いかけである。

著者にとっても外国語である英語で書かれた本書は、いろいろな点において決して読みやすいものではなかったが、論述の根幹には、そのような側面を忘れさせてくれる興味深い創造性が感じられた。明らかな誤記と思われる部分については、著者の承諾を得て修正させていただいた。シュンスケ・ミタムラ（三田村畯右）氏の作品「ケプラーに敬意を」［惑星の円運動が絶対的な原理であると考えられていた宇宙観を打破して、楕円軌道仮説を提出したケプラーのアブダクションが、偉大な業績であったことを表現しようとする芸術作品］の解釈についての興味深いが難解な論述については、米盛裕二著『アブダクション』（勁草書房）における「ケプラーの発見と遡及推論」（四一―四五頁）の併読をお勧めしたい。

本書の訳出については、いくつかの重要な用語について、京都大学文学研究科教授の伊藤邦武氏ならびに東京外国語大学名誉教授の磯谷孝氏にご教示いただいたところがある。記して深く感謝申し上げる。ただし、ご助力を仰いだ用語等は限られているため、適切な翻訳がなされていない個所はすべて、訳者の力不足によるものである。不備な点については、今後、読者諸兄姉のご教示を仰いで修正していきたいと願っている。

本訳書の原稿はしばらく前にほぼ出来上がっていたものであったが、諸般の事情によって刊行が遅延することになった。この度ご尽力をたまわった勁草書房編集長の宮本詳三氏、担当編集者の橋本晶子氏をはじめ関係の方々に対して、深くお礼申し上げたい。テキサス、ヒューストンの宇宙開発に携わる専門家にも大きな刺激を与えたという本書の創造的な考えがコミュニケーション、人工知能、記号論、言語学に関心のある多くの人々に共有され、更なる発展を遂げることを願っている。

二〇一二年　晩夏

訳者

参考文献

Abel, Reuben (1976) *Man is the Measure*, New York: The Free Press.

Alexander, Ronald G. (1997) *The Self, Supervenience and Personal Identity*, Aldershot: Ashgate.

Armstrong, D. M., Place, U. T., Martin, C .B. and Crane, Tim (eds) (1996) *Dispositions: A Debate*, London: Routledge.

Baars, J. Bernard (1997) *In the Theater of Consciousness*, New York: Oxford University Press.

Bakhtin, Mikhail M. (1986) *The Dialogic Imagination. Four Essays by M. M Bakhtin*, ed. by Michael Holquist, Austin and London: University of Texas Press.

——(1984) *Problems of Dostoevsky's Poetics*, ed. and trans. by Caryl Emerson, Minneapolis: University of Minnesota Press. 望月哲男・鈴木淳一訳（1995）『ドストエフスキーの詩学の諸問題』ちくま学芸文庫／新谷敬三郎訳「ドストエフスキイの詩学の諸問題」『ミハイル・バフチン全著作６』せりか書房.

——(1986) *Speech Genres & Other Late Essays,* trans. and ed. by Vern W McGee, Caryl Emerson and Michael Holquist, Austin, Tex.: University of Texas Press.

Baudrillard, Jean (ed.) and Sylvere Lotringer (1988) *The Ecstasy of Communication*, Bernard Schutze, Carloine Schutze (trans.) Autonomedia publ. New York.

Brent, Joseph (1993, rev. ed 1998) *Charles Sanders Peirce : A Life*, Bloomington: Indiana University Press. 有馬道子訳（2004）『パースの生涯』新書館.

Burge, Tyler (1998) 'Models of the Mental', in Peter Ludlow and Norah Martin (eds) *Externalism and Self-Knowledge*, Stanford, Calif.: CSLI Publications. *Charles S. Peirce's Letters to Lady Welby* (1953) ed. by Irwin C. Lieb, New Haven, Conn.: Whitlock's.

Colapietro,Vincent (1989) *Peirce's Approach to the Self. A Semiotic Perspective on Human Subjectivity*, Albany: State University of New York Press.

Damianova, Jivka (1980) Neizvesten document na Alfred Jensen za Pencho Slaveikov v arhiva na Nobeloviya komitet. In: Septemvri, 10, 199–225.

Danow, David K. (1991) *The Thought of Mikhail Bakhtin. From World to Culture*, New York: St. Martin's Press.

Davidson, Donald (1998) 'Knowing One's Own Mind', in Peter Ludlow and Norah Martin (eds) *Externalism and Self-Knowledge*, Stanford, Calif.: CSLI Publications.

Deledalle, Gérard (1990) *Charles S. Peirce. An Intellectual Biography*, Amsterdam: John Benjamins.

Derrida, Jacques (1978) *Writing and Difference*, London: Routledge & Kegan Paul. 若桑毅・野村英夫 他訳（1988）『エクリチュールと差異』法政大学出版局.

Dostoevsky, F.M. (1972–1980) *Polnoe Sobranie Sochinenii v tridcati tomah*, Leningrad: Izdatelstvo Nauka.

Eco, Umberto (1990) *The Limits of Interpretation*, Bloomington and Indianapolis: Indiana University Press.

Edwards, Paul (editor in chief) (1967) *The Encyclopedia of Philosophy*, New York: Macmillan and The Free Press.

Feigl, Herbert, Lehrer, Keith and Sellars, Wilfried (eds) (1972) *New Readings in Philosophical Analysis*, Prentice Hall.

Fisch, Max (1986) *Peirce, Semeiotic, and Pragmatism*, Bloomington: Indiana University Press.

Gendlin, Eugene T. (1997) *Experiencing and the Creation of Meaning*, Evanston, Ill.: Northwestern University Press.

Harré, Rom and Gillet, Grant (1994) *The Discursive Mind*, London: Sage.

Harrison, Stanley (1986). 'Our Glassy Essence: A Peircean Response to Richard Rorty', in *International Philosophical Quarterly*, Vol. xxvi, No. 1, March (pp. 169–181).

Hausman, Carl R. (1993) *Charles S. Peirce's Evolutionary Philosophy*, Cambridge: Cambridge University Press.

Historisches Wörterbuch der Philosophie, 10 (1998) Schwabe & Co. AG-Basel, Redaktion beim Verlag in Basel, Walter J. Tinner, S.413.

Holquist, Michael (1990) *Dialogism. Bakhtin and his World*, London and New York: Routledge. 伊藤誓訳（1994）『ダイアローグの思想』法政大学出版局.

Hookway, Christopher (1985) *Peirce*, London: Routledge and Kegan Paul.

Houser, Nathan (1983) *Peirce's General Taxonomy of Consciousness* (a slightly revised version originally published in *The Transactions of Charles S. Peirce Society*, vol. XIX, no. 4, pp. 331–359).

——(1999) Private correspondence, letter from 10.05.1999.

Houser, Nathan and Kloesel Christian (eds) (1992) *The Essential Peirce. Selected Philosophical Writings, volume 1 (1867–1893)*. Bloomington and Indianapolis: Indiana University Press.

——(1998) *The Essential Peirce. Selected Philosophical Writings, volume 2 (1893–1913)*, ed. by the Peirce Edition Project, Bloomington and Indianapolis: Indiana University Press.

Johansen, Jørgen Dines (1993) *Dialogic Semiosis*, Bloomington and Indianapolis: Indiana University Press.

Ketner, Kenneth Laine (1998) *His Glassy Essence: An Autobiography of Charles Sanders* Peirce, Nashville, Tenn.: Vanderbilt University Press.

Kim, Jaegwon (1996) *Philosophy of Mind*, Boulder, Col.: Westview Press.

Lakoff, George and Johnson, Mark (1980) *Metaphors We Live By*, Chicago: University of Chicago Press. 渡部昇一・楠瀬淳三・下谷和幸訳（1986）『レトリックと人生』大修館書店.

Lane, Richard J. (2000) *Jean Baudrillard*, London and New York: Routledge.

Littlefield, Richard (1993) 'Musical Borderlines: Silence as Frame', in *Acta Semiotica Fennica II*, ed. by E. Tarasti, publications of the International Semiotics

Institute at Imatra.

Mladenov, Ivan (1997) 'Ivan Sarailiev – purviyat bulgarski pragmatist?!' *Demokraticheski pregled*, 32, 634– 637.

Mounce, H. O. (1997) *The Two Pragmatisms, From Peirce to Rorty*, London and New York: Routledge.

Murphey, Murray G. (1961) *The Development of Peirce's Philosophy*, Cambridge, Mass.: Harvard University Press.

Peirce, Charles S. (1931–1966) *Collected Papers of Charles Sanders Peirce*; Vols 1–6 ed. by Charles Hartshorne and Paul Weiss, Cambridge, Mass.: Harvard University Press, 1931–1935; Vols. 7–8 ed. by Arthur W. Burks, Cambridge, Mass.: Harvard University Press, 1958. 米盛裕二・内田種臣・遠藤弘編訳（1985-1986）『パース著作集 1〜3』勁草書房.

Putnam, Hilary (1995) *Pragmatism*, Cambridge, Mass.: Blackwell.

Rorty, Richard (1982) *Consequences of Pragmatism (Essays: 1972–1980)*, Brighton: The Harvester Press.

Sarailiev, Ivan (1919) *Rodovite idei (psihologicheski i metafizicheski etjud)*, Sofia: Pridvorna pechatnica.

——(1924) *Za volyata*, Sofia: Pridvorna pechatnica.

——(1931) *Suvremennata nauka i religiyata – publichna lekciya, iznesena v Sofiiskiya universitet; Otgovor na edna kritika*, Sofia: Chipeff.

——(1934) *Razni etjudi. Nyakoi neyasnoti vav filosofiyata na Bergson. Statii i studii sabrani ot samiya avtor*, Sofia.

——(1938) *Pragmatizmat*, Sofia: Pridvorna pechatnica.

——(1947) *Sokrat*, Sofia.

——(2002) *Pragmatizmat*, Sofia: Nov balgarski universitet.

——(2004) *Usilieto da uznavash (Sbornik sas statii i studii v chest na Ivan Sarailiev)*, Sofia: Nov balgarski universitet.

Savan, David (1987) *An Introduction to C. S. Peirce's Full System of Semeiotic*, Victoria University, Toronto: Toronto Semiotic Circle.

Sebeok, Thomas A. (1991) *A Sign Is Just a Sign*, Bloomington and Indianapolis: Indiana University Press.

Sheriff, John K. (1993) *Charles Peirce's Guess at the Riddle: Grounds for Human Significance*, Bloomington and Indianapolis: Indiana University Press. 絶版

Slaveikov, Pencho (1958) *Subrani suchineniya v osem toma*, Sofia: Bulgarski pisatel.

Sperry, R. W. (1969) 'A Modified Concept of Consciousness', in *Psychological Review* 76 (6), 532–536.

Wittgenstein, Ludwig (1958) *Philosophical Investigations*, 3rd edn, (tr. G.E.M. Anscombe) The Macmillan Company. 藤本隆志訳（1976）『哲学探究』ウィトゲンシュタイン全集 8，大修館書店.

——(1961) *Tractatus Logico-philosophicus,* (trans. by D. F. Pears and B. F. McGuiness), London: Routledge & Kegan Paul. 奥雅博訳（1975）『論理哲学論考 他』ウィトゲンシュタイン全集 1，大修館書店／藤本隆志・坂井秀寿訳（1968）『論理哲学論考』法政大学出版局.

著者略歴

イヴァン・ムラデノフ（Ivan Mladenov）

1953年，ブルガリアの首都ソフィアに生まれる。現在，ブルガリア科学アカデミーの教授（学術博士，科学博士）。専門領域はパース哲学を中心に，記号論・心理学・文学理論・科学哲学。ブルガリア語および英語によるパース記号論関係の著書・共編著・論文が多数ある。

訳者紹介

有馬道子

1941年生。大阪市立大学大学院文学研究科修士課程修了。現在，京都女子大学文学部教授。著書に『記号の呪縛』（1986），『心のかたち・文化のかたち』（1990），『ことばと生命』（1995，いずれも勁草書房），『パースの思想』（2001），『もの忘れと記憶の記号論』（2012，いずれも岩波書店），ほか。訳書にブレント『パースの生涯』（2004，新書館），ほか。

パースから読むメタファーと記憶

2012年10月10日　第1版第1刷発行

著　者　I．ムラデノフ

訳　者　有《あり》馬《ま》道《みち》子《こ》

発行者　井　村　寿　人

発行所　株式会社　勁《けい》草《そう》書　房

112-0005 東京都文京区水道2-1-1　振替 00150-2-175253

（編集）電話 03-3815-5277／FAX 03-3814-6968

（営業）電話 03-3814-6861／FAX 03-3814-6854

堀内印刷所・牧製本

ISBN978-4-326-10222-8　Printed in Japan

米盛裕二　アブダクション　仮説と発見の論理　四六判　二九四〇円
米盛裕二　パースの記号学　四六判　三四六五円
米盛裕二編訳　パース著作集1　現象学　四六判　三一五〇円
内田種臣編訳　パース著作集2　記号学　四六判　二六二五円
遠藤弘編訳　パース著作集3　形而上学　四六判　三一五〇円
伊藤邦武　パースのプラグマティズム　可謬主義的知識論の展開　四六判　★二七三〇円
笠松幸一・江川晃　プラグマティズムと記号学　四六判　二五二〇円
山梨正明・有馬道子編著　現代言語学の潮流　A5判　二九四〇円
有馬道子　心のかたち・文化のかたち　四六判　三四六五円

＊表示価格は二〇一二年一〇月現在。消費税は含まれております。
＊★印の本はオンデマンド出版です。